ちくま学芸文庫

キリスト教の幼年期

エチエンヌ・トロクメ
加藤 隆 訳

筑摩書房

謝辞

年齢を重ねるにつれて獲得される智恵のお蔭で本書の著者が気付くようになったことは、彼がたった一人で今の自分になったのではなく、彼は自分が属している集団の代弁者であるということである。したがって私がまず謝意を表したいのは、ストラスブールの町、そのストラスブールの尊敬すべき大学、そしてこのストラスブール大学の最初の核となったプロテスタント神学部に対してである。そこでの自由な研究と熱心な勉学の雰囲気との中で、私は半世紀近くを過ごし、そしてその環境の中でこの小さな書物が少しずつ熟してきたのである。

また妻にも感謝の意を表したい。本書の実現の実務的な面では彼女に負うところが大きく、彼女の不屈の善き意志と批評的眼差しがあったからこそ、本書が誕生できたのである。

日本語版へのまえがき

この小さな書物は、初期キリスト教やそこで生み出された文献の専門家ではない読者を対象としたもので、教養ある人々に、キリスト教の歴史の最初の数十年間の迷路のような状況を理解するための鍵となる動きを示そうとするものである。この「鍵となる動き」とは、キリスト教徒の最初の数世代が苦労しながら徐々に、殊に彼らの運動の母胎となったユダヤ教との関係において、自分たち自身のアイデンティティを見出していく様子のことである。またこの新しい信仰が新しいタイプの人々や新しい状況にたいへん柔軟に適応していく、そのたいへん際立った動きのことであると述べてもよい。

この小さな書物は、類《たぐい》ない存在であったナザレのイエスの姿を示したものではない。本書では、ナザレのイエスについては、指摘しておかないと後に続く出来事が理解出来なくなってしまうような、幾つかの主要な点を簡単に指摘しただけである。その他のことについては、私の本である *Jésus de Nazareth vu par les témoins de sa vie,* Delachaux et

Niestlé, Neuchâtel, 1972（エチエンヌ・トロクメ、小林恵一・尾崎正明訳『ナザレのイエス――その生涯の諸証言から』ヨルダン社、一九七五年）を参照していただきたい。

日本人の人たちはこの本に、関心を抱いてくれるだろうか。そうであるようにと、私は切に願っている。キリスト教を、西洋人の宗教としてではなく理解するためには、キリスト教がどのようになって行くのかまだはっきりとは分からなかった時期にキリスト教信仰が残した足跡を見定めるという方法に優るものはない。この最初の歩みは、不器用であるが故に可愛らしい小さな子供の歩みのように、ためらいに満ちたものであったが、だんだんと血気あふれた若者の歩みのように、しっかりしたものとなる。躍動的で新鮮さに満ちたこうした歩みに魅せられないことが、どのようにして可能であろうか。

二千年近く隔たった人々と接触することで感じられるこの若々しい熱狂の雰囲気を、通訳者・解釈者の中でももっとも能力の高い加藤隆氏の翻訳が、日本語の読者に伝えてくれることを我々は確信している。こうしてこの小さな書物の日本語版の船出を見送ることにする。

一九九七年十月

エチエンヌ・トロクメ

序文

インドと大西洋の間の地域を二分していたパルチア帝国とローマ帝国のそれぞれの領土において、紀元後一二五年頃、一つの新しい宗教を奉じる人々の存在が認められるようになってきた。彼らは西の領域では「キリスト教徒」と呼ばれ、東の領域では「ナザレ派」と呼ばれていた。クシャナ朝の帝国が、中央アジアと中国における仏教の振興を再び企てようとしていた頃のことである。彼らはまだ少数派で、全体でおそらく十万人ほどであったと思われる。数百におよぶさまざまな場所に散在していて、全体を統一的に管理する制度は存在していなかった。彼らのうちの半数にいくらか満たない者たちはアラム語を話し、残りの者たちはギリシア語を話していた。ギリシア語を話していた者たちは、既に七十年から八十年間にわたって、民衆的な著作を作り出していたが、こうした著作活動は、アラム語を話す仲間の者たちの間では行われていなかった。

彼らは自分たちが全体として一つに纏《まと》まっているとはっきり意識していた。こうした纏まりが存在したのは、一世紀ほど前にローマ当局によって処刑されたナザレのイエスという者に権威があると彼らが揃って主張していたからである。彼らによれば、このナザレのイエスは神の使者であり、神はこのイエスを甦らせたのである。したがってきわめて異例なさまざまの称号が、このイエスに当てはめられ得るとされていた。オリエントにおいてたいへん重んじられていた「預言者」という称号、「聖油を受けた者」（オリエントにおける「メシア」、オキシデントにおける「キリスト」）という称号、かつては神のみに当てはめられていた「主」という称号、「神の子」という称号などである。彼が栄光に満ちて戻ってくるという期待が存在し、この「帰還」の時に人類全体に対する最後の審判が行われると考えられていた。ユダヤ人の聖なる書物は――さまざまな削除や微妙な解釈がなされた上で――、時の終わりにおけるこの特殊な役割を担った者を告知しているものとして理解されていた。

このキリスト教徒の諸集団は、ユダヤ教から分離してからまだ間もなかった。ユダヤ教はユダヤ民族の宗教で、パルチア帝国でもローマ帝国でもユダヤ民族の扱いにおいてはある程度の配慮がなされていた。どちらの帝国においてもユダヤ民族は、全人口の十パーセントほどになる重要な少数集団であった。ユダヤ人たちは経済活動・知的活動において、活発な役割を果たしていた。彼らは通常は権威に服していたが、時として、彼らの生活様式が脅かされていると感じられる場合には反抗におよぶこともあった。パレスチナにおける六六―七四年のユダヤ戦争、キュレナイカから始まった一一五―一一七年のユダヤ人反乱、バル・コクバによって指導された一三二―一三五年の反乱は、ユダヤ人が自分たちの律法と特権を守るためには、厳しい行動も辞さなかったことを示している。こうした暴力的事態をできる限り避けるために、両帝国では、ユダヤ人に特権的地位が与えられていた。この特権的地位は、時には問題視されることもあったが、当時まで維持されていたのである。

したがってキリスト教徒たちには、ユダヤ教から離脱しても得るところは何もなかった。一部の過激な者たちは別として、ほとんどのキリスト教徒たちにとって、ユダヤ教から離脱することは考えもよらないことであり、彼らはユダヤ民族に属していると感じていた。しかし実際にはユダヤ教からの離脱が生じてしまった。これは七〇年のエルサレム神殿崩壊以後に、ユダヤ教の側に深刻な変化が起こったからである。祭祀と聖所を奪われ、ユダヤ教そのものが崩壊の危機に瀕して、こうした中でユダヤ教が存続するためには根本的改革が必要だった。この改革は、ファリサイ派のラビたちの学派によって開始され、彼らの方針は二十年ほどの間にディアスポラ（離散）のユダヤ人のほとんどに受け入れられた。九〇年には、大部分のシナゴーグの間に一致が見られるようになり、改革者の教義に従わない反対者たちはユダヤ人共同体から排除されてしまう。こうして排除された者たちの中に、キリスト教徒たちが含まれていた。

排除されたキリスト教徒たちは、すぐには新たな安定を見出すことができなかった。自分たちだけで集団が存立し得ることを、彼ら自身で発見しなければならなかった。自分たちの特殊性を自覚し、一つの新しい宗教を担っていることを意識して、存続するために自分たちを組織化して行かねばならなかった。この複雑な任務は紀元後一二五年頃には、まだ完全には成し遂げられていなかったが、この頃には、彼らの指導者たちや幾らかの知識人たちの努力によって、すでに適切な方向に向かって推進されていた。

ユダヤ教に対する自律性をキリスト教徒たちが獲得したのは、イエスの時代、あるいはエルサレムにおける初期教会の創立の時代、あるいは使徒パウロの活動の時期といった、もっと早い時期であると議論されることがある。しかしこうした意見は誤りであり、キリスト教が自らを発見するのは紀元一世紀末以降でしかないことを、我々は以下で示していくことにしたい。

したがって十字架上でのイエスの死の後に続く七十年から八十年の間は、キリスト教にとっての「幼年期」(ないし「揺籃期」)であると位置付けることが適切であろう。確かにキリスト教は、キリストの復活への信仰とともに生まれたものである。しかし子供が自分を自立した人間として自己発見するまでには、さまざまな経験を経なければならないように、キリストの宗教が自己の存在を自覚するに到るのも、さまざまな出来事を経た後であり、紀元九〇年以降に経験することとなったユダヤ教からの「離乳」はそれらの出来事のうちでも大きな意味をもつものであった。それまではごく稀な場合を除いて、キリスト教徒たちは、自分たちはユダヤ人であると考え、あるいはユダヤ教の同調者であると考えていたのである。そしてシナゴーグの周辺には、こうしたキリスト教徒たちのように考えていた者たちは少なからず存在していた。このような状況を考慮に入れずに、キリスト教徒たちが辿《たど》った霊的な変遷やこの時期の彼らの著作を理解することは不可能である。

彼らが辿ったような手探りの歩みを再構成するには、当然のことながらさまざまな資料が必要である。我々の手元にある資料は比較的豊富だが、望ましいほどには多様なものではない。半世紀前に死海写本が発見されて以来、紀元前一世紀および紀元後一世紀のユダヤ教の状況がかなりよく分かるようになった。またこの死海写本の発見によって、それまでに我々の手元にあった旧約と新約の中間時代の著作全体が再吟味された。フラウィウス・ヨセフスとアレキサンドリアのフィロンの著作は、我々の資料を補ってくれている。しかしイエスおよびキリスト教徒の最初の世代の者たちについて知るための文献資料・考古学資料は、我々の手元にはローマ側のものもユダヤ側のものもほとんど存在していない。我々の手元にあるのはキリスト教徒たちからの資料だけであって、しかもアラム語のキリスト教徒たちに由来するテキストはほぼ皆無であるために、資料検証の作業がたいへん困難になっている。主に問題となるのは、二世紀に収集されて新約聖書を構成することになる諸文書で、これに一世紀末と二世紀初めの幾つかの小さな文書や書簡で「使徒教父文書」と呼ばれることのある著作を付け加えねばならない。ただし「使徒教父文書」の呼称は一二五年以降の著作についても当てはめられていることを念頭に置いておかねばならない。遅くなって成立した文書にも、一世紀にまで遡《さかのぼ》るかもしれない要素を含んでいるものも存在する（トマス福音書、偽クレメンス文書など）。

全体として、我々の手元には十分な資料があると言えるが、それらは注意深く吟味されなくてはならない。キリスト教側のテキストは、批判的検討においては本当の著者なのかどうか疑われることの多い者が著者とされており、またそこに記されている物語は護教的意図やかなり際だった神学的傾向によって変形されていることがあり、特に注意深く吟味されなければならない。諸文書の成立年代の決定も困難で、また諸文書間に存在するかもしれない文学的関係についても、たとえば諸福音書間の関係の場合のように、この上なく複雑な分析が必要な場合がある。これらのさまざまな作業は全体として巨大な規模になっており、少なくともこの二世紀以来、非常に多くの専門家たちが協働し、また対決してきた領域である。読者が本書の本質的な点を見失わないように、我々はこれらの議論については簡単に触れるだけにとどめることにする。批判上の重要な議論を簡単に紹介し、我々がどのような解決策に与するかをはっきりと示すだけで十分であろう。したがって新しい文書がいつの日か発見されるという可能性を退けることはできない。

我々の結論はあくまで仮のものであり、変更される可能性が常に存在する。しかし十九世紀半ば以来、古い図書室や考古学上の発掘現場から、多くの未刊の文書や、遅い時代の写本によって既に知られたテキストの非常に古い写本が我々にもたらされてきたが、こうした図書室や発掘現場は現在では、たいへん綿密に調査されている。したがってセンセーショナルな新しい発見の可能性は低いということになる。したがって、使用できる文書を適切に解釈している限りにおいて、以下の議論には十分な信頼を置くことができるということになるであろう。

キリスト教の幼年期　目次

黒海
ドナウ河
ルカン半島
マリカ川
山地
シノペ
アマストリス
ポントス
ポントス山脈
クズルルマック川
ニコメディア
ビチニア
サカリヤ川
ガラテヤ
トロアス
ミシア
ゲ海
ペルガモン
ティアティラ
アジア
スミルナ
サルディス
フリギア
フィラデルフィア
ピシディアのアンティオキア
イコニウム
リストラ
デルベ
カッパドキア
トロス山脈
タルソス
キリキア
オスロエネ
エフェソ
マグネシア
ミレトス
トラレイス
ヒエラポリス
ラオディキア
コロサイ
ペルゲ
トロス山脈
パンフィリア
セレウキア
アンティオキア
パトモス島
リキア
シリア
コス島
パタラ
ミラ
ロドス
キプロス
サラミス
フェニキア
クレタ
パフォス
シドン
ティルス
ダマスコ
「良い港」
プトレマイス
ナザレ
カイサリア
ペラ
ヤッファ
エルサレム
アシュドド
ユダヤ
ガザ
死海
リビア
アレキサンドリア
ナイル河
エジプト
アラビア

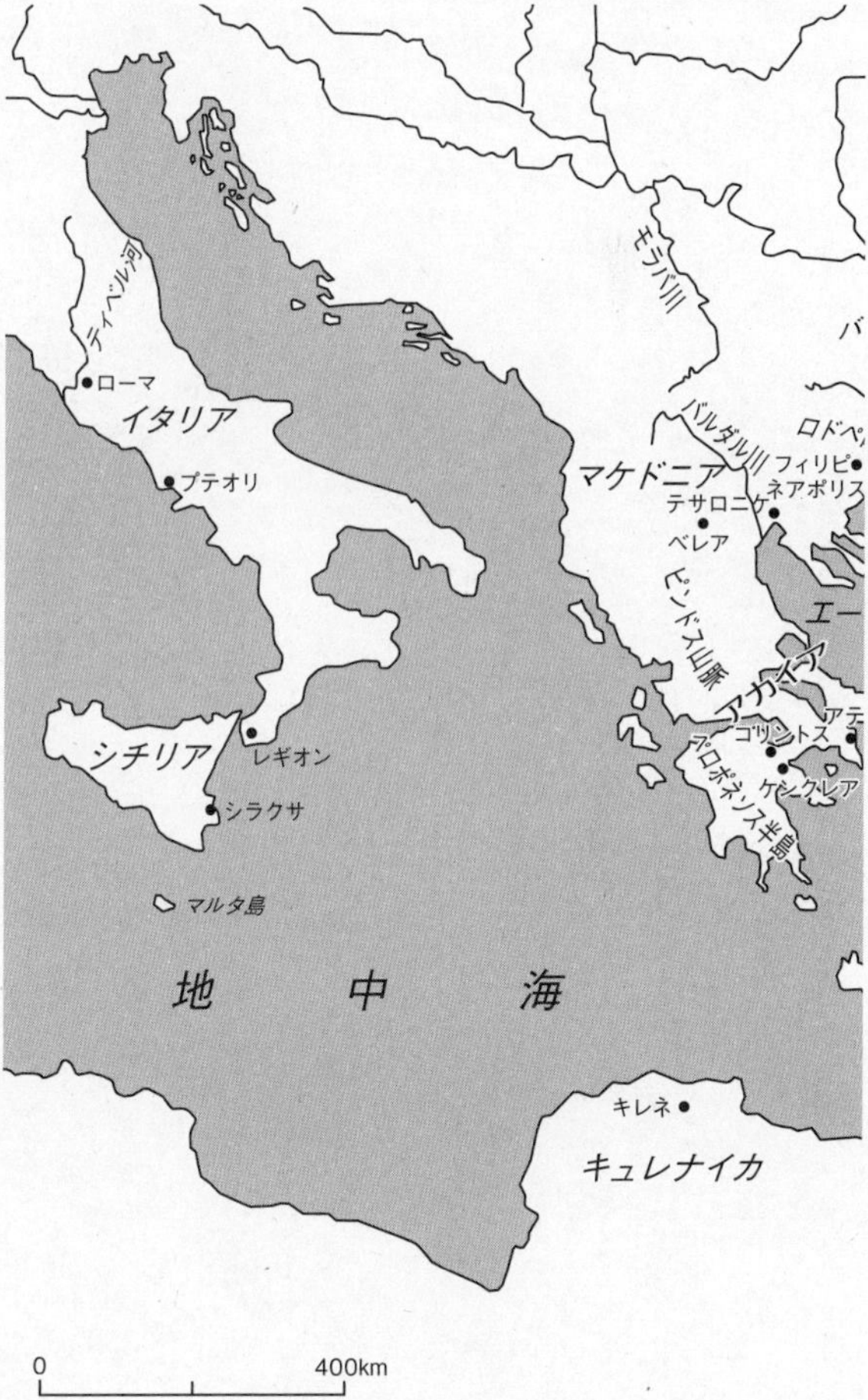
ティベル河
ローマ
イタリア
プテオリ
シチリア
レギオン
シラクサ
マルタ島
地中海
モラバ川
バルダル川
ロドペ
フィリピ
ネアポリス
マケドニア
テサロニケ
ベレア
ピンドス山脈
アカイア
コリントス
ケンクレア
アテ
ペロポネソス半島
エー
バ
キレネ
キュレナイカ
0
400km

キリスト教の幼年期

1 キリスト紀元初めの頃のユダヤ教

ダビデとソロモンの支配の後、パレスチナにおいて二つの小さな王国――イスラエル王国とユダ王国――が成立した。周知のように、イスラエル王国は紀元前八世紀のアッシリアの侵攻によって、ユダ王国は紀元前六世紀の初めのバビロニアの侵攻によって、それぞれ一掃されてしまった。どちらの場合においても、生き残ったユダヤ人住民の大部分はメソポタミアに送られ、そこで子孫をもうけることになる。近東全域においてペルシアの支配が成立したことによって（紀元前六世紀末）彼らはパレスチナへ帰ることができるようになるが、実際に帰還したのは一部に過ぎず、メソポタミアがそれ以後の長い期間にわたってユダヤ人の活動の活発な中心地としてとどまることになる。アレキサンドロス大王の帝国、それからセレウコス朝の帝国が成立し、紀元前四世紀からはメソポタミアに残っていたユダヤ人が、東方へはペルシアへ、西方へはシリアとアナトリアに移住する可能性が開けることになる。同時にプトレマイオス朝の支配によって、パレスチナのユダヤ人たちのエジプトやキュレナイカへの移住が容易になった。したがって、ペルシアの帝国がメソポタミアでの支配を確立し（紀元前一七〇年頃）、そしてローマが地中海東部の沿岸地域を併合した時（紀元前一世紀）には、この二つの大国のそれぞれの領土には、数百万人にのぼるかなりの人数のディアスポラのユダヤ人が存在し、成立したばかりの新しい政治的枠組の中で拡張を続けていた。

このディアスポラのユダヤ人たちは既に数世紀来、特権的地位を享受していた。彼らの組織形態は土地ごとに異なっていた。いずれの土地でも彼らは少数集団だったが、自分たちの特殊性を維持したいと望んでおり、彼らの組織形態はそうした願いに見合った堅固なものであった。キリスト紀元以前に存在していた組織を、既に「シナゴーグ」と呼び得るかどうかは微妙な問題である。おそらく「シナゴーグ」と呼んでもよいであろう。これらの組織は、それぞれの土地の当局に対してユダヤ人共同体を代表する役割を担っていたかどうかはともかく、少なくとも教育および裁判の役割を果たしていたからである。シナゴーグでは「トーラー」（律法）の存在が示されることで、ユダヤ民族の団結が絶えず具体的に明らかにされ、このことにおいてシナゴーグは、ユダヤ民族の団結を維持する上で貢献するところが大きかった。しかしこれと同時に、ディアスポラの諸集団は、自分たちを取り巻く文明とも接触していた。この接触は、ユダヤ人たちが周囲の言語――特にアラム語とギリシア語——を身につけたことによって、一層密接なものとなった。キリスト紀元以前に、ヘブライ語聖書の諸文書のアラム語訳が出現したことは（クムランで「タルグミーム」の断片が発見されている）、多くのシナゴーグにおいてヘブライ語が理解されなくなっていたことを示している。またヘブライ語聖書のギリシア語訳である「七十人訳聖書」が作られ広められたことは、ディアスポラの多くのシナゴーグにおいてギリシア語が通常用いられる言語になっていたことを示している。

周囲の世界の文明からの影響は、言語面だけに限られていない。いくつかの哲学的・宗教的概念もディアスポラの共同体において受容されていた。プラトン主義はアレキサンドリアのフィロンに思想上の諸概念を提供し、ホメロスの解釈のために用いられていたアレゴリーによる釈義の方法が、フィロンやその他のアレキサンドリアのユダヤ人著作家によって聖書に適用されていた。またメソポタミアのユダヤ教は、バビロニアの宗教の影響を受け（創造物語、占星術の諸テーマなど）、その後、イランの宗教のテーマのいくつかも採り入れられた（二元論、最後の審判、死者の復活など）。イランの宗教からの諸テーマは、キリスト紀元直前の時期のクムランやパレスチナのファリサイ派において、その存在が認められる。更に、さまざまな混淆宗教的形態がシナゴーグの周辺のあちこちに現れるようになる。紀元前二世紀末以降に小アジアの一部のユダヤ人がフリギアの神サバジオスをヤーヴェ・サバオト（「万軍の主ヤーヴェ」）と同一視していたことは、この種の現象のもっとも顕著な例の一つである。

こうしたさまざまな事態にもかかわらず、ディアスポラのユダヤ人たちは、エルサレムの神殿への結び付きを堅持することによって、自分たちが受け継いできた価値を守っていた。彼らはこの唯一の聖地のために税を払っていた。イスラエル暦による主要な祭りの時には、熱心に巡礼を行った。彼らのうちには、エルサレムに移り住む者さえいた。これはエルサレムに埋葬され、死者の復活の際に最上の席につくためである。さらに、モーセ律法の掟の遵守が行われていたことが重要である。ただしモーセ律法の解釈には、かなりの意見の相違が存在していた。

パレスチナのユダヤ教は、キリスト紀元初めの頃で百万人に到らず、人数の上ではディアスポラのユダヤ人たちに及んでいなかった。しかしディアスポラのユダヤ人たちの場合と違って、パレスチナ地方ではユダヤ教が多数派であった。確かにパレスチナにはかなりの規模の少数派集団が存在した。サマリア人たちがパレスチナ地方の中央部にいた。ペリシテ人の子孫たち——彼らは相当程度までヘレニズム化していた——が、依然としてラフィアからアシュドドに至る地中海沿岸地域で生活していた。デカポリスの町は既にかなりの歴史をもつものとなっており、新しい町（カイサリア、ベトサイダ・ユリアス、セフォリス、ティベリアス）の住民は、一部はユダヤ人だったが、大部分はシリア人・ギリシア人・ローマ人の入植者たちであった。しかしパレスチナ地方全体ではユダヤ人が圧倒的に多数で、この状況は特にハスモン朝がガリラヤの住民を強制的に改宗させて以来（紀元前一〇四—一〇三年頃）はっきりしたものとなっていた。

ハスモン朝は、アンティオコス・エピファネスが強制しようとしたヘレニズム化政策（紀元前一六六—一六〇年）に反対したマカベア家の者たちの蜂起から生まれた王朝で、パレスチナにおける独立したユダヤ人国家の成立を四世紀ぶりに成功させた。紀元前三七年まで相次いだハスモン朝の君主たちは、ほとんど全員が大祭司の地位も兼ねていた。したがってモーセ律法を法的秩序の基礎として全面的に適用することを妨げる要因は何もないかのようであった。しかし敬虔なユダヤ人たちのこうした願いは、ほんの部分的かつ一時的にしか実現しなかった。これは、この時期のパレスチナにおける政治情勢がたいへんに不安定であったためであり、また上層のユダヤ人全般に対するヘレニズム文明の誘惑の力が次第に強いものになっていたからである。イドマヤから出たヘロデ王朝が徐々に権力を掌握するようになり（紀元前六三—三七年）、ヘロデ大王が支配し（紀元前三七—四年）、そして紀元後六年以降、ユダヤおよびサマリアでローマによる直接統治が成立すると、ユダヤ人の法廷にはまだ幾許かの自立性が残されていたとはいえ、モーセ律法に基づいた統治の希望はもはや空しいものとなってしまった。

苦渋に満ちたこうした挫折の状況の中で、パレスチナのユダヤ教の行動的な者たちは「セクト的」と言い得る態度を選ぶようになる。もっとも特権的な集団はサドカイ派であった。この派は祭司の家系の者たちによって構成され、エルサレムの神殿における職務を遂行していた。この集団はたいへんに保守的だったが、ヘレニズムの影響にもっとも開放的だったのもこの集団である。彼らにとっては、神によって選ばれた聖所で祭祀を定期的に執り行うことが、トーラーの核心であった。したがって神殿管理の責任者が政治的指導者と緊密な関係をもって、政治的指導者が巡礼を含めた祭祀活動を尊重するような体制を維持することが肝要であった。律法のその他の面は何よりもまず、祭祀のために民を清浄に保つことを目的とする儀礼上の規則として考えられていた。さまざまな掟を道徳的・社会的に解釈することは、彼らにとっては、ほとんど正当性をもたなかった。しかもサドカイ派は、預言者の文書の権威を部分的にしか認めず、五書のみを真の聖書と見做《みな》していた。

特権に溺れ、神殿税に基づいた富に社会が異議を差し挟まない状況に安住したこの集団のあり方を前にして、少なくとも紀元前二世紀には、祭司の一部の者たちが分派を構成していた。どのようにしてこの分離が生じたのか、詳しい状況は明らかではない。神殿活動に認められる悪弊、上級祭司たちがさまざまな政治的権威と妥協する有り様、世俗の時代的傾向への譲歩——殊《こと》に儀式上の暦における譲歩——などに憤慨して、これらのエッセネ派の人々は荒野に退いて、そこで禁欲的生活を行った。その様子については、クムランにおける発見によって、それ以前に既に知られていた以上に正確に分かるようになった。彼らは、厳しい規律による本格的な修道院風の秩序の組織を作り上げ、儀礼上の浄さを守ることをこの上なく大切にして、彼らの立場からは正当性を失った神殿祭祀に与することを拒否していた。そして彼らは、預言者の書物を含めた聖書についての瞑想に全力を尽くしていた。「義の師」が紀元前二世紀末以前にこの運動を開始したが、彼は暴力的な弾圧の犠牲となった。しかし彼によって、エッセネ派の運動には、テキストを現在の状況に当てはめて解釈する方法、黙示的なものへの情熱的関心、イランの宗教の影響を強く受けた神学が残されることになる。いわば「世俗のエッセネ派」とでもいうべき者たちが、エルサレムをはじめとするパレスチナの町にいたかもしれないが、このような運動は本質的にセクト的であり、ユダヤ人民衆からは離れてしまう。彼らの終末論的・メシア思想的考え方やユダヤ人民衆の理解を越えており、苦行の生活態度はしりごみをさせるものであった。しかしこの運動においては著作活動が盛んに行われ、その影響は広まって、ディアスポラにまで及んだ。

儀式上の完璧さの中にサドカイ派が逃避し、祭祀制度の敬虔主義的な拒否の中にエッセネ派が逃避するのに対して、ファリサイ派は、律法の捉え方を変更することを選択する。実行不可能な社会的律法を、民の各人にとっての道徳的律法として捉え直すのである。ファリサイ派が出現したのは、紀元前二世紀末よりも以前のことである。ところが彼らは徐々に、モーセの律法をパレスチナの社会全体に適用しようとすることを諦めることになる。紀元後七〇年の神殿破壊以前の彼らの歴史や思想は、あまりよく知られていない。しかし次の点ははっきりしている。モーセ律法を社会組織の中で高い地位に据えることは不可能である。そこでファリサイ派が目指したのは、トーラーを、神の意志に従おうとするユダヤ人の各々に提案されている道徳的掟として位置づけることであった。したがってファリサイ派は、生活を神の意志に従ったものにしたいと望む人々を「兄弟愛」の結び付きのうちに結集しようとする。この二つの目的を達成するために、彼らは律法の掟について、各人の日常生活に適用できるような解釈を行い、終末における報いと義人の復活を本質的に重要なものとする立場をとるようになる。彼らのこうした多大な努力は、道徳面および儀礼面においてたいへんに真剣なものであり、この故にパレスチナのユダヤ人大衆は彼らについてそれなりの尊敬の念を抱くようになる。しかしファリサイ派は、「地の民」（アム・ハーアレツ）をかなりあからさまに軽蔑していた。「地の民」は宗教的・道徳的な義務を怠っていると、ファリサイ派は見做していたのである。ファリサイ派は、十七世紀のピューリタンのように、町の人間であり、田舎の者たちは迷信的で道徳についていい加減であると考えて、そのような田舎の者たちを見下す傾向が彼らにはあったのである。つまり彼らのあり方も、セクト的なものであった。

ゼロテの者たちの、パレスチナの他のユダヤ人たちに対する関係は、テロリストのあらゆる組織が周囲に対してもつであろう関係と同様であった。彼らは祭司ピネハス（民二五・六―一三）にならって、断固たる処置をとらない当局の代わりとなり、律法を破っている者たちを暴力によって排除し、民に律法の掟を完璧に守らせようとし、また反ローマ的抵抗の行為によって人気を得ていた。イスラム教の国において「シャリア」〔「シャリア」とは、「聖法」などと訳されたりする。イスラム教において『コーラン』を中心にしてまとめられた、宗教的および現世的生活の一切の法的規範の全体を指す。語源的には「水に至る道」という意味――訳注〕を法の基礎として守らせようとする集団のようなものだと述べることができるであろう。ユダヤ人全体のために行動することを欲していたが、弾圧から逃れるために彼らの活動は秘密裡のものとなり、また厳格な規律を守ることを誓っていて、他のユダヤ人たちから離れた生活をせざるを得なかった。彼らは限定された集団を作って、大衆との接触はあまりなかった。

つまり紀元後一世紀の初頭におけるパレスチナのユダヤ教は、いくつもの少数派集団によって引き裂かれた状態にあって、これらの集団はそれぞれトーラーに真の意味と真の位置を与えたいという願いに促されていた。しかしどのようにこの目的を実現するかについては、立場が互いにまったく異なっていた。一方、田舎に住む者たちによって大部分が構成されていたユダヤ人の大多数の人々は、特別な疑問を感じることもなく、モーセの宗教に帰属していた。この大多数のユダヤ人たちは、主要な掟のうちのいくつかを実践しており、そのような掟には、毎年のいくつかの祭りの機会のいずれかに神殿へ巡礼に出かける習慣が含まれていた。また彼らは、非ユダヤ人との結婚を避けていた。しかしトーラーの掟とは無関係の政治的・社会的組織は仕方なく受け入れていた。日常生活には重苦しい心配事が多く、熱心な少数派集団の改革主義的な夢や黙示的夢に関心をもつ余裕は彼らにはなかった。大多数の人々がこのように無関心であることは熱心な少数派集団の者たちにとっては、苛立たしいことであり、また不安なことであった。トーラーに示されている神の意志への「神の民」の服従の状態はひどく不完全であり、「この上なく高き審判者」(1)をこのように怒らせ続けるならば、この「神の民」の将来が危ぶまれるのは当然であった。

2　洗礼者ヨハネとナザレのイエス

どの少数派集団もパレスチナのユダヤ人たちを導くことができない。この状態を見かねて、互いを隔てる障害を乗り越えようとする別の試みが企てられるのは避けられないことであった。紀元後一世紀の最初の三分の一の時期については、こうした企てとして二つのものが我々に知られている。すなわち洗礼者ヨハネの企てとイエスの企てである。

洗礼者ヨハネについて知るための史料は、たいへん不完全なものしか残っていない。歴史家フラウィウス・ヨセフスが紀元後九三—九四年頃に完成した『ユダヤ古代誌』の一節(一八、五、二)と、新約聖書のいくつかの箇所である。最初の三つの福音書に共通の箇所が六つ(マコ一・一—八並行、マコ一・九—一一並行、マコ二・一八並行、マコ六・一四—一六並行、マコ八・二八並行、マコ一一・二九—三三並行)、マルコとマタイに共通の箇所が三つ(マコ一・一四並行、マコ六・一七—二九並行、マコ九・九—一三並行)、マタイとルカに共通の箇所が一つ（マタ二一・二一―一九並行）、マタイのみに記されている箇所が一つ（マタ二一・三二）、ルカのみに記されている箇所が二つ（ルカ一・五―八〇、一一・一）、ヨハネのみに記されている箇所が五つ（ヨハ一・六―八、一五、一九―三七、三・二二から四・三、五・三三―三六、一〇・四〇―四二）、使徒行伝のみに記されている箇所が七つ（使徒一・五、二二、一〇・三七、一一・一六、一三・二四、一八・二四―二六、一九・一―八）である。洗礼者ヨハネに関してこれらの物語が存在し、いくつかの言葉が彼のものとされ、また彼の活動があちこちで示唆されているので、不明瞭な部分がそれでもかなり残っていて、後世のテキストによってはこうした不明瞭な部分についての問題を解決できないとしても、洗礼者ヨハネという人物が実際に存在して、その存在が重要なものであったことは確かであろう。

ヨハネはユダヤの聖職者の家系に属していたと思われる。キリスト紀元の数年前に生まれて、「いと高き者」の呼びかけに応えて禁欲的な生活をするために、紀元後二五年頃に荒野に退いた。どのような状況においてであったかは分からないが、ヨハネはたいへんに人気のある者となり、ユダヤの荒野の彼のもとに大群衆が来るようになる。こうして集まった群衆に対してヨハネは、イスラエルへの神の訪れがさし迫っていることを告げるようになる。義務をおろそかにして、神の怒りに晒《さら》されている民にとっては、恐るべき未来のイメージである。そこでヨハネは聴衆に対してすぐに回心するように呼びかけ、その見返りとして神が彼らを赦《ゆる》すことの保証として、ヨルダン川で浄めの沐浴を彼らに対して執り行う。我々はギリシア語の「バプティスマ」に倣って、これを「(フランス語で)バテーム」(バプテスマ、洗礼)と呼んでいる。洗礼を受けた者たちは、それ以降、行動が改められねばならない。この回心は、一部の者たちにとっては、禁欲的な生活を行うことを意味したが(マコ一・一八並行)、ヨハネのもとに来た者たちの大部分にとっては、これ以後、模範的な態度で社会生活・家族生活・職業生活を再開することを意味していた(ルカ三・一〇―一二)。誰もがこれ以後、神の赦しによって得られた確信をもって、最後の審判に立ち向かうことができるようになる。神によって全ての者に恵みが与えられたことで、イスラエル内部にあった霊的分裂は消えてしまう。洗礼者ヨハネはこうして終末の「預言者」――この終末の「預言者」はマラキが告げていた「復活のエリヤ」であると考える者もいた(マラキ三・二三―二四)――のような者として登場したのである。

民を審《さば》くために到来する神の大胆不敵な使者であるヨハネは、遠慮なくヘロデ・アンティパスを非難する。ヘロデ・アンティパスはヘロデ大王の子であり、ローマからガリラヤとペレアの支配を委せられていた(紀元前四年から紀元後三九年まで)。彼は自分の姪であるヘロディアと結婚したばかりの時で、ヘロデ・アンティパスにとっては異母兄であったヘロデ・ボエトゥスの妻であったヘロディアを(福音書では、ヘロディアの夫はフィリポとされているが、これは誤りである)、ヘロデ・アンティパスが娶《めと》ったのである。このことは、多くのユダヤ人を憤慨させていた。洗礼者ヨハネは、この結婚に反対する人々の代表的存在となり、彼の主張は大きな影響力をもつようになる。このためヘロデ・アンティパスは、この面倒な預言者の人気が増大する一方であることに不安を抱くようになり、ペレアのマケロントの要塞に彼を投獄する。そして暫《しばら》くしてヨハネは、牢獄で処刑される。この処刑の状況については、マルコ福音書に一つの物語が記されている（マコ六・一七―二九）。この物語は趣豊かではあるが、歴史的に根拠あるものとは言い難い。

諸福音書の記事に信頼をおくならば、牢獄に閉じこめられていたヨハネのもとに、イエスの活動についての噂が伝わる。イエスの行動や教えのあり方についてヨハネは好意的ではあったが当惑させられるところもあり、それらの意味をどのように了解すればよいか知るために、ヨハネは自分を信奉する者たちのグループを使者として送る（マタ一一・二―一九）。イエスの答えは、イザヤ書の預言のいくつかをパラフレーズしたものである。イエスのこの答えは洗礼者ヨハネを納得させたであろうか。洗礼者ヨハネのかつての弟子であったイエスは、メシアとしての役割を演じ、洗礼者ヨハネが自分のメッセージの基礎に据えていた黙示的な図式を乱してしまっていた。イエスの答えに対して洗礼者ヨハネがどのように反応したかが諸福音書にまったく書かれていないことからすると、洗礼者ヨハネは納得しなかったと考えられる。福音書記者たちは、洗礼者ヨハネがイエスに服従を示しているエピソードを記しているが（マタ三・一四、ルカ一・四四）、こうしたエピソードは伝説的色彩の濃いものだということになる。洗礼者ヨハネは、神自身が間もなく到来するだろうと告げていたのであって、いずれにしろ人間的なところのある「メシア」が来ると告げていたのではない。イエスが演じている役割を洗礼者ヨハネが肯定的に受け止めていたとしても、だからといって洗礼者ヨハネが自分の意見を変更したと考えてよい証拠は存在しない。

洗礼者ヨハネが集めた弟子たちは、彼の死後も忠実な弟子であり続け（マコ六・二九）、洗礼者ヨハネのメッセージを伝える範囲をディアスポラのユダヤ人にまでも広げて活動を続けていたと考えられる徴候はいくつも存在する（使徒一八・二四―二六、一九・一―八）。第四福音書の最初のいくつかの章には、洗礼者ヨハネの弟子たちとイエスの弟子たちとの間の論争の痕跡が含まれている。この箇所で洗礼者ヨハネは、たとえ自分自身の弟子たちと対立することになっても（特にヨハ三・二二―三六を参照）、自分にメシア的称号があてはめられることを拒み、イエスのメシア性を一貫して証しする者として登場している。このことは、第四福音書が執筆された紀元後一世紀の末に、洗礼者ヨハネを終末の「メシア」ないし「預言者」であるとする共同体が存在していたことを示すものである。諸福音書に記されている洗礼者ヨハネに関するテキストに、洗礼者側の伝承に基づいたものとほぼ明らかに分かるものが存在する。ルカ福音書の子供時代物語（一―二章）、マルコ、マタイ、ルカにおけるヨハネの説教の要約、第四福音書のプロローグの一部分などである。

このことは、少なくとも一世紀末のころまではこうした伝承を伝えていた共同体が存在していたことの証拠である。洗礼者の教会が存在したことについての後世の証言は、わずかのものが散らばって認められるだけである[1]。しかしこれらのテキストを、古代後期の大部分を通じて、ユダヤ教の周辺に洗礼者の共同体が存在していたことを示すものと考えても無謀ではないだろう。キリスト教のような発展を実現することはできなかったが、洗礼者ヨハネに忠実な共同体は、近東のいくつかの地方で存続していたと考えられる。この洗礼者の共同体が、紀元後一世紀末にユダヤ教において少数派の排除が行われた時に、シナゴーグから締め出されたことはほぼ確かである。こうして洗礼者の共同体は、一つのセクトになってしまう。民のもとへの神の到来に準備をするべきすべてのユダヤ人を回心のもとに集めようという願いから発生した運動の最後としては、逆説的なものとなってしまったのである[2]。

イエスについて我々が知るためには、ヨハネの場合よりもはるかに豊富な資料が存在している。すなわち新約聖書の四つの福音書があり、さらに新約聖書の他の文書に含まれているいくらかの文章が存在する。また半世紀前にエジプトのナグ・ハマディで完全な形のものが見つかったトマス福音書をはじめとする外典のさまざまな福音書に含まれた要素や、二世紀・三世紀の教父たちの文章も存在する。しかしユダヤ教側・異邦人側の文書には歴史的イエスに関する信頼できる資料は存在しておらず、また考古学研究の情報からも、イエスおよび彼の周辺にいた者たちについては直接には何も知ることができない。言い換えるならば、さまざまな資料のつき合わせの作業をすることはほとんど不可能である。しかも上で言及した資料は、どれも後世のキリスト教信仰によって色付けがなされている。エピソードや演説には、キリストの神性やこの世における教会の伝道活動などについての考え方がしみこんでいて、それらを越えて歴史上の出来事や人物に遡ろうとする批判的作業はたいへん困難である。

こうした事情があるために、歴史上のイエスの生涯に関する研究領域では、今日までの二世紀以上の間、容赦のない戦いが繰り広げられてきた。(3) この問題について長く論じることは、ここではできない。(4) 良識の立場から述べることができると思われるいくつかの結論を示しておくことにする。まず、イエスの歴史的存在を疑うことは、時としてそのような主張がなされたとしても、これは不可能である。イエスという人物が存在したことについての証言は十分に残っており、当時の時代状況の中の人物として十分に現実味を帯びた姿が示されている。そしてイエスは十分に重要な存在であって、さまざまな出来事が彼の後に生じたことも納得ができる。したがって、イエスは歴史的には存在せず、イエスとは一種の抽象的な神的存在であり、後から徐々に人間的な属性を付与していったのだと考えることは到底できない。明らかなこととして次に指摘しなければならないことは、イエスの歴史的生涯のあり方を再構成するのは不可能だということである。イエスがパレスチナのユダヤ人であり、(5)我々の暦のキリスト紀元の少し前に生まれて、主にガリラヤで生活し、人気のある説教者・治癒者であり、そして紀元後三〇年頃にエルサレムで十字架刑によって処刑されたといった点は確かである。またイエスのメッセージのいくつかの主要なテーマを再構成し、イエスがどのような種類の聴衆に出会ったのかについてもかなりはっきりしたイメージを得ることができる。しかし個々のエピソードや言葉が歴史的事実であったと証拠立てること、イエスの公活動のあり方を時間的・地理的に位置付けることは不可能である。またイエスの任務活動が外的・内的にどのように展開したのかを再構成することも、不可能である。こうした限界が存在することを認識してそれを受け入れたにしても、イエスをありふれた人物であるとしてしまうことは避けなければならない。その上で我々は、イエスの活動と宣教の意味を把握しようと努力することになる。

まず指摘しなければならないのは、イエスが洗礼者ヨハネの洗礼を受けたということである。イスラエルへの神の訪れが迫っている。その状況の中で、神によって提供されている赦しの約束を受け入れるようにとパレスチナの人々を導くということが、ヨハネの企てであった。イエスが洗礼者ヨハネの洗礼を受けたということは、ヨハネのこの企てにイエスが全面的に賛同したことを示すものである。イエスは、遠く離れたガリラヤからわざわざ足を運んで、洗礼者の弟子たちのグループの生活に参加していた時もあったと思われる(ヨハ三・二六)。しかしイエスは、やがてそこから離れることになる。その際に幾人かの弟子たちを引き連れて、彼らと共に、群衆に洗礼をほどこす運動を行うようになる（ヨハ三・二二、四・一—二）。ヨハネが逮捕された時、イエスのグループはガリラヤへと退き、そこで一つのメッセージ（マコ一・一四並行）――マルコが「福音」と呼んでいるメッセージ――を宣べ伝えるという大規模な企てを開始する。彼らは洗礼を授けることは放棄するが、ヨハネの宣教は、彼らなりの修正がほどこされたものが、受け継がれた。

イエスの宣教は洗礼者の宣教に比べて、いかなる点において新しいのだろうか。諸福音書に報告されているイエスの言葉があまりに多く、さらに伝承の段階でこれらのイエスの言葉の意味が変更されている可能性があるために、この設問に答えることばきわめて困難である。ヨハネの弟子であったことがあるイエスは、ヨハネのメッセージのあり方を部分的に継承している。まずメッセージは群衆に対してのものであり、そこには社会のあらゆる種類の人々、あらゆる宗教的流れの人々が混在している。また神の訪れが迫っていることが、再確認されている。そして悔い改めを迫る呼びかけが繰り返されており、民に対する神の行動の中心的動機が神の憐れみであることに変わりはない。異なっているのは、まず神の支配が切迫しているとされていたのに代わって、神の支配は不思議なあり方において現実のものとなっているとされていることである（マコ一・一五、ルカ一七・二〇—二一）。また悔い改めへの呼びかけと洗礼のしるしが意義あるものであったのは、恵みの時が迫っているからだったのだが、今やこの恵みの時は成就したとされている（マコ一・一五。これが、この節の解釈として然るべきところである）。そして将来のために準備することはもはや問題にならない。神の支配は直ちに把握されねばならないものだからである。こうしたことの全体が何を意味しているかを理解することは些《いささ》か困難であり、何らかの情報が欠如していると認めざるを得ない。神の支配とは、もはや見える現実ではない。神の支配とは、イエスが語ったり行動したりする際にすべての人間に与えられている神の恵みである。民のうちに神が現存していることは、イエスの前に民が集まっていること、奇跡的食事が実現したことによって証しされている（マコ六・三〇―四五並行、八・一―一〇並行）。悪霊を祓い、癒しを実現し、死に勝利するイエスを手段として、神の力が人々を解放しているのである。主が与える教えは霊に満ちたものであり、そこに認められる比類のない権威（マコ一・二二）によって、それぞれの命令の背後には神の絶対的要求があり（マタ五・一七―四八）、人間の置かれている状況の背後にはそれぞれに深い意味が存在することが示されている（マタ五・三―一二）。

つまりこの逆説的な神の支配は、神の民の間におけるイエスの存在と密接に結び付けられているのである。組織化された諸集団に見捨てられていた田舎の人々の間にあって（マコ六・三三―三四）イエスは、組織化された諸集団（マコ一一・二三―二七並行）や宗教上の当局（マコ一一・一五―一八および二七―三三、一二・一―一二および二八―四〇並行）に立ち向かおうとしていた。こうしたイエスが、自分の使命および神との自分の関係のあり方によって動かされていたことは明らかである。我々の言う「パパ」にあたるアラム語の「アバ」という語をイエスは、神に呼び掛けるために用いていた（マコ一四・三六）。この「アバ」という呼び掛けには神への親しみが大胆に表現されているとよく指摘されるが、こうした指摘は正当である。また「いと高き者」からの保護についてイエスが確信していることがマタイの言葉（二六・五三）に示されており、必要ならば神の力そのものを用いることができるとイエスが確信していることがヨハネの言葉（二・一九―二〇）に示されている。

　こうしたこととの関連においてイエスの「メシア意識」が繰り返し問題にされている。しかし「メシア意識」という表現は、あまり適切ではない。イエスが自分に与えられていると意識していた使命は、当時のユダヤ教において広まっていたメシアのさまざまな概念とは、それが政治的なものであるにしろ祭司的なものであるにしろ、かなり離れた関係しかなかったのである。しかし神の支配の建設のために神がイエスに委ねた役割について、イエスがそれを高い次元のものであると考えていたことは疑い得ない。ダニエル書（七・一三―一四）やエノクの名のついた文書から借用した人の子という黙示的用語を、イエスは自分について当てはめていたのであろうか。これは極めて複雑な問題であり、ここではこの問題を本格的に検討することはできない。アラム語では「私」という語を用いることは忌避《きひ》されていたので、この「私」という語を用いずに自分を指すための一つの方法であったということがあるので（参照、マコ二・一〇、二八、八・三一、三八、九・九、一二、三一、一〇・三三、四五、一三・二六、一四・二一、四一、六二並行）、イエスが人の子という黙示的用語を自分について当てはめていた可能性は否定できないとだけ指摘しておくことにする。

いずれにしてもイエスは、神を超越的なものと考えていたという点においてはユダヤ教の伝統と一致していたが、その一方で自分は神に近づいていると主張していたのである。そしてこの驚くべき主張をしていたことが、イエスの活動があまりにも早く中断してしまった原因の一つであったことは疑い得ない。イエスの活動の期間は短くても十八カ月、長くても三年であり、主にガリラヤで遂行された。巡礼でエルサレムに来た際にイエスは神殿内の、供物や犠牲用のものを信者たちに売っていた商人たちの台が並んだあたりで、一暴れした（マコ一一・一五―一九並行）。神殿に彼らがいることは、境内が聖なる性格のものであることにそぐわないとイエスには思われたのである。この行為は威厳をもって行われたので、巡礼にきていた群衆の間でのイエスの評判が高まったが、神殿当局やローマ側の支配者たちからはイエスは危険人物と目されるようになった。神殿でのこの事件の数日後なのか数カ月後なのかは我々には分からないが、イエスはエルサレムの郊外で、神殿の衛兵によって逮捕され、そしてユダヤ人当局者たちの前で尋問を受けた後、ローマ側に引き渡され、ローマ側はイエスを公共の秩序を乱す者として十字架上での死刑を宣告する。

処刑は直ちに行われ、逮捕を免れた弟子たちはちりぢりになって身を隠す。この悲劇的出来事によって、イエスのさまざまな主張と、「神の支配」における弟子たちのものとなるはずだった役割とは、空しくなってしまい、弟子たちはすっかり意気阻喪してしまう。これらの劇的な数日間については四つの物語が、新約聖書の四つの福音書に記されているが、これらの物語は語られている出来事が起こってまだ何年も経たないうちにエルサレムで作成された原型となる物語に遡るものである。しかしこのテキストは、エルサレムに巡礼者として来てキリスト教信仰に加わった者たちが参加した荘厳な儀式の際に朗読されるためのものであり、歴史的なものであるよりも、むしろ典礼的なものである。したがって悲劇的な数日間に生じたことについては、きわめて不完全で、そしてきわめて変形されたイメージしか示されていない(6)。

しかしながら破綻が完璧なものであったことには変わりはない。ガリラヤの農夫たちと漁師たち、そして後にはエルサレムに上ってきた巡礼者たちは、「神の支配」の曙を見たと信じたのだが、この「神の支配」を担っていた者の死と共に「神の支配」そのものも消え去ったのである。洗礼者ヨハネによって生じた希望は損なわれてしまう。その後にイエスが脆《もろ》くそして逆説的な構築物をたいへん巧妙に作り始めたのだったが、その構築物も崩れ去り、取り返しのつかない状態になってしまった。つまりパレスチナのユダヤ人大衆を神に引き戻そうとしたこれら二つの企ては、安定した結果を何らもたらさなかったのである。こうしてゼロテたちが思いのままに民を動かすことのできる状況が出現し、そして結局は紀元後七〇年の神殿破壊に到り、そしてヤムニアに落ち着いたファリサイ派の書記たちによってユダヤ教が掌握されることになる。ゼロテたちによって引き起こされた破綻の後、まずこのファリサイ派の者たちが自分たちに従う民をモーセ律法のくびきのもとに引き戻したのである。

3　エルサレムの初期教会

しかしイエスによって創始されたイスラエルの歴史の新段階は、これで終わったのではなかった。弟子たちは、自分達の主が十字架刑に処せられてしまうと、逃亡して、その多くはガリラヤに帰って、自分達の日常活動――たとえばティベリア湖での漁師としての仕事（ヨハ二一・二―三）――に戻っていった。高揚していた彼らの気持ちは、完全に落ち込んでしまっていた（ルカ二四・一七―二一）。彼らは間違っていたのであり、どのような未練が残っていたにしても、運動を再び行う気持ちは失われていた。

ところがこうした時に、彼らの態度を全く変えてしまう異常な出来事が生じたのである。それは宇宙的規模のしるしでもなく、公的な出来事でもなく、弟子たちに限定された私的な出来事であった（参照、使徒一〇・四〇―四一）。死んだはずの主が現れて、自分は死を超えて生きていると主張し、そして自分が始めた業を継続して行うようにと、弟子たちに命じたのである。この顕現については信頼できる物語は一つも存在しない。マルコ福音書には、物語自体がない。他の三つの福音書には物語が含まれているが（マタ二八・九—一〇および一八—二〇、ルカ二四・一三—五三、ヨハ二〇・一四—二九、二一・一—二三）、それぞれの物語は互いに矛盾している。使徒行伝には別のタイプの物語が示されており（使徒一・三—一一）、またタルソスのサウルないしパウロに復活のイエスが現れたことについて互いに一致しない三つの物語が記されている（使徒九・一—一九、二二・六—一六、二六・一二—一八）。しかしパウロの書簡の中では、自分が体験した顕現についてまったく物語られておらず、ごく短いほのめかしがなされているだけである（ガラ一・一五—一七、一コリ九・一および一五・八）。

　しかしながらこれらの「キリストの顕現」が、メシアとしてのイエスに対する信仰の起源であり、この確信を広めるための弟子たちの活動の起源であったことは疑いない。第一コリントス書（一五・三—七）でパウロが引用しているたいへんに古い信仰告白が、そのもっとも良い証拠である。したがってイエスの埋葬後の間もない時期に何が生じたのかについて、一応の理解を試みておくことは重要であろう。

　これらのさまざまな物語の成立時期が遅く、また物語の性格が伝説的なものであるために、これらの物語は歴史的再構成には役に立たない。ただしタルソスのサウルへの顕現物語は別であって、三つ存在するこの顕現物語は互いに独立した二つの伝承に遡ると思われ、その二つの伝承とは、一つはダマスカスの教会に由来するものであり、もう一つはパウロに同伴した伝道者集団に由来するものである。[1]これらの二つの伝承に共通な要素において歴史的な核が認められるのだが、この点に関しては後に検討する。ほかの顕現について古い物語が存在しないことは、神的存在との出会いは聖なる侵し難いものであるからという理由から容易に説明できるであろう。パウロ自身が行ったように、復活のイエスに出会ったと主張し、また他の者たちも同じ経験をしたと証言することはできたであろう。しかし出来事を物語ることはできないのである。他方、復活者の顕現を数え上げていくことは、それほどの時を経ないうちに重要なことであるとされるようになった。パウロがコリントスに伝道を行った五〇年代には既に尊ぶべきものとなっていた第一コリントス書の文句(一五・三―七)は、このことをはっきりと示している。つまりこれらの顕現は、キリスト教徒たちにとってはこの上なく重要なものであったのであり、したがって我々がこうした顕現を無視してはならないことになる。また歴史家にとって興味深い点が、もう一つある。福音書記者たちのうちの二人が、一人ないし複数の女性に対してイエスの最初の顕現があったとしていることである(マタ二八・九―一〇、ヨハ二〇・一四―一八)。女性の地位が低かったことから、このことは信仰告白の中で言及されるにはふさわしくないとされてしまったが、歴史的な核となる出来事として留意すべき要素の一部である可能性が大きい事項である。

それから「空の墓」の発見の物語について触れねばならない。イエスが葬られた墓が開かれていて空になっているのを女性たちが発見したことを伝える四つの物語は（マタ二八・一―七、マコ一六・一―八、ルカ二四・一―一一、ヨハ二〇・一―二および一一―一三）、純粋に伝説的なものと普通は見做されていた。「空の墓」については第一コリントス書の信仰告白（一五・三―七）において触れられていないし、キリストの復活が何度も問題とされているパウロの書簡の中でも触れられていない。墓に天使たちがいたとされていることは、神話的な性質を示す特徴である。四つの物語の間には、かなり重要な食い違いがいくつも存在する。しかし処刑された罪人は共同墓穴に葬るのが通例であったにもかかわらず、これらの四つの物語はどれも、どの墓がイエスの墓であるのかについてははっきりしているという点に立脚している。こうした議論は有力なものであるけれども、我々は更に慎重でなければならない。なぜなら「空の墓」の物語は受難についての典礼的物語の結論となっており、この受難についての典礼的物語はイエスの死刑後の十年ほどの間に、しかもエルサレムで成立したと躊躇《ちゅうちょ》なく言うことができるからである。こうした状態にあっては、このエピソードには歴史的な核となるものがあって、女性たちの証言ではあまりに弱々しいと考えられたために、女性たちの証言を天使の証言に変更することによって、物語の価値を高めたのだと歴史的にはみとめねばならないであろう（参照、マコ一六・八、ルカ二四・一一)。

したがってイエスに従っていた女性たちによる「空の墓」の発見がまずあって、それに続いて復活者の顕現が生じたのだと考えることができる。その復活者の顕現は、ペトロ(一コリ一五・五、ルカ二四・三四)とかヤコブ(一コリ一五・七)といった個人に生じたとされていたものもあったし、「十二人」(一コリ一五・五)「使徒たち」(一コリ一五・七)といったある程度多人数のグループや、さらに会衆全体(一コリ一五・六)に生じたとされていたものもあった。これらの顕現はおそらくさまざまな場所で生じたのであり、ルカ福音書やヨハネ福音書二〇章に記されているようにエルサレムで生じたものもあったし、ガリラヤ(マタ二八・一六―二〇、ヨハ二一章)や、その他の場所(ルカ二四・一三―三二、使徒九・一―一九、二二・六―一六、二六・一二―一八)で生じたものもあった。時期については、使徒行伝の作者が復活に続く四十日間に限定しようと努力しているということがあるにしても(使徒一・三)、「空の墓」の発見後間もなく始まって、数カ月あるいはおそらく数年続いたと我々としては述べることができるが、それ以上に正確なことは分からない。

この驚くべき出来事についてはさまざまな反応があったであろうし、さまざまな吟味がなされ、また論争も生じたのかもしれないが、それらについて我々は何も知らない。我々が述べることができるのはせいぜいのところ、第一コリントス書(一五・三―七)でパウロが引用している信仰告白の内容の様子から判断して、顕現には二つのグループが関わっていたであろうという程度のことである。その二つのグループとは、一つはペトロに結びついたグループで、イエスの最初期の弟子たち、つまり「十二人」と「五百人以上の兄弟たち」の共同体であり、もう一つは主の兄弟ヤコブに結びついたグループであって、すなわち「すべての使徒たち」である。キリスト顕現に直接関わった集団には二つの極が存在しているということは事実であったとしても、このことについては我々の手元にある資料からはこれ以上に詳細にわたる分析を行うことは不可能であり、次のようなことが指摘できるだけである。ペトロを中心とするグループは、一つの宗教的共同体としての雰囲気をもっており、この共同体はイエスの公活動期間中にイエスとペトロが密接な関係をもっていたということに基づいた権威を背景としていた。これに対してヤコブは家系上の正統性を獲得していて、この権威を根拠にしてヤコブは代理の者たちに自分の権限を委ねていたと思われる。なぜなら正にこのようなあり方が、ユダヤ教での用法によるところの「使徒」という語の意味だからである。使徒行伝（使徒一・一三―一四）とガラテヤ書（ガラ一・一八―一九）を信じるならば、この二人の人物と側近の者たちは、それぞれがエルサレムを落ちつき先として選択して、ほどなく両者はこの町に相並んで見出されることになる。

この選択は、驚くべきものである。ガリラヤには、イエスの活動のお蔭で好意的な雰囲気が存在し、しかもガリラヤは彼ら自身の出身地である。にもかかわらず復活者の顕現を経験した者たちは、神殿当局者たちとローマ当局者たちとが手を結んでイエスを処分した場所に身を投じたのであり、いわば狼の口の中に入って行ったようなものである。なぜこうした逆説的な選択が行われたのかを理解するためには、二つのグループのメンバーたちが以下の二つの動機をもっていたことを認めねばならない。第一に彼らは、神殿と聖都エルサレムとは終末の介入の場として神によって選ばれた場所であると確信していて、したがって当然のことながら彼らは、復活によって正当性が証明されたキリストが、悲劇的に中断された自分の業を完成するためにこの地に戻って来ると考えたのである。自分たちの主が戻って来た時に彼を迎えるために、復活者に従う者たちはその場にいることが望ましい。これはある程度の危険を冒しても、敢《あ》えて行う価値のあることであった。

また復活者の顕現を経験した者たちは皆、この驚くべき顕現の出来事を伝道命令として理解していた。自分たちはイスラエルに対する主の宣教活動を継続する任務を担っているのだと考えたのである。ただし変化した点があって、イエスの存在との関連において神の支配の現存が主張されるのではなく、地上へのキリストの回帰が迫っていることが通告されることになり、待望されている神的支配はこのキリストの回帰によって程なく実現されるのである。こうしたメッセージを広めるための場所として、パレスチナ地方全体とディアスポラから巡礼者たちが年に数回押し寄せる町よりも適切な場所があるだろうか。

イエスの信奉者たちの中には、彼らが自分たちの主に出会ったガリラヤの村々に残った者もいたであろう。彼らについては後で吟味することになる。しかし彼らがシナゴーグとは別の宗教的共同体組織を形成していたと主張できる根拠は何もない。おそらく彼らは、イエスが彼らにもたらしたことについての感謝に満ちた思い出をもちながら、自分たちの職業的活動や家庭生活を続けていた。彼らは、独自な神学やキリスト論を主張できる能力のある首尾一貫したグループとは別のグループとなっており、キリスト教伝道者たちの後の活動にとって有利な基盤を提供することになる。

エルサレムに落ち着いたグループの状況は、まったく別のものであった。使徒行伝の特に一章から五章に、彼らについてのある程度しっかりした多くの情報が記されている。したがって彼らの組織や生活のあり方や思想をある程度の蓋然性をもって再構成するためには、これらの数章のテキストを注意深く批判的に見極めて行かねばならない。核となるグループは最初は数十人ほどであったが、復活者を代弁する者たちの宣教によって間もなくかなり多人数の者たちが仲間に加わって兄弟たちとなっていた。

使徒行伝(一・一三―一五)に言及されている最初の核となるグループを構成していたのは、弟子たちとイエスの親族たちで、ガリラヤから来た者たちであった。エルサレムに住み着く費用をまかなうために彼らは、彼らの家や土地を売って、手に入れた金を共同のものとしていたと思われる。エルサレムで彼らの仲間に加わった者たちの少なくとも一部は同様なことを行って、この犠牲的行為の見返りとして、「聖者」のグループに入ることを許された（使徒四・三四―三七）。この「聖者」のグループの威信はかなり大きなもので、アナニヤとサフィラの惨めな物語（使徒五・一―一一）に示されているようなはばかるところのない候補者たちが詐欺的行為を行ったりすることが生じるほどであった。共同体財産は「十二人」によって管理されていたが、この「十二人」とは、我々の手元にある情報から判断する限りでは、生前のイエスによって名指しで選ばれた弟子たちのグループのことであり（参照、マコ三・一三―一九並行）、既に述べたように彼らは、グループのリーダーである「ペトロ」と呼ばれたシモンに続いて復活者の最初の顕現を経験した者たちである。この「十二人」には、イスラエルの十二部族との関連付けがあるのかもしれない（参照、マタ一九・二八並行）。またこの「十二人」が担っている指導的役割には、クムランにおいて「十二人の者と三人の祭司」（『共同体規則』八・一―四）からなるグループに認められていた権威と驚くほどの類似が認められる。これは、エルサレムの初期教会に対するエッセネ派の影響を示唆するものかもしれない。またエルサレムの初期教会で行われていた財産共有制も、たとえ最初は実際的な動機から始まったものだったとしても、クムランのあり方にヒントを得たものである可能性も存在する。

こうした主張に対しては、我々の知る限りにおいてイエスはエッセネ派とは全く接触がなかったし、聖都エルサレムに定着した宗教集団とユダの荒野の苦行者たちとの間にはたいした共通点はないという反論があるかもしれない。確かにその通りかもしれないが、イエスの弟子たちは「主」を失ってすべてをやり直さねばならなかったのであり、エッセネ派の興味深い組織のあり方はもちろんのこと、その他にも、メシアについての思索の蓄積、さまざまな預言についてその意味を今日的に捉え直す解釈を、彼らは受け継いだと考えられる。またエッセネ派の在俗の者たちは、パレスチナの幾つかの場所に定着しており、エルサレムも、考古学調査によってエッセネ派の街区があったことが明らかにされていて、こうした場所の一つであった。つまりエッセネ派と、エルサレムに集まっていたイエス・キリストの弟子たちとの間に関係があったことを不可能と考えねばならない根拠は何もなく、それどころかそれは十分に可能なことであった。キリスト教共同体がエッセネ派の単純な模倣であると思い浮かべるとしたら、これはナイーヴなことであろう。しかしこのユダヤ教の反体制の大運動の影響をまったくこうむらずに教会が成立したと想像してしまうことは、一層ナイーヴであろう。(2)

既に述べたようにエッセネ派のあり方は組織面で、初期教会においてかなりの模倣の対象となった。「聖者たち」からなる中心的グループが大きな権威を有していて、その核となる十二人の者の集団があらゆる面で権力を行使していた。この中心的グループにおいて、財産共同体が存在していた。このグループのメンバーには、厳しい規律が課せられていた。またこのグループのメンバーばかりでなく、寡婦をはじめとする窮乏しているすべてのメンバーに対して、多面にわたる連帯的援助が実施されていた(使徒六・一)。共同体全体、そして特に核となるグループは、たいへん活発でよく組織された儀礼的活動を行っていた。ユダヤ教の祈りの時刻に彼らは、神殿の境内に集まっていた（使徒二・四六、三・一）。このことは大衆には一定の熱狂をもって迎えられ、また聖職者の当局側にはある程度強烈な反応を引き起こした。日々行っていた共同の食事や、我々には詳しくは知られていないさまざまな儀礼的活動のために、兄弟たちは家に集まっていた（使徒二・四六）。洗礼はかなり早い時期から行われていたようであり（使徒二・三八―四一）、洗礼者ヨハネの洗礼に近い一つの加入儀礼であったに違いないと思われるが、どのように実行されていたのかについては何も分からない。家での集会では教えの活動が行われていたが、特に「十二人」がこの任にあたった（使徒二・四二）。この教えの内容はおそらくイエスの存在と業についてのキリスト論的な解釈であり、そこでは聖書的根拠が言及され、道徳的勧めもなされていた。

こうした日々の儀礼的活動の他に、当時のユダヤ人にとってはごく自然なこととして、「サバト」（安息日）をはじめとする暦上の幾つかの祭を祝う活動が行われていた。しかし当初から、エルサレムの弟子たちはユダヤ教のすべての儀式を行わず、特に生贄《いけにえ》のある祭は行わなかったが、その一方で新たな儀礼の活動が行われていたと思われる。「サバト」に続く夜、あるいは次の日の朝、おそらく第一コリントス一五章にあるような顕現のリストに依拠して、イエス・キリストの復活が祝されていた。これが主日礼拝の起源である。

エルサレムに巡礼者が大挙してやってくる祭の時、殊に過越の祭の時に、イエスの受難を更に公然と目につく形で記念していた。すなわち、エルサレムの兄弟たちおよび巡礼者として都に来た者たちを主の最後の日々に生じたエピソードのうちの幾つかの場所に集め、そして主の殉教の諸段階について彼らに語って聞かせたのである。これが四つの福音書で受難について語られている物語の起源であり、どの受難物語もただ一つの原型に遡る。この原型は、悲劇的出来事の後十年と経たないうちに最終的な形が成立したと言えるだろう。この長い物語の中でイエスが弟子たちととった最後の食事の物語に特別の地位が与えられていることは、この集まりにおいて、共同体の日々の食事よりも厳粛な記念の食事が行われていたことを示唆している。つまり後に聖餐《せいさん》と呼ばれることになるものが、二世紀および三世紀になって「愛餐」（アガペー）と名付けられることになる食事に付け加わったのである。

共同体指導者たちの活動は、共同体管理・規律・儀礼関係のものに限られていた。彼らの中心的任務は、彼らから主を奪い取った悲劇的出来事および共同体生活・兄弟各人の生活に、積極的意味付けを行うことであった。イエスの逆説的な運命を理解する上で〔旧約〕聖書は幾つかの鍵を提供したが、それは義人や神の僕《しもべ》の苦しみが語られている箇所においてであって、これらの箇所はほとんど全ての場合、神の勝利や圧迫されていた不幸な者たちの復帰についての確認で終わっているからである。エッセネ派と同じように初期キリスト教徒たちも、これらの古いテキストを、自分たちの目の前で生じた出来事についての預言であると見做し、そこには何よりもまずイエス・キリストの死と復活についての予告がなされており、それらが救済をもたらす性格をもつものとして示されていると考えたのである。神の赦し、聖霊の流出、兄弟愛に関する聖書箇所の幾つかは、クムランの者たちがそこに自分たちの運命を読み取っていたのと同様に、初期教会およびそのメンバーにあてはめられた。だからといってイギリスの批評家C・H・ドッドのように[3]、初期キリスト教徒たちは聖書を四十ほどの章のものに圧縮してそれを読んでいたとまで考えねばならないのだろうか。また初期キリスト教徒たちの聖書は、イエスと最初の弟子たちの運命についての預言となっているいくつかの節だけで構成されていたと主張されたこともあったが、そのように考えねばならないのだろうか。こうした立場はいかにも行き過ぎである。しかし聖書の諸文書に認められた権威には諸段階があったのは確かであろうし、おそらく聖書全体は読まれていなかったであろう。

初期のキリスト教の教師たちが与えていた教えの源泉となっていたもう一つのものは、聖書に見出される要素からエッセネ派によって作り出されていたたいへん多様なメシア的称号の蓄積である。「義の教師」や終末のさまざまなメシアに適用されていたものが、大挙してイエスに関連付けられたのである。すなわち「メシア」、そのギリシア語訳である「キリスト」。「預言者」、これは申命記一八・一五および一八―一九に依拠していることが多い。「主」、ユダヤ教の聖書では神のみにあてはめられていた称号である。「神の僕」。「聖者」および「義者」。「王」および「救済者」などである。こうした多様な称号がひしめいている中で、互いの序列とか、それぞれの称号についての整った教義といったものを求めようとしても無駄であろう。全体としてはっきりと浮かび上がってくるのは、イエスは、神の究極的な「遣わされた者」として、人々のところに来た者であり、完璧な啓示と全面的な救いを担う者であるという主張である。キリスト論を創出したのはエルサレムの初期教会であり、その基礎の上にキリスト教思想が構成されたと述べても言い過ぎではない。

初期教会の指導者たちが彼らに従う者たちに与えていた教えには、道徳的要素もかなり含まれていた。この領域においては、ユダヤ人すべてにとってと同様に、モーセ律法が彼らにとっての中心的な根拠であった。しかし彼らにとっての律法とは、イエスが解釈したところの律法であった。神への愛と隣人への愛についての二つの命令が、第一のものとされる（マコ一二・二八—三四並行）。諸規定、特に十戒の規定の背後に、神の無制限の要求が模索される（マタ五・一七—四八並行）。まだいくらか民族中心主義的だった「隣人」の概念が普遍化される（ルカ一〇・二九—三七）、等々。このように理解されたところの律法は、社会生活を管理する規則ではなくなり、個々人の意識への呼びかけになってしまう。こうした変更を反論の余地のないものにするために、生前から既に記憶にとどめられていた主の教えが注意深く保存され、新たな回心者たちに伝えられて行った。こうした伝承は、当初はまったく口承であったが、少しずつ形が整えられて書き留められるようになった。そこには律法の意味についてのイエスの言葉だけでなく、さまざまな敵対者たちと主が行った論争物語、終末・神支配・イエスと父との関係についての言葉、そしてこうした教えを具体的に示す譬が含まれていた。こうした伝承と、そこに付されたさまざまな補足――これについては後に検討する――が、正典の最初の三つの福音書の基礎となっているのである。(4)

共同体はこうして組織が整えられ、教育が施される。この共同体は、俗世から隔絶したものではなかった。活動の場所として選ばれていたのは町であり、しかも巡礼の町であった。このことは、周囲の社会と密接な関係をもつことを選んだということを意味する。具体的には福音を広める活動が周囲の社会との関係として支配的な形態であり、この福音を広める活動がこのグループ、特にその指導者たちのあり方の特徴となっていた。定期的に神殿を訪れ、あらゆる機会に群衆に伝道を行うことによって初期キリスト教徒たちは、確かに一方ではさまざまな対立を引き起こしたが、他方では多くの加入者を獲得した。このことについては使徒行伝三章から五章に物語が記されており、これは伝説的色付けがなされた描写ではあるが、本質的なところではかなり歴史的事実に忠実である。使徒行伝には加入者の人数についてはかなり大きな数字が示されており（使徒二・四一、四・四）、こうした数字については慎重でなければならないとしても、ガリラヤから来た数十名の者たちは、ある程度の数の同郷の者たちを仲間に加えたと思われる。また巡礼者が多数集まる春と秋の祭の際には、イエスがその創始者であるところの神支配が切迫しているという「良い知らせ」を広めるために特に有利な機会であった。巡礼者はパレスチナのユダヤ教の領域からも、またディアスポラからも来ていたので、福音は広範囲に広まり、こうしてエルサレムの宣教者が出向くことがなくても、たとえばダマスカス、ヤッファ、リダなどに共同体が誕生し得た（使徒九・一―二、一〇、一九、使徒九・三〇―四三）。しかし初期教会の指導者たちはこうした外部の小さな共同体の存在に留意していて、支援のために出かけたり、聖都の母共同体が霊的権威の存する所であると確認したりするようになる。

この霊的権威は、エルサレムのキリスト教集団に付けられた名であるところの「教会」という用語で表現されていた。この語のギリシア語の形である「エクレシア」は、町の市民の全体集会を指すもので、したがってそのままでは宗教的意味をまったく含んでいない。しかしヘブライ語聖書のギリシア語版である「セプトゥアギンタ」（七十人訳）でこの語は、ヘブライ語の「クハル・ヤーヴェ」という表現の訳語として用いられている。この「クハル・ヤーヴェ」という表現は、荒野においてモーセによって召集された民の全体集会を指すものである。つまり「「エクレシア・トゥ・テウ」（「神の教会」の意のギリシア語表現」は、ユダヤ人の間では、選ばれた民の集会を指す表現だったのである。ヘブライ語・

アラム語・ギリシア語のどの言語で表現するにしろ、この語を用いることによってエルサレムの共同体は、単なる一つの宗教運動とはまったく違ったものとして考えられていたことになる。つまり自分たちは神の前の選ばれた民全体の集会を予示するものであると主張されていたのである。エルサレム以外の場所の諸集団も(参照、使徒九・三二)、同じ一つの「教会」に属しているのであり、同じ権力機関に従属していて、この権力機関はすべてが然るべき掟に従って行われているかどうかを確認するために諸集団を視察する権限を有していた。(訳注)

福音宣教の受け手はすべてユダヤ人だったが、文化的にはたいへんに多様な人々であった。使徒行伝の二章に記されているペンテコステの物語は、伝説的な形態になってはいるが、エルサレムには巡礼者以外に、はるかに遠いディアスポラのユダヤ人で神殿の近くにいるという目的のためにこの町に移り住んでいた者たちがいたことの証しとなっている。こうした者たちでキリスト教信仰に入った者たちは、巡礼者としてやって来た同郷人への宣教においてたいへん積極的な役割を果たしていた。

パレスチナ以外の出身でエルサレムに定住し、そしてキリスト教宣教に敏感であったこうしたグループのうちの一つについて、我々は若干のことを知ることが可能である。それは使徒行伝においてたいへんに一般的な用語である「ヘレニスト」という名で呼ばれているグループであり、このグループは教義上では多数派とは違った立場に立っていたと思われる。このグループは使徒行伝六章の冒頭の、編集者の創作である雰囲気がいくらかある物語に登場する。「十二人」の賛同を得てこのグループには、七人の指導者集団が存在することになる。この七人の名前はどれもギリシア名だが、一人のプロゼリット（ユダヤ教への改宗者）以外は全員がユダヤ人である。この新しい集団は使徒行伝（六・三以下）によれば「食卓の世話」を担い、「十二人」が宣教と祈りの役目をもつことになっている。しかし「七人」のうちでその後の叙述において我々が知ることのできる者たちは、何よりもまず宣教と癒しを行う伝道者である（使徒六・八）。したがって使徒行伝（六・三）に記されている「十二人」と「七人」の取り決めは、現実と一致したものではないことになる。「七人」が作り出されたのは実は、「十二人」がごく初期の共同体全体に対してもっていた役割を、この「七人」が「ヘレニスト」たちに対して担うためである。つまりここで問題になっているのは、相互の同意によって成立したものであったとしても、やはり分裂である。

こうした事態にいたるには、言語の違いや寡婦たちへの社会的援助の分配における対立だけではなく、それ以上の問題が存在しなければならない。教義上の相違とか、周囲の社会に対する態度の違いがあったのではないだろうか。その可能性はこの上なく大きい(5)。「ヘレニスト」の中心的代弁者であるステファノは神殿について攻撃的な態度を示しているが（使徒六・一三―一四、七・四六―五三）これは祈るために共同体を神殿の境内に引率していた「十二人」の態度とは全く断絶したものである。初期教会の大多数は、犠牲を献げる礼拝に参加するまでには至らなかったかもしれないが、神殿当局に対してどちらかと言えば和解的態度をとっていた。これに対してステファノとその仲間たちにとって神殿当局は正真正銘の偶像崇拝の実行者であって、こうした神殿当局との衝突をステファノたちは積極的に求めていた。「七人」の制度化自体は初期教会が作られてからあまり経たないうちのことであったが、こうして「七人」が自由に活動できるようになってほとんど間もない時に衝突が生じた。つまり「ヘレニスト」たちの誰彼の過激な言論のために、初期キリスト教徒たちの安全は、おそらく一年か二年以上経過しないうちに脅かされるようになったのである。ステファノに対する集団処刑（使徒七・五七―六〇）が、ユダヤ当局との難局を引き起こすことになる。ただしユダヤ当局は、断固としているが和解的な「十二人」と、それよりも反秩序的な「七人」の立場に賛同する者たちとの間を区別していた（使徒八・一―三）。後者は、首都のユダヤ人議会サンヘドリン当局の手からのがれるために、エルサレムおよびユダヤから逃げることを余儀なくされる。共同体のメンバーで「十二人」に近い立場にとどまった者たちは許容されて、聖都に居続けることができたと思われる。

こうして反抗するグループを追い払っても、それでエルサレム教会に完璧な団体が戻ったのではない。くわしい経緯は分からないが、「ヘレニスト」のグループよりもはるかに控え目なグループが、イエスの弟子の一人――おそらく「十二人」の一人であるヨハネ――の周りに形成されていた。このようなグループの存在を示す徴候のうちでもっとも確かなものは、第四福音書の背後にイエスの行動や言葉についての独自の伝承が存在することである。この伝承はいくつかの点において「十二人」の周辺で伝えられていた伝承と関連が認められるが、独創的であって、パレスチナの土地にしっかりした根拠をもつものである。「ヨハネ集団」と呼ばれているものは、おそらく大教会の最初の核となる部分の大多数がガリラヤ人であったのに比べると、ユダヤ的であった。またおそらくこの集団は独自の共同体生活をしていて、また祭司階級の者たちとつながりをもっていた（参照、ヨハ一八・一五）。そうだとするならば、第四福音書に潜んでいる伝承のさまざまな特徴のうちの幾つかが説明できるかもしれない。しかしこのマージナルなグループは、教会の多数派と関係を絶つことはなかったようである。したがって伝承のこの二つの流れの間には、共通するものがかなり存在する。その良い例が受難物語であって、第四福音書のものは最初の三つの福音書のものにたいへんに似通っている。この二つの流れの間の根本的相違は、むしろ神学的レベルに存在する。ヨハネ伝承の関心はキリスト自身のあり方にはるかに強力に集中しており、この傾向は福音書が書かれる段階では更にはっきりするようになる。(6)

エルサレムの原始共同体の人数は急速に増大し、互いに異なるさまざまな流れが存在するようになり、祭司階級に激しく抗議しているエッセネ派的立場に大きな影響を受けていた。こうした状況においては、使徒行伝の最初の数章の叙述に見られるようなほとんど理想的とも言える安定した状態は長くは続き得ない。使徒たちはこの上なく慎重であったが、最初の数年間の調和のとれた状態は、それほど長くは存続できなかったと思われる。ヘロデ・アグリッパの迫害は四四年の初めの数カ月に生じたと正確に年代確定をすることができるが、この迫害によって引き起こされた危機的状況においては、既に開始されていた展開が加速されただけであると思われる。しかしこの危機によって原始共同体は、後世の教会制度の通常の体制にかなり近いあり方へと移行することになる。

ヘロデ大王の孫であるヘロデ・アグリッパ王は、ローマの助けによって四一年以降、ユダヤ人の地域を自分の支配下に再統一することに成功する。彼は祭司階級を支持基盤としていた。カリギュラが一時企てていた神殿に皇帝像を立てる計画を退けるにあたってヘロデ・アグリッパに力があったことに祭司階級は感謝していたのである。ヘロデ・アグリッパが「十二人」の一人であるヤコブの首をはねさせた(使徒一二・一―二)直接の理由は分からないが、おそらく祭司階級の教唆があったためと思われる。この死刑は世論に肯定的に迎えられたのでヘロデ・アグリッパは、四四年の過越祭の少し前にペトロを逮捕させ、祭の後に裁きを行うべく準備を進めた(使徒一二・三―四)。法廷での尋問が行われるとなると、これは教会全体を脅かす事態となってしまうが、その前にペトロは信じ難いあり方で脱出する。使徒行伝の著者はこれを神的介入によるものとして記している(使徒一二・

五―一二）。ペトロは王の警察に捕まらないために逃げなければならず、幾人かの兄弟たちに主の兄弟ヤコブに知らせるようにと頼んで、直ちに身を隠してしまう（使徒一二・一七）。ペトロの命は助かるが、彼の権威は失われてしまう。このことについて使徒行伝の著者はこの上なく控え目だが、ペトロがこの時以来エルサレム教会での最高の権力者でなくなったことは明らかである。ペトロは再びエルサレムに現れるが、それは非ユダヤ人への伝道において生じた問題についての集会の時であって、その時に彼は異邦人への宣教者以上の者ではない（使徒一五・七―一一）。霊に満ちてほとんど神的ともいえる権威を有した指導者であったのが、あちこちを移動する伝道者の地位に下落したのであり、彼の発言には、エルサレムの兄弟たちにとって、根本にかかわる議論を決着させるための十分な力がないのである。[7]

このようにペトロが失った権威は、使徒行伝一二・七に示唆されているように、主の兄弟ヤコブに移ってしまったのであり、また使徒行伝一五・一三―二一においても、異邦人伝道についての議論に決着をつけ、すべての者が受け入れることになる解決案を提案する役割がヤコブに委ねられていて、同様のことが示されている。ヤコブの立場と使徒たちの立場は相容れないので使徒行伝ではヤコブについてできるだけ触れないようにしているが、それでもこの出来事から十年ないし十二年が経ってパウロがエルサレムに最後に訪れた際にヤコブは教会の中心的指導者として登場している（使徒二一・一八）。ヤコブの役割が重要なものであったことは、ヤコブにとっての主要な対立者であったパウロが書簡の中で彼について語っていることからも窺える。既に述べたように第一コリントス書（一五・七）でパウロが引用している非常に古い信仰告白のテキストにおいて、ヤコブは復活者の顕現を最初に経験した者の一人として言及されている。またパウロの証言によると、エルサレムへの最初の訪問時に、訪問の目的であったペトロ以外にはヤコブとしか会っておらず、このヤコブのことをパウロはわざわざ「主の兄弟」と呼んでいる（ガラ一・一八—一九）。これは紀元後三〇年代の半ばの頃と考えられる。依然としてペトロが揺るぐところのない指導者であったが、この頃からヤコブは聖都の教会の重要人物だったのである。首都の教会へのパウロの第二の訪問は、それから十一年後のことと思われる（ガラ二・一。参照、ガラ一・一八）。この時にヤコブは異論の余地なく教会のリーダーになっており、ペトロとヨハネはユダヤ人伝道のために彼を助けていた（ガラ二・九）。暫く後にヤコブは、恐れられているリーダーの特徴を備えるようになり、彼の権威はディアスポラのすべてのキリスト教共同体に及び、ペトロさえもその権威に服さざるを得ない状態となった（ガラ二・一一以下）。つまりそれまでは尊重されていただけの人物が、(8) 四四年以降にはエルサレム教会の法王になり、同時に普遍的教会の法王になったのである。

このことは、(9) 信憑性については全く問題がないと思われる後世のさまざまな伝承によって確認されている。ここ八十年の間に何度も言われたように、教会におけるヤコブの権威は「主の兄弟たち」の権威に基礎付けられていて（使徒一・一四、一コリ九・五、参照、ユダ一）、イスラムにおけるカリフの位のように、家系上の権威に基づくものであることは疑い得ない。こうした傾向と、イエスがダビデの血統に属するという主張がさまざまな面において立ち現れていたことが認められること（マタ一・一、ルカ一・三二および三・三一、ロマ一・三、二テモ二・八、黙示五・五および二二・一六）とは決して無関係ではない。その上、ヤコブを継いでエルサレム教会のリーダーの地位についたのはイエスの従兄弟であるシメオンという者であり（エウセビオス『教会史』Ⅲの一一・一およびⅣの二二・四）、またイエスの兄弟であるユダの二人の孫がドミティアヌスの時代の教会で重要な役割を演じていたと思われる（エウセビオス『教会史』Ⅲの二〇・六および三二・六）。これらの事実についての詳細はあまり明らかではないが、一世紀のパレスチナのキリスト教において家系上の権威に基礎を置いた流れが存在したことは、こうしたことによって確実なものと考えてよいであろう。しかもこうした流れに対しての抵抗の動きもあって、具体的にはイエスがダビデの血統に属することが問題にされたり（マコ一二・三五―三七並行、ヨハ七・四二）、イエスの家族全体や、特にイエスの兄弟たちが、少なくともイエスの生前においては不信仰であるとされたり（マコ三・二〇―三五およびその部分的な並行箇所。マコ六・一―六並行、ヨハ七・二―九）しているのである。

つまり主の兄弟ヤコブは、イエスとの血の繋がりに由来する特別に強力な正当性を享受していたのである。したがって彼は、新しい指導者グループであるところの「長老たち」と共に（使徒一一・三〇、一五・二）、長期間にわたってエルサレム教会を掌握し、そしてエルサレム教会を通じて、まだ生まれたばかりだが急速に発展していた普遍的教会を掌握していたのである。ヤコブの人物について具体的に知ることのできるテキストとして唯一存在しているのはエウセビオスのもので、そこではヤコブの殉教が語られている（エウセビオス『教会史』Ⅱの二三・四―一八）。厳格な禁欲主義者で、モーセ律法を厳しく遵守し、神殿で熱心に祈りを行っていて、人々の間では力のある執り成し人であると考えられていた。このためにヤコブは大祭司と競合するような勢いを得て、ユダヤ人指導者たちは彼の人気を妬《ねた》ましく思っていた。こうした指摘には数多くの伝説的な点が存在する。しかしだからといって全部を退けてよいことにはならない。いずれにしてもこのテキストは、メシア・イエスの偉大な宣教者であるヤコブが、律法を遵守していて非の打ちどころがないユダヤ人であったことを示している。ヤコブについて触れている新約聖書のいくつかの文章では、彼は比較的開放的な態度を示していて、異邦人出身の回心者たちについての妥協を受け入れ（使徒一五・一三―二一）、異邦人伝道を促進しようとしている（ガラ二・一―一〇）。

微妙な状況において妥協を受け入れる傾向は、ヤコブがエルサレム教会を導いていくあり方にも見られるかもしれない。ごく初期に実施された諸制度の厳格さは、緩和されたように思われる。非常に厳しかった共同体の規律はゆるみ、財産共同体は消えてしまう。そのかわりに施しの活動が活発に行われるようになり、このための外部からの寄付も歓迎されていた(参照、ガラ二・一〇、ロマ一五・二五―二七)。これはおそらく教会の社会的構成において、「貧しい者たち」がかなりの部分を占めていたからであろう。したがって初期の頃におけるエッセネ派的影響は、ファリサイ派的な兄弟愛的団結の前で後退したことになる。

しかし当初において妥協的態度が実施された中で、エルサレム教会におけるヤコブの指導において固守された点が一つ存在する。パレスチナとディアスポラのキリスト教共同体のあり方において、エルサレムの権威が用心深く徹底されたのである。これらの共同体においては分散の傾向が顕著に現れ、そのためにキリスト教運動の団結が脅かされることになった(「ヘレニスト」によって設立されたパレスチナとシリアの共同体の問題、パウロによる個人的な伝道の企ての問題)。ヤコブとその側近は教会の統一が脅かされていると考えて、その統一を守るために執拗《しつよう》な活動を展開する。ギリシア人たちへの福音の宣教の成功によって分派が生じるのを避けるために、バルナバがシリアのアンティオキアへ送られる(使徒一一・二二―二四)。エルサレムのさまざまな預言者たちが、バルナバ派遣の暫く後にやはりシリアのアンティオキアに来て、「ユダヤにいる兄弟たち」への連帯の運動を引き起こす(使徒一一・二七―二九)。これは遠隔の地のキリスト教徒たちの間のまだ弱々しい繋がりを強めるための一つの有効な方法であった。エルサレムでの集会によって、異邦人出身の回心者たちについて賢明な妥協を成立させ、この合意を通告し、兄弟たちの信仰を固めるために、母教会の二人の使者であるユダとシラスがアンティオキアに赴く(使徒一五・一―三三。このエピソードについては後で再び検討する)。その暫く後、ペトロがアンティオキアに滞在していた時に、「ヤコブの側から送られてきた者たち」が、ペトロとバルナバを含むところのユダヤ人キリスト教徒たちと異邦人出身キリスト教徒たちとが共にとっていた聖餐の食事をやめさせて(ガラ二・一一―一三)、パウロの憤慨をかうことになる(ガラ二・一四以下)。これ以後パウロは、自分が活動した領域にやって来る敵対者たちと戦わねばならなくなる。彼らはパウロが宣教したあらゆる町で、もしエルサレム教会との交わりのうちにとどまりたいのならば、ユダヤ教の律法の規定にかなった状態である必要があると回心者たちに説いて回っていた(ガラ一・六―九、三・一、四・一七、五・七―一二、六・一二―一三、フィリ三・二、一八―一九、二コリ三・一、五・一二、一〇・一二、一一・四―五、一二―一五、一八―二三、一二・一一)。このユダヤ化主義者たちはエルサレムやヤコブとは無関係であるという説が唱えられることが時としてあった。しかしこの説は次の根拠からだけでも、現実にはまずありそうもないことだと考えられねばならない。すなわちパウロはオリエントに残っている場所は自分にはもうないと確信して(ロマ一五・二三)、ローマやスペインへ旅立つ前に、エルサレム教会では歓迎は受けないかもしれないが、自分が創設した教会で行った募金を携えて、エルサレム教会に一度行かない訳にはいかないと考えた（ロマ一五・二五―三二）。このことは、いたるところで出会う対立者たちがどこから来ているのかについてパウロが知っていることを示している。この対立の問題から免れてローマのキリスト教徒たちの支持を得てスペインに伝道するためにパウロは、ヤコブおよびエルサレム教会の指導的グループと和解しようと欲していたのである。彼らにとってはパウロは統一を深刻に脅かす者であり、パウロは自分はその統一を拒んでいるのではないと彼らに示そうとしたのである。

　パウロはエーゲ海沿岸地域の教会の多人数の使節団のリーダーとしてエルサレムへの旅を行っている。この旅について使徒行伝に記されている物語には（二〇章および二一章）、表現を和らげようとする傾向が認められるが、それにもかかわらずヤコブおよび母教会のその他の指導者たちがパウロを迎えた態度はこの上なく冷ややかなものであったことが窺《うかが》われる。パウロは邪魔な訪問者であり、彼が来ると首都の教会内部の平和が危機に瀕してしまう、そのような者として扱われた。彼は神殿で屈辱的な清めを行うように要求される。そしてユダヤ人群衆に私刑にされそうになった後にパウロがローマ当局に逮捕されても、教会は彼を助けるために指一つ動かさない。パウロはあまりに長い間ヤコブに反抗したため、たとえ彼が降伏するために来たとしても、彼に対してわずかでも連帯の態度を示すような危険は冒さなかったのである。エルサレム教会のリーダーがどれほどまで自らを普遍的監督者として考えていたかが、こうした非妥協的態度において理解できるであろう。

既に検討したように、ヤコブは個人的には妥協することもあったが、律法遵守に基づいたキリスト教世界の統一という考え方にしたがって、四八年のエルサレム教会の集会の後で異邦人出身の回心者たちに課せられた最小限の規則を緩和することは拒んだのである。しかしこの規則は、ユダヤ人が大多数である共同体において少数派である非ユダヤ人の生活を容易なものにするために作られたものであった。異邦人出身のキリスト教徒の数があまりに増大して多数派となると、これらの規則は、パウロによって創立された教会におけるように完全に意義を失ったとは考えないような教会においても、その遵守は不安定となった。こうした状況においてアンティオキア事件が生じたのである（ガラ二・一〇以下）。この事件は多数派が交代したことの当然の結果であって、ペトロとバルナバはエルサレムの規定は意義を失ったと考えた。しかしそれも、ヤコブの使者が彼らに母教会によって課せられている規定について確認がなされるまでのことであった。使徒行伝（一五・二〇―二九）でのべられている四つの禁止事項は二世紀においてはすべての教会にとっての規則であったが、当初はシリアとキリキアの教会だけに関わるものであった（使徒一五・二三）。したがって全教会にこの規則が課されるようになったのは、特にヤコブの活動によるものであったということになる。ただしこれらの禁止事項は、当初は儀礼的なものであったが（最初の三点は、動物の屠殺に関するモーセの規則の尊重。最後の点は、結婚におけるモーセの掟の尊重)、ユダヤ人がごくわずかしかいない教会においてはだんだんと道徳的掟として解釈されるようになった。すなわち異邦人宗教の犠牲祭への参加の禁止、殺人の禁止、性的な不品行の禁止、黄金律を守るようにとの呼びかけである(この最後の点は、絞め殺された動物の肉を食べることの禁止に代わるようになる)[10]。

聖都以外の場所のすべてのキリスト教共同体に対するエルサレム教会の影響は長期間にわたって進展したが、ヤコブの殉教およびそのほぼ直後に生じた首都と神殿の破局によって、突如として終わりを告げることになる。ヤコブの殉教について、我々の手元には二つのかなり異なる物語が残されている。ヨセフスのものと(『ユダヤ古代誌』XXの九・二)、それから二世紀後半のパレスチナ著作家であるヘゲシッポスの『回顧録』の断片を採録しているエウセビオスの物語(エウセビオス『教会史』IIの二三)である。ヨセフスの物語には後世のキリスト教徒によって変更が加えられているにしても、こちらのほうが遥かに古く、これを優先させねばならない。この物語ではヤコブと「その他幾人か」は、六二年にローマの総督の交代の期間をぬって大祭司アンナスがユダヤ人議会サンヘドリンを召集し、そこで有罪判決を受けて石打刑で死んだとされている。被告たちはモーセ律法を破ったと非難されたが、エルサレムの町の世論は、有罪宣告を受けた彼らがほんとうに有罪であったとは確信しなかったように思われる。ヘゲシッポスの物語では、ヤコブの死は六九年のローマ軍によるエルサレム包囲開始の時に近い時期のこととなっており、ヤコブの宣教の成功に不安を感じた「書記たちとファリサイ派」のグループによる私刑で殺されたことになっている。これらの物語については、邪魔者を取り除いたのはエルサレムのユダヤ人指導者だとされていることだけを、記憶にとどめておくことにする（これらの出来事については、後で再び検討する）。いずれにしろこの出来事は、エルサレム教会にとっては痛手であったと思われる。リーダーが死んでも教会の存在自体が危うくなることはなかったが、後継者が決まったのは七〇年の神殿破壊の後になってからと思われる（エウセビオス『教会史』Ⅲの一一・一）。エウセビオスの報告によれば、ローマ軍が首都の前面に陣をしき、ゼロテたちが恐怖政治の体制をとっていた時に、エルサレムとユダのキリスト教徒たちはヨルダン川の東にあるデカポリスの異邦人の町にあるペラに逃げていった（エウセビオス『教会史』Ⅲの五・三）。このことについてはさまざまな歴史家たちが疑問視してきた。しかしおそらくこれが現実であったと考えるべきだろう（下記一九〇―一九一頁を見よ）。少なくとも長い間指導を行っていたリーダーを失ったために共同体はばらばらになり、メンバーの一部はゼロテに結び付き、しかし指導的だった者たちはペラに落ち着き、そして残りの者たちは戦闘が行われる領域から遠ざかって避難したのであろう。いずれにしても七〇年以降に教会がエルサレムに戻っても、ペトロやヤコブの頃に全ての共同体に対してもっていたような権威を取り戻すことはできなかった。六二年以前の体制はたいへんに中央集権的であったが、これより後は諸集団が並存する体制に移行する。ユダヤ教においてはヤムニアに一つの強力な中心組織が設立され、その中心組織がユダヤ教改革の任務を担い、すべてのシナゴーグに正統的と呼ばれるべきあり方を提示しようとしている時に、キリスト教徒の状況はあらゆる形態での分散を容認するものとなっていたのである。

4 「ヘレニスト」の再活性化

ステファノの私刑にも繋がった危機によって、ギリシア語を話すユダヤ人キリスト教徒たちがエルサレムから逃げざるを得なくなったのは（使徒八・一）、三〇年代前半のことであった。彼らは、首都のユダヤ人議会サンヘドリンの脅威から身を隠すことだけで満足していたのではない。彼らは行く先々で、イエスがメシアであることについての断固とした宣教活動を行っていた（使徒八・四）。このことについての情報を我々に提供してくれるのは使徒行伝にある幾つかのエピソードだけである。八章で語られている二つの物語の中心は、「七人」中第二の位置にあるフィリポである（使徒六・五）。最初の物語の舞台は「サマリアの〔特定の〕町」（使徒八・五）であるが、この表現は曖昧なので幾つかの写本では これを「サマリアの或る町」と訂正しようとする企てがなされている。しかしそうしてみたところで事態がたいして改善される訳ではない。著者が言おうとしているのはおそらくサマリアの首都のこと、つまり地方名と同じ名の町であるサマリアのことであろう。この町はユダヤ人の王ヒルカノス一世によって紀元前一〇八年に破壊されたが、ポンペイウスと、それからヘロデ大王が、セバステという名の下に再建した。しかしこの後の場面の地理的設定はいくらか不確かだと言わねばならない。

この町でのフィリポの宣教には、悪霊祓いと奇跡的癒しを含む「しるし」が伴っており（使徒八・六―七）、これらの「しるし」は町に大きな喜びを引き起こした（使徒八・八）。宣教は大成功をおさめ（使徒八・六）、男も女も洗礼を受けるにいたった（使徒八・一二）。シモンという者がこの町で既に、これに優る成功をおさめていた。使徒行伝の著者は、彼の魔術のことおよび彼が偉大な人物と見做されたいと欲していたことを語っており（使徒八・九）、彼を否定的に評価しようと意図していることは明らかだが、彼の場合も、つまるところ、フィリポの場合とほぼ同じような活動によって成功していたと言えるであろう。彼には多くの崇拝者がおり、彼は「偉大なものといわれる神の力」（使徒八・一〇）であった。この呼び名は彼の力の起源が神的なものであってサタン的なものでないこと、彼が神と密接な関係をもっていることを示している。

こうした並外れた地位を主張しているにもかかわらずシモンは、使徒行伝の著者が述べるところによれば「神の支配とイエス・キリストの名について」のフィリポの宣教に深く印象付けられて回心し、洗礼を受けて、フィリポに従うことになる。シモンはフィリポの

「しるしと偉大な奇跡」に大いに驚いたのである（使徒八・一三）。こうした賛同の態度は真面目なものであったように叙述されており、読者は、フィリポの伝道活動によってイエス・キリストの優位性がシモンを圧倒したのだという印象をもつことになる。

物語のこれに続く部分は、別の伝承に由来するものと思われる。この部分が使徒行伝の著者自身の確信に見合ったものであることは確かであり、ここではフィリポの任務活動についての積極的評価が問題視されている。エルサレム教会からの使命をもって派遣されてきたペトロとヨハネは、サマリアが「神の言葉を受け入れた」という知らせを聞いて現地に駆けつける（使徒八・一四）。彼らは直ちにフィリポの仕事が不十分であることを見出すことになる。洗礼は確かに「主イエスの名において」行われているが、洗礼を受けた者たちは聖霊を受けていないのである（使徒八・一五―一六）。エルサレムからの二人の使者は、手を置くことによってこの欠如を是正する。これはフィリポがエルサレム教会のものとは別のキリスト教の洗礼の考え方をもっていたことを意味するのだろうか。この次の物語で（使徒八・二六―四〇）、エチオピアの宦官《かんがん》の洗礼も聖霊の付与とは結びついておらず（使徒八・三八―三九）、洗礼の儀式が終わった直後にフィリポを連れ去るためにのみ聖霊が介入していることに注意しておくことにしよう。フィリポと母教会との間の相違は、フィリポが聖霊を受けていない非ユダヤ人たちに洗礼を施してもよいとしているのに対して、ペトロおよびその仲間の者たちにとっては、洗礼は通常はユダヤ人にだけ行われるべきもので、非ユダヤ人たちに聖霊が与えられているならば、彼らにも洗礼を施すことが許されるとされている点である(参照、使徒一〇・四四―四八)。つまりペトロとヨハネは、フィリポは軽率だと考えているのである。このエピソードにおいて彼らがフィリポと接触すらしないのは、おそらくこのためだと説明できるであろう。

物語の続きの部分は(使徒八・一八―二四)、エルサレム側の者たちの立場からはフィリポがいかに無責任なのかを確認するものである。フィリポは魔術師シモンに洗礼を行い、彼が常に同伴することを受け入れている。ところがシモンの回心のあり方は悪質で、彼は手を置くことで聖霊を与えることができる力を使徒たちから買い取ることができると考えている。ペトロは彼を厳しく退け、彼の信仰が本物であるかどうかを問題視する。これはフィリポに対する更なる非難となっており、したがってフィリポは貧弱な伝道者に過ぎないのである。

エチオピアの宦官の回心の物語になると(使徒八・二六―三九)、フィリポについて遥かに肯定的な伝承に立ち戻ることになる。ここでフィリポは、ユダヤ教の立場からはマージナルな位置にある者に伝道を行っており、神の意思の従順な実行者である。この宦官は模範的に敬虔で、神を崇拝するためにわざわざエルサレムまで出向くほどだが、肉体の一部を失っているために民の一員となることは禁じられている。この異様でかりそめの出会いは神的な介入によって準備され、最終的にこの外国人貴族は洗礼を受けることになる。ここでも聖霊の付与は問題とされておらず、受洗者の兄弟愛的連帯の仲間に非ユダヤ人が参加することについてヘレニストの伝道者が自由な考え方をしていることが確認されている。またこの物語でフィリポは、預言者エリアとの類似性も指摘できるような（参照、列上一八章、特に一二節）霊的な者として登場している。また使徒行伝八・三二―三五では、神の僕《しもべ》についてのイザヤ書五三章の文章がイエスとその不当な死とに適用されているが、このようなテキストが新約聖書の中でこの箇所だけなのは驚くべきである。これはキリストを苦難の僕とする考え方が特にヘレニスト的考え方であるということを示しているのであろうか。

フィリポは、三九節に記されているように、奇跡的に連れ去られた後、パレスチナの地中海沿岸都市の一つであるアシュドドに現れ、この町で伝道してから、他の町々で宣教しつつ北方へ移動し、そしてシリア地方のローマの行政中心地であるカイサリアにいたって、そこに定着する（使徒八・四〇）。これらの地域の住人はその大多数が非ユダヤ人であり、したがってエルサレムのユダヤ人議会サンヘドリンの権限が及んでいない。フィリポが共同体を創立すると暫くしてペトロがやって来て、創立者と相談することのないままに、それらの共同体がエルサレムに近い立場をとるように仕向けていたと思われる（参照、使徒九・三二―三五、一〇・一―四八）。二十年ほど経ってもフィリポは依然としてカイサリアにいる。彼の周囲には預言を重んじる雰囲気が濃厚で（使徒二一・八―一四）、そしてエルサレム教会とはあまり関係が深くない（使徒二一・一五―一六）。使徒行伝で「伝道者フィリポ」と呼ばれているこの人物は（二一・八）、それまでの間に、イエスの活動の影響がまだ残っていたことは確実であろうと思われるサマリア、デカポリス、ガリラヤに近いカイサリアを基地として、伝道活動を行っていたと考えることができる。

ステファノの殉教に続いて生じた迫害によってエルサレムから追い出された他の「ヘレニスト」たちは、フェニキア、キプロス、シリアのアンティオキアへ福音をもたらした（使徒一一・一九）。具体的に彼らが誰であったかは、我々には分かっていない。また海に臨んだ地方のシナゴーグを目標とした彼らの伝道活動についても詳しいことは分かっていない。しかし伝道活動がシナゴーグの枠を越えてなされるようになったのは、世界市民主義的大都市であるアンティオキアにおいてであったことは分かっている。キプロスやキュレナイカ出身の伝道師たちは「主イエス」を、ギリシア人、ないしは少なくともギリシア風の生活をしている者たちに告げて[1]、大成功をおさめていた。エルサレム教会はこのことを知って、キプロス出身のメンバーの一人であるレビ人のバルナバを派遣して、危険な逸脱が生じていないかどうかを調べさせた。バルナバはアンティオキアで生じていたことについて承認し、そしてそこに留まって共同体の指導者の一人になる（使徒一一・二二―二四、一三・一）。こうして「ヘレニスト」の伝道者たちとエルサレム教会から送られた者たちとの間に一種の混合が生まれることになる。バルナバはしばらくして、キリキアのユダヤ人であるサウルという者と合流する。このサウルは、数年前にバルナバ自身がエルサレム教会の指導者の仲間に参加させた者であった（使徒一一・二五―二六、九・二六―二八）。この並外れた人物については、別に機会を設けて語ることにする。アンティオキアの共同体のその他のメンバーたちは（使徒一三・一）、おそらく「ヘレニスト」の宣教者たちであった。ニゲルと呼ばれるシメオンと、キュレナイカのルキオ。彼らはラテン語の名前ないし渾名《あだな》をもっている。それからヘロデ・アンティパスの子供時代の友であるマナエン。以上の三人は、ローマ帝国の枠内で裕福な生活をしていたユダヤ人であるような様子が見受けられる。

北シリアの大都市におけるこの共同体では異教の人々が混ざり合っていて、興味深い特徴が認められる。使徒行伝の著者はまず第一に、このアンティオキアの弟子たちが「クリスティアノイ」（キリスト教徒）と初めて呼ばれるようになったと指摘している（一一・二五）。これはラテン語の語尾である -ianus が付加されて（さらに、語尾がギリシア語名詞の複数語尾オイに変更されて――訳者注）作られている政治用語であって、「（神の）〈聖油を塗られた者〉の信奉者たち」を指している。こうした言い方は皮肉のこもったものにもなり得るもので、聖書の知識のない者たちには「頭にポマードを塗りたくった者の信奉者たち」のグループのことだと理解され兼ねない。歴史においてはよくあることだが、当事者たち自身がこの呼び名を誇りをもって採用するようになり、この名がまったく肯定的な意味をもつようになったと思われる。もしこうしたことが事実ならば、これは異邦人たちとの最初の接触があったことを示す指標だということになるであろう。また使徒行伝の著者は、アンティオキアの共同体を「エクレシア」と呼んでいる（一一・二六、一三・一）。この語はそれまではエルサレム教会のみについて、その活動によって生まれた諸共同体を含んだ意味で使われていたものである。これはアンティオキアのキリスト教の集団が、母教会から自由になっていることを表すしるしである。これはタルソスのサウルの影響によって生じた事態だと考えるべきだろうか。これは完全には否定できない可能性である。なぜならタルソスのサウルは暫く後に、自分が創立した各地の共同体のすべてについて「教会」と呼ばれることを要求しているからである。使徒行伝に見られるところのアンティオキア教会の第三の特徴は、「預言者」と「教師」の集団が指導にあたっていて、彼らによって断食を伴った礼拝が行われ、そこでは聖霊が現れていたことである（使徒一三・一―三）。言い換えるならば、超自然的な霊体験の現象がこの共同体の活動において、少なくとも指導者グループにおいては重要な要素となっていたのである。そしてこれはパウロによって我々に知られていることだが（ガラ二・一一―一三）、ユダヤ人出身の信者と異邦人出身の信者との間の完全な交わりが行われていて、このことをバルナバは躊躇することなく受け入れていたし、ペトロでさえもアンティオキアに着いた時は受け入れていたのである。

つまりこの町の教会は、エルサレムから追い出された「ヘレニスト」の伝道者たちの企ての結果として生じたもので、その後は母教会から派遣されて来た者たちによって掌握され、創立から数年経った頃にはかなり特異な様相を呈していた。タルソスのサウルの個人的な影響を別にしても、そこには「ヘレニスト」の伝道活動に由来する特徴もあれば、エルサレム共同体から採り入れられた要素もあり、また世界市民主義的な大都市が提供する複雑な社会環境からの圧力から生じるその他の要素も存在した。アンティオキアから行われた伝道活動が（使徒一三章から一五章）、「ヘレニスト」のモデルに則ったものではなく、パウロ的なものと言い得るようなタイプであったことは、こうした背景があったことによって理解できるようになる。このアンティオキアからのパウロ的タイプの伝道活動については、後に検討する。ステファノの仲間たちの活動は、この大都市に来て途絶えてしまうことになる。

けれどもステファノの仲間たちが示した模範は、イエス・キリストの弟子たちによる世界伝道を始動させるにあたって大きな意義をもつものであった。エルサレムで世界中から巡礼者が来るのを待ち、また主が帰還するのを待つだけであった母教会の責任者たちが、反体制主義の伝道者たちの跡を追って、福音を宣べ伝えるためにあちこちへと出かけるようになる。他の者たちの行った仕事を巡察し訂正しているうちに、彼ら自身が率先して行動するようになる。こうした積極的な伝道のあり方を学んだ例としてもっとも顕著なのが、ペトロの場合である。フィリポを追ってサマリアの巡察担当となり（使徒八・一四―二四）、そしてリダとヤッファ（使徒九・三二―四三）、更にアンティオキアの巡察担当となるのだが（ガラ二・一二）、彼はサマリア（使徒八・二五）、そしてパレスチナのカイサリア（使徒一〇・一から一一・一八）で伝道者となり、そしてついには異邦人が信仰に与ることについての断固たる弁護者となって行く（使徒一五・七―一一）。その後たとえばパウロが滞在した後のコリントスにおけるように（一コリ一・一二、三・二二）巡察担当としての役割を再び担うようになったとしても、ペトロは何よりもまず伝道者として活動したと考えてよい十分な根拠が存在しており（一コリ九・五）、こうしたあり方はおそらくアナトリア（一ペト一・一）やローマにおける滞在にも及んでいると思われる。[2] 同様にバルナバも、最初はアンティオキアでの巡察を担当していたが（使徒一一・二二―二四）、その後はあちこちを移動する伝道者になっている（使徒一三章から一四章、一五・三六―三九、一コリ九・六）。つまり「ヘレニスト」は一つの流れを形成するようになって、エルサレムの指導者たちからかなり多数の者を、エルサレムの町に閉じこもっていた当初の状態から引き離したのである。また「ヘレニスト」たちの伝道への情熱がタルソスのサウルにも一定の影響を与えたのではないかと考えてみることも可能である。サウルはダマスカスで「ヘレニスト」の伝道活動に圧迫を加えるために出かけるのだが、回心するとすぐにアラビアでの伝道活動を行っている（ガラ一・一七）。

「ヘレニスト」たちはあまり時宜を得なかったような企てを行ったが、それが信仰における兄弟たちを、世界中への伝道へと向かわせることになった。この点だけを評価して、「ヘレニスト」たちはそのような活動家だったと考えるだけでよいだろうか。反体制的なこのグループは、ただ行動していただけではない。彼らは自分たちが行っていることについて考え、そして幾つかの文学的文書において自分たちの立場を表明し、そこで自分たちの意見を弁護している。

フィリポがエチオピアの宦官のために行ったイザヤ書五三・七―八についての注釈（使徒八・三二―三五）について触れた際は、この苦難の僕《しもべ》の歌をイエスの受難についての予言として解釈しているのは、新約聖書の中でこの箇所だけだと我々は指摘した。この些《いささ》か驚くべき沈黙の理由は、何なのだろうか。犠牲祭に反対する神学上の戦いにおいて「ヘレニスト」たちが、第二イザヤのこのテキストを中心的な論点として位置付けたことによって、第二イザヤの解釈を巡る状況が微妙なものになってしまったからであると考える以外に、よい説明を見つけることはできないのではないだろうか。

ステファノの演説で表明されているのが、この神学である（使徒七・二―五三）。そこではイスラエルの過去が、かなり特異なあり方において語られており、そのためにサマリア的な調子があると指摘されることも少なくない。そして最終的には突如としてエルサレム神殿への真正面からの攻撃が行われ、更にユダヤ人指導者が聖霊・預言者たち・義《ただ》しい者・そして律法そのものを常に拒み続けてきたことが容赦なく告発されている。同じ使徒行伝の二章・三章・四章・五章のペトロの演説には和解的な調子が認められるが、これとは懸け離れたものになっている。神殿の責任者たちと和解して、境内に入ることを容認してもらい、また彼ら神殿の責任者たちの一部が信仰をもつようになることなどは、もはや問題となっていない（使徒六・七。参照、二一・二〇）。ここで目指されているのは、彼らを永久に失格者として位置づけ、民に対する権威を彼らから剝奪することである。ステファノが弾劾演説を終えた時に神の右に立つ「人の子」が彼に現れたが（使徒七・五五―五六）、これは単なる未来の終末的審判者ではなく、反抗することに固執する者たちをただちに罰するために到来した主である。このようなイメージは新約聖書の中でここにしか記されていないことに注意しておかねばならない。「ヘレニスト」たちはユダヤ人指導者たちについて、エルサレム教会多数派の兄弟たちよりも遥かに激しく論争的な態度を示している。また使徒行伝に記されている他の伝道説教でのキリスト論のあり方とは対照的に、ステファノの演説に見られるキリスト論はあまり発展したものではないことを指摘しなければならない。イエスは「義しい者」と呼ばれており（使徒七・五二）、苦しみの後に神がその右に据えるところの「人の子」であるとされている。しかし殉教について復讐するという彼の役割には（使徒七・五五―五六）、教会の主流のキリスト論で問題にされているような終末における審判者としての役割に認められるような偉大さ（参照、マタ二五・三一―

四六）が欠けている。逆に神の概念は、ステファノの演説全体にわたって、この上なく尊厳あるものとなっており、天以外のところに神が王座をもつことなどあり得ないとされているほどである（使徒七・四八―五〇）。

「ヘレニスト」的な思想のこれらの幾つかの要素は分散していて、相互の論理的整合性はあまりはっきりしていない。こうした状態を補うような、よりはっきりした表現を見出すべきであり、それは「ヘレニスト」的な環境から生み出されたもう一つの文書の中に見出すことができる。すなわちマルコ福音書の最初の形態のテキストである。ここ一世紀半以来、この福音書が諸福音書の中でもっとも古いものであることについて、ほぼ全体的な意見の一致が認められる。しかしこの福音書の成立時期および第一の形態のマルコ福音書が存在したかどうかについては、たいへん活発な議論がなされている。この議論について詳しくここに記すことは不可能である[3]。六六―七〇年のユダヤ戦争についての示唆が全く欠如しているために、第一の形態のマルコ福音書についてはその成立時期を六五年以前、正典のマルコ福音書の成立時期については七五年以降とせざるを得ない。文書の冒頭に、それ以下で問題とされるのは「イエス・キリストの福音」であるとはっきり述べられている。この「イエス・キリストの福音」とは「良い知らせ」を広めることであり、イエス・キリストがこの「良い知らせ」を広める者であり、それと同時に「良い知らせ」そのものでもある。またテキスト全体を通じて、イエスおよびその弟子たちの任務活動が、彼らの教義よりも遥かに大切なものとして強調されている。また黙示的な内容の章が一つの自然な結末となっており、物語がそこで終結している。それは受難物語の前であって、受難物語はそれ自体でかなり完結したものとなっている。こうした書き方をすることによって著者は、自分の著作の主人公を、人の子の死と復活をも越えて人の子の帰還まで続く任務活動を引き受ける者の模範として示そうとしている（マコ八・三一—三一、九・三一、一〇・三二—三四）。ここで問題とされているのは、キリスト論的な論文とか、伝記的な物語ではなく、どんな脅威にもたじろがずに各地を巡り歩く伝道者・治癒者であったイエスの活動のあり方を引き継ぐようにとの招きである。この文書では、教会教育・宣教・論争に使うために母教会で蓄積されていたものから採用したイエスに関する多くの伝承が用いられている。しかし多くの奇跡物語も用いられており、これらの奇跡物語は内容があまりに粗野なので、教会で使われていたと考えることは不可能である。著者は、マタイとルカに共通な部分として見出される多くの伝承を用いていないので、彼が自分の文書を構成した際には、教会の伝承のうちで自分が用いたいと思ったものと、ガリラヤの大衆の記憶にあったさまざまなエピソードとを混ぜたのであって、そうすることによって、エルサレム教会の礼拝の対象となっていたようないくらか固定した「主」とは違うイエスのあり方を示そうとしたことは明らかである。また彼は躊躇なく、このエルサレム教会の最初の指導者たちについて好意的でない書き方をし（マコ八・三二—三三、一〇・三五—四〇）、ヤコブを含むイエスの家族について激しい攻撃を行っており（マコ三・二〇―三五、六・一―六）、エルサレム教会の指導者に激しい敵意を抱いていることが示されている。つまりマルコ福音書が成立したグループにおいては、エルサレム教会はよく知られているが、肯定的な評価は与えられていない。エルサレム教会はあまりにも知的で、ユダヤ当局に容認されるためにはあらゆる妥協を受け入れようとしているので、そのようなエルサレム教会には依存したくないとされている。こうした雰囲気のグループとして我々が知っているのは、「ヘレニスト」たちのグループだけである。したがってマルコ福音書は、この「ヘレニスト」たちのグループの思想についての情報を我々に与えてくれていることになる。このマルコ福音書が執筆されたのは、紀元後五〇年代の末、パレスチナのカイサリアの地方においてであると考えてもまったくおかしくないであろう。著者は伝道者フィリポか、その側近のうちの誰かであったということになる。

マルコ福音書には、パレスチナについて知識のないローマ人読者のための配慮の跡が認められる（参照、マコ七・三―四、一二・四二）。しかしこれらは、新しい読者のためにこの著者が再び世に出された時に付加されたものと考えるべきであろう。一章から一三章までの部分では、イエスと共に勇敢に苦しみそして死ぬことへの招きが強調されているのに対して、受難物語においては、イエスは一人で苦しんで死なねばならないという考え方が支配的である。この受難物語が、「マルコ」という名の下に構成されたところのいわば

「第二版」と呼ぶべき文書に含まれることになる。最初の形態の文書においてはイエスに従って十字架を担うようにとの勧めがなされていたが（マコ八・三四）、受難物語がこうして付加されたことによって、この文書は一つの伝記物語となってしまい、記述されている内容に親しみのない読者がこれを読んで瞑想するためのものになったのである。マタイ福音書とルカ福音書はこの新しい論理をさらに極端まで推し進めて、伝記物語的なあり方においてイエスの生涯を誕生からその死まで語ることになる。

マルコ福音書の最初の形態のものを構成する部分は、「ヘレニスト」の思想について我々に何を教えてくれるだろうか。まず確認されているのは、「偉大な知らせ」（ギリシア語では「エウアンゲリオン」）とは、それ自体が救済の歴史の決定的な出来事であり、それは同時に、この出来事をすべての者に伝えるメッセージでもあるということである。洗礼者ヨハネ、イエス、弟子たちの宣教は神支配がさし迫っていることを告知しており、そしてこうした宣教がなされること自体がほとんど神支配の一部になってしまっている。「偉大な知らせ」について語ることの多いもう一人の新約聖書の著者であるパウロの場合と同様に、「偉大な知らせ」はこの世における神の行動の一部となっているのである（参照、ロマ一・一六—一七）。したがって「偉大な知らせ」は、終末的な出来事である。マルコはこの用法と概念とを異邦人の使徒であるパウロから採用したのだという考えが、しばしば主張されてきた。これは誤りである。パウロがこの語と考え方とを「ヘレニスト」たちが用いているところから採用したのであり、この「ヘレニスト」的用法はキリスト教の宣教についてのパウロ自身の考え方に合致していたのである。この疲れを知らない伝道者は、「ヘレニスト」たちと同様に、自分が神の道具であることを確信していた。パウロにとっても、また「ヘレニスト」たちにとっても、福音が告げられる度に、この世に対する神の慈愛に満ちた審きが行使されているのである。

こうした確信の背後には、神についてのたいへん高い考え方が隠れている。神は被造物からある程度離れたところにいる創造者ではない。神は自分の支配が人間の歴史の中に入り込んで、内部からすべてが揺り動かされるべきだと決心したのである。この壮大な逆転を実行する手段となっているのがイエスであり、イエスの宣教とサタンに対する戦いとによってそれが実現される。また「偉大な知らせ」のその他の宣教者たちについても、同様である。イエスは啓示された一種の神的存在といったものではない。イエスは福音を担う者であり、悪と苦しみを退けるために戦う者である。彼は確かに、神に結びついた神秘的存在である。しかしイエスの存在や機能を言い表すために第一世代の弟子たちが用いた称号はどれも、真に適切とは言えない。福音書記者は機会があればそれらに言及しているが、どれかを特に強調することはない。「キリスト」(七回)も「神の子」(五回ないし七回)も、たいした重要性をもっていない。「師」(十二回、これに三回の「ラビ」と一回の「ラブニ」を加えることができる)と「人の子」(十四回)の頻度は比較的高いが、キリスト論的意味があまりはっきりしていない。結局のところイエスの存在のあり方をもっともうまく捉えているのは、イエスに出会って唖然とさせられたり（マコ一・二七、四・四一、七・三七、九・三二、一〇・三二、一四・三、一六・八）、無条件で従ったり（一・一六―二〇、二・一四、六・七―一三、八・三四―三五、一〇・一七―三一）、絶対的な信頼を寄せたりしている者たちの態度である。こうした点は、イエスの性質やアイデンティティよりも、神によってイエスに託された解放の任務の異例な重要性を遥かに強く際立たせている。したがってマルコ福音書には、たとえば第四福音書の場合のような、念入りに仕上げられたキリスト論的思想があると言うことはできない。マルコ福音書において中心的なのは、この世の内部における秩序を覆すような神の介入であって、イエスがその主要な担い手であり、弟子たちがその仲間に加わって、そしてイエスの跡を継ぐことになる。マルコにおいてはイエスの苦しみと死が、三つの予言（八・三一―三三、九・三一、一〇・三三―三四）によってたいへん執拗に強調されている。このイエスの苦しみと死は神から受けた任務の一部となっており、イエスの任務活動が創設している「支配」(4)のあり方そのものに関わるものであって、人間的な支配者たちの権力とは無関係である。務めの支配はまた自由の支配であり、この自由の支配が実現するのは、人の子が同意して自分の命を与え、そのことのお蔭で多くの者が解放されることによってである（マコ一〇・四五）。こうして自由になった人間は福音を受け入れることができるようになっており、そのことにサタンは対抗できない。こうした事情の故に、師と福音のために自分の命を失うことを受け入れるようにとの弟子たちへの呼びかけは（マコ八・三五）、より一層執拗なものとなるばかりである。

神支配に従う者たちにこのようにして提供された自由な生が、律法なしの生であると主張し得る根拠は何もない。しばしば言われていることとは逆に、マルコ福音書は読者にモーセ律法を無視して生活するようにとは促していない。確かに儀礼上の清浄に関する掟は激しく非難されているし、口承伝承の権威についても同様である（マコ七・一―二三）。断食を行うことも（マコ二・一八―二〇）、「サバト」（安息日）についての実践も（マコ二・二三から三・六）、離婚を行うことも（マコ一〇・一―一二）、問題視されている。神殿は不毛な制度として告発されている（マコ一一・一二―二五）。しかし律法は攻撃されていない。モーセの掟の深い意味を歪める人間的伝統としてイエスが非難しているのは、律法に接木された人間的習慣である。イエスの攻撃の対象となっているのは、形成途上にあった口伝の律法であって、この立場が福音書記者によって引き継がれているのである。これに対して、書かれた律法はこの上ない敬意をもって扱われており（マコ一・四四、一二・二五―二八、七・一〇、五―九、一〇・一七―一九、一二八―三三）、異論の余地のない道徳的基準となっている。また数少ない例外を別にすれば（参照、マコ五・一―二〇、七・二四―三〇、三一―三七、一三・一〇）、イエスが出会うのはすべてユダヤ人であり、したがって福音書の受け手としてまず想定されているのがユダヤ人であることは明らかである。こうしたユダヤ人にとって律法は、書き記された形において、そして「師」の解釈によって理解されたものとして、十全に価値あるものであり続けている。

しかしこの世の秩序が動揺するほどに神支配がさし迫っているので（マコ一・一四―一五、六・三五―四五、八・一―九）、律法に従うことは、一定の者たちにとっては、福音の普及をさらに推し進めるための英雄的な行為と自己犠牲への呼び掛けとしての意味をもつことになる（マコ一・一六―二〇、二・一三―一四、三・一三―一九、六・六―一三、八・三四から九・一、九・三三―五〇、一〇・一七―三一、一〇・三五―四五）。近づいた「パルシア」（再臨）を受動的に待つばかりのエルサレム教会の態度とは逆に、マルコが訴えかけているグループにおいては、神支配が現存していることを直ちに確保するための行動が無制限に行われる。終末的な完成とは、人の子の到来のことだが（マコ八・三八）、それはこの神支配を安定した可視的なものにするに過ぎない。神支配は、エルサレム教会の者たちが考えているほどには直ぐには到来しないであろう。したがって殊更《ことさら》に熱狂したりすることなく待つことが適当である。このことは、たとえば一三章の主要部分となっている箇所において前兆となる事柄が長々と数え上げられていることによって示されている通りである。

つまりマルコ福音書は「ヘレニスト」たちの思想について、他のテキストよりも一層詳細にわたった情報を我々に提供してくれていることになる。マルコ福音書によれば「ヘレニスト」のグループは、神学的思索に集中するよりも、むしろ行動することを重んじていたことになる。このことは、このグループが長期的には存続し得なかった理由となっているのかもしれない。第一世代が消えてしまうと、最初の伝道者たちの並外れた活発な活動はたちまちのうちに弱まってしまう。パレスチナおよびシリアの「ヘレニスト」的共同体ですぐには消えてしまわなかった共同体も、やがて無気力な状態に陥ってしまい、存続するための体制がより良く整っていたライバルのグループが進展する影で次第に消え去ってしまう。紀元後五八年頃にパウロがティルス、プトレマイス、カイサリアを訪れているが(使徒二一・三―一四)、その後にはこの傾向の共同体の存在の跡が途絶えてしまう。激しく反体制的であったこの運動の歴史は、かなり短いものであった。しかしながらこの運動はこれに続くキリスト教の世代に幾つかの重要な要素を残していった。この運動のためにエルサレム教会は自分の殻から出て、不都合な逸脱を防ぐために外部世界に関心をもたざるを得なくなる。これがペトロを中心に組織された伝道の出発点となった。またこの運動はキリスト教を文化的な面でヘレニズム的にするのに大きく貢献した。このことはキリスト教の進展がセム的なオリエントの方にではなく、ローマ帝国の方に広がる方向付けとなった。それから、マルコ福音書の第一版によって一つの文学的モデルが提供されることとなり、このモデルは第二・第三世代のキリスト教著作家たちに大きな魅力を発揮して、福音書がキリスト教信仰の特権的な表現方法となるに及んだ。これらは、伝道の熱意ほどには文化的な高さがなかった者たちにしては、小さからぬ功績である。

5　パウロの最初の活動

パウロはキリスト教第一世代の中で詳しいことがもっともよく分かっている人物であると同時に、神秘的なままの面が多く残っている人物である。彼の書簡とされているもののうち少なくとも七つについては、パウロが著者であることに問題がないが、その他のものの幾つかにも、著者として名前が挙げられているパウロについての情報が含まれている。これらの書簡は、それらを執筆した者について知るために比類ない資料となっている。使徒行伝では八章・九章・一一章でパウロが紹介された後、一三章以降のほとんどすべてがパウロについての叙述となっている。しかし真筆の書簡が関わっている期間は、どんなに長く見積もっても十五年ほどであり、パウロの死後二十年ほども経ってから書かれた使徒行伝には、護教的色彩が強く、厳密な批判を経た上でなければ確かな情報をそこから引き出すことはできない。つまり資料が豊富だと言ってもそれはあくまで相対的なことであり、パウロに関しては、答えが見つけられなかったり、仮説的答えしか見つけられないような疑問が多く残ることになる。[1]

パウロがいつ生まれたかはっきりとは分かっていない。おそらく紀元後一〇年の少し前であったであろう。彼はキリキアのタルソスで生活していたユダヤ人の家庭の出身であった。タルソスはたいへん活気ある町で、そこでは知的活動が重要な位置を占めていた。生まれた時に彼は、聖書的名前であるサウルという名と、まったくローマ的な名前であるパウロという名が与えられたが、これはディアスポラのユダヤ人の家でよく見られる風習であった。彼の父親はローマ市民権を獲得していたと思われるが、その経緯はわからない（使徒二二・二八）。「パウリ」という名の氏族のメンバーが何らかの形で自分を援助してくれたことがあって、子供にパウロという名を付けることで、彼に自分の忠誠を示したいと思ったのである。パウロは書簡の中でローマ市民権をもっていたことを一度もほのめかすことさえないので、彼が本当にローマ市民権をもっていたのかどうか時として疑われることがある。しかし使徒行伝に見られる情報を（一六・三七、二二・二五―二九、二三・二七）それほどに徹底的に疑うために挙げられるさまざまな理由は、どれもほとんど説得力のあるものではない。またこの後に見るように、パウロはユダヤ人である一方で、あらゆるローマ的なものに非常に際だった共感を抱いていて、これはオリエントの町ではまだ少数であったローマ市民のグループにパウロが属していたことと関係があるだろう。

パウロの身体的外観について我々は何も知らない。彼の外観についての描写で我々の手元にある唯一のものは二世紀末のものであり（『パウロ・テクラ行伝』*Acta Pauli et Theclae*, 三）、この伝説的作品の著者の禁欲的傾向がそのままに表現されたものでしかない。またパウロは、健康には恵まれなかったようである。ガラテヤの者たちに伝道していた時に重い病気になっていて（ガラ四・一三）、痛みを伴う慢性の病に苦しんでいたようである（二コリ一二・七―九）。しかし何の病気なのかまでは分からない。しかしこの病は、パウロの活動にとって障害になっていた。五八―六〇年頃、自分は既に老人であると書いている（フィレ九）。彼が四半世紀の間身体をいたわるようなことがほとんどなかったのは確かであり（参照、二コリ一一・二三―二九）、五十歳代になると早くも老いたと感じるようになっていた。

ディアスポラのユダヤ人であったパウロは、家族と共に、掟をたいへん忠実に守っていた。彼は自分はファリサイ派の一員であり（フィリ三・五）、「生まれて八日目に割礼を受け」（同上）、「律法の義については非のうちどころのない者」（フィリ三・六。参照、ガラ一・一四）であると述べている。使徒行伝によれば「ファリサイ派であり、ファリサイ派の子である」（二三・六、参照、二六・五）とさえ言われている。彼の書簡が証するところによれば、彼はギリシア的学校教育を受けており、また若い時にラビたちの教えを受けていた。使徒行伝ではパウロは、エルサレムのラビの大ガマリエルの弟子であったと具体的に述べられているが（二二・三）、これはあり得ないことではない。さらに彼の母語はギリシア語だが、アラム語を知っていたかもしれない（参照、使徒二一・四〇）。おそらくパウロはエルサレムで若い時の大部分を過ごし、イエスが処刑されたこと、およびその弟子たちが首都エルサレムに定着するようになったことによって議論が引き起こされた時に、そうした議論に参加したであろう。

しかし多数派の教会から「ヘレニスト」たちが分離して独自の活動を行うようになり、エルサレムに移住していたギリシア語を話すユダヤ人たちに伝道を行うようになった時に、パウロはステファノを集団処刑に処した活動家たちの中に混じっており（使徒七・五八、八・一）、そしてステファノの仲間に対する勢力的な弾圧活動を開始している（使徒八・三）。パウロは決してこの迫害者としての活動を隠そうとはしていない（一コリ一五・九、ガラ一・一三―一三、フィリ三・六。参照、使徒二六・九―一一）。自分を突き動かしていたのは「熱心さ」であるとさえ語っている（ガラ一・一四、フィリ三・六）。「父祖の伝統」を守ろうとするこの熱心さのために、パウロはもっとも強力な意味における「ゼロテ」となったのではなかったのか（参照、使徒二一・三）、つまり「熱心」という意味の「ゼロテ」という名の党派の一員ではなかったのかと考えてみることも可能である。ゼロテ党の活動は、実力行使に訴えてでも神の名誉を守ることから成り立っていた。使徒行伝に記されている二つの奇妙なエピソードによって、パウロがゼロテの一員だったという仮説の信憑性がさらに強められる。使徒行伝によれば（九・二六―三〇）、エルサレム教会の仲間に入るにあたってパウロには多く困難があり、結局は暗殺の危険を免れるために逃げ出さねばならない。また使徒行伝の他の箇所では（二三・一二―二二）、四十人以上のユダヤ人たちがローマ人に捕らわれているパウロを殺す誓いを立てている。どちらの場合でも、パウロが死なねばならないのは、秘密結社への厳粛な忠誠を裏切っているからだという感じがする。こうしたあり方は、我々がゼロテ党の組織について知っているわずかばかりのことによく対応している。その上エルサレムへの最後の訪問のために旅立つ際に、パウロ自身がユダヤにいる不信の者たちの手から免れる希望を表明しているが（ロマ一五・三一）、これはエルサレムの地方へ行くと命が危ないとパウロが感じているからだと考えられる。したがって若きパウロはゼロテ運動につながる秘密結社に属していたのであり、ダマスカスの道の出来事の後に彼がそこから離脱したことは、かつての仲間たちの目には死の罰に価することであったとするのが順当である。

したがってダマスカスに送られたゼロテの若者に託された任務は、こうした枠組において理解されねばならない。「ヘレニスト」は神殿の権威を否認し、その崩壊を告げる扇動者であり、その弟子たちがもしダマスカスにいるならば、彼らと決着をつける、そのためにパウロは派遣された（使徒九・一―二）。このエピソードは歴史的事実ではないという主張には、実質的なものが何もない。この行動は厳密な適法性の問題とは無関係であって、大祭司の保護があったのかもしれないが、何よりもこれはゼロテによって行われている行動の一例だからである。しかしパウロに託された任務については概括的なことを認める以上のことは、慎まねばならない。九・二に記されている細部の情報は、使徒行伝の編集者のものである。

ダマスカスに近づいた時に生じた劇的なエピソードについて(使徒九・三以下)、パウロは書簡の中では一度も語っていない。ガラテヤ書(一・一五―一六)においてのみ使徒パウロは、彼のうちにおける神によるその子の啓示について語っているが、これは使徒行伝で語られているような派手な神的顕現のことではなく、むしろ内的な動揺のことであるように思われる(参照、フィリ三・一二)。別のところでは、自分が体験した復活者の顕現を、復活について証人として認められている者たちの前でかつて生じた顕現と同列に並べるだけでパウロは満足している(一コリ一五・八―九)。ここでは外的な要素が言及されているが、物語的展開はまったく示されていない。つまり使徒行伝の話は表面的に伝説的装いがほどこされた話であって、ヘレニズム文学にある神的顕現の文学ジャンルに強く刺激されて、実際はパウロがたいへん慎ましい役割しか演じていない事実から作られたものと見做されることが多かったのである。使徒行伝の著者がパウロへの復活者の顕現のテーマを巡っていくらか装飾をほどこしたことは疑いない。なぜなら使徒行伝にはこのテーマについて三つの話があって、互いの間にかなり重要な相違が存在しており(使徒九・三―一九、二二・六―二一、二六・一二―一八）、これらの相違は、少なくとも部分的には、それぞれの話が置かれている文脈に適合させようとしたために生じたものだからである。しかし、使徒行伝の著者の執筆時の介入だけでは、この同じ出来事についての三つの話の間に認められる相違のすべてを説明するには不十分である。

この問題の鍵は、アナニアの介入の話の中に存在する。この話は二六章には存在しないが、使徒行伝九・一〇―一九および二二・一二―一六では語られている。そこにあるさまざまな編集の要素を取り除くと、これがありきたりのタイプの癒しの物語であることが判明する。すなわち、病の期間と重さ（九・九）、病人の期待（九・一二）、癒し手の接近（九・一七、二二・一三）、癒しを実行するための仕種とそれに随伴する言葉（同上）、突然の癒しの実現（九・一八、二二・一三）、癒しが現実であることの証明（九・一八）、癒された者の退場（九・一八―一九、二二・一三）である。これは伝統的な癒しの話があって、それを使徒行伝の著者が入手したと考えられることになる。病人の紹介によって話が始められねばならないが、この部分では復活者の顕現が短く語られて、パウロの盲目の原因をほのめかすものとなっていたことは確かである。使徒行伝九・三―八および二二・六―一一においては顕現の話が敷衍されたものとなっているが、これは使徒行伝の著者の編集作業による産物であって、彼にとって特別に重要だと思われた要素を強調するために、二六・一三―一五の話を用いて作り出したものである。したがって九章と二二章の物語は、起源のたいへん異なる二つの伝承が融合されたものである。この二つの伝承は、一つはダマスカスの教会で成立したアナニアによるパウロの癒しの話であり、もう一つは、パウロへの復活者の顕現の話で、この話はパウロの弟子集団に由来するものである可能性が大きく、使徒が側近の者に語った打ち明け話が根拠となっているのかもしれない(2)。

ではダマスカスの道で何が生じたのか。パウロは白昼に閃光によって地面にたたきつけられて目が見えなくなり、超自然的存在の声を聞く。この声はパウロに、なぜその声の主を迫害するのかと尋ね、自分はイエスであると教え、そしてパウロに指示を与えている。二六章での指示は、パウロをユダヤ人および異邦人のもとへ派遣して彼らを信仰に導くようにという内容だが(二六・一六―一八)、九章と二二章では、パウロはダマスカスへ行くようにと命じられるだけで、パウロがなすべきことはダマスカスで知らされることになっている(九・六、二二・一〇)。アナニアがパウロの視力を回復し、洗礼を授けて、パウロは人々の前で神の証人とならねばならないと彼に告げる(二二・一四―一六、このことは九章では明示的には述べられていない)。パウロのこの「回心」については、心理学者・歴史学者・神学者たちがあれこれと議論してきた。この「回心」が突如として生じたことは、彼が内的な激しい格闘にとらえられたことを示すものなのかもしれない。いずれにしても、この突然の変化を宗教の変更と見做してしまうことは、決して犯してはならない解釈の誤りである。ガラテヤ書で示唆されているところによれば(一・一六)、パウロはこの時以来、自分の任務は異邦人だけを対象に伝道することだと理解していることになっている。しかしたとえそうだとしても、パウロは機会が訪れる度にユダヤ人たちに宣教し続けていたのは明らかである。またパウロは、洗礼を受けた後に、それまで以上に自分はユダヤ人であると意識している。つまり福音を宣べ伝えるために自分を派遣したのはイスラエルの神だとパウロは感じているのであり、ついには自分は「イスラエルの残りの者」を出現させる任務を負った「新しいエリヤ」であると述べるまでに到ることになる。選民は反抗するけれども、この「イスラエルの残りの者」が選ばれた民を継続させるのであり（ロマ一一・一―五。参照、列王上一九・一〇、一四、一八）、反抗した者たちが神に立ち返る可能性を保証するのである（ロマ一一・一三―一五、二五―二七）。したがってパウロの回心は、宗教の変更を意味するのではない。彼はイスラエルの存在の内に突如として自分の真の場所を見出したのである。

この根本的な出来事がいつ起こったのか我々は知らない。ガラテヤ書（一・一八および二・一）でパウロが記していることを根拠にして、紀元後三三―三五という仮説をあえて提案することができる。つまりエルサレムに最初の教会が作られて数年も経たない頃ということになる。したがってパウロは、キリスト教徒の第一世代に属しており、たとえ彼が直接個人的にイエスを知らなかったとしても（第二コリントス書五・一六のテキストを理由にパウロがイエスを直接個人的に知っていたとすることはできない）、パウロは、生年の時期の観点からも、また信仰を得た時期の観点からも、最初の弟子たちの同時代人である。

回心するやいなやパウロは、伝道活動に専心する。ダマスカスに短期間滞在した後、アラビア、つまり現在のヨルダンに行って（ガラ一・一七）、福音を宣べ伝えるが、その具体的状況については分かっていない。暫くしてダマスカスに帰り、使徒行伝によれば（九・二〇―二二）シナゴーグにおいて、宣教活動を行う。彼はたいへんに衝撃的なメッセージを述べたので、アラビアでもダマスカスでも激しい反対に会い、信じられないような方法でダマスカスから逃げねばならなくなる。これはアラビアの王アレタス四世の手から逃れるためであり（二コリ一一・三二―三三）、またユダヤ人たちの陰謀――このユダヤ人たちの態度はゼロテたちの態度とたいへん似たものである――による制裁から、逃れるためでもあったのかもしれない（使徒九・二三―二五）。十五年ないし二十年経った後でもパウロは、このエピソードのことをあまり誇りに思っていない（二コリ一一・三〇―三二）。この出来事はダマスカスのキリスト教徒たちの間で厳しく非難されたに違いない。この時期にパウロが広めようとしていた福音の内容については、何の情報も残されていない。ガラテヤ書五・一一のあいまいな表現は、ユダヤ的であったパウロの過去のことを語っているのかもしれないが、キリスト教の宣教者としての初期の頃のことを語っているのかもしれない。とするならばパウロが伝道活動を始めた頃は、キリストの信仰に捉えられた異邦人たちについて割礼を免除することがなかったのかもしれない。後にはこの割礼を異邦人について免除するために、パウロはたいへんに苦労することになる。たとえ活動を始めたばかりの時であったにしても、パウロがこのような態度をとっていたと考えることは躊躇されるかもしれないが、しかしこれはやはり一つの可能性として残ることになる。

ダマスカスの道の出来事の三年後この若き宣教者は、不利な状況におかれるようになったことからエルサレムへ赴く決心をし、そこで自分の道を歩み続ける助けとするための力を補うことにする。エルサレムでパウロはペトロと知り合い、彼のもとに十五日間滞在する(ガラ一・一八)。この時におそらくペトロはパウロに、イエスに関しての口承伝承と(一コリ七・一〇―一一、一一・二三―二五、一五・三―七)、預言者の言葉および信仰告白のキリスト論的解釈について教えたと思われる。この訪問はかなり控え目なものであったというのは、パウロが会見した教会の指導者は、この他には「主の兄弟ヤコブ」だけだったからである(ガラ一・一九)。使徒行伝では、パウロがここで少数の者にしか会わなかったのは、パウロが教会の迫害者としてしか知られておらず、そのようなパウロに対しての警戒の念が存在していたからであるとされている(使徒九・二六)。そして共同体において尊敬されていたバルナバが、彼のために取りなしをしたとしている(使徒九・二七。参照、使徒四・三六―三七)。こうした支援のお蔭でパウロは、暫くの間使徒たちと生活を共にしたと思われるが、再び暗殺のおそれが生じると、カイサリア、そして故郷の町であるタルソスへと逃げることになる（使徒九・二九―三〇）。つまり母教会との接触はパウロにとっては得るところの大きなものだったが、ゼロテとしての過去があったために母教会との一員として完全に溶け込むまでには到らなかったのである。タルソスでのパウロの活動については、何も知られていない。おそらく彼は「テント作り」の職（使徒一八・三）を再開して、その一方で可能な時にはシナゴーグで自分の信仰を宣べ伝えていた。しかし、そこで彼がどのような成果をおさめたのか我々には全くわからない。パウロは、自分が学び知ったばかりのエルサレム教会の教義を広めていたと考えることができる。タルソスに退いていたのは、数年間であろう。回心以来ほとんどずっと活動的なパウロにとって、この時期はおそらく個人的な成熟の時であったであろう。

四〇年代の初め頃、「ヘレニスト」の伝道者たちによって創立されていたアンティオキアの共同体を掌握するために、バルナバがエルサレム教会によってこの町に派遣されたが、余りに多くの問題が堆積しているために、このシリアの大都市の北西約二百五十キロメートルのところにあるタルソスへパウロを呼びに行く。パウロはバルナバに従ってアンティオキアへ来て、バルナバと共にこの地方教会の指導者の一人となる（使徒一三・一）。一年の間この二人は、アンティオキアで福音を広めるために一緒に働き、これは大きな成功をおさめたように思われる（使徒一一・二六）。その後二人はエルサレムに赴いたのであろうか。この訪問は、使徒行伝に記されているところによれば（使徒一一・二九―三〇、一二・

二五)、飢饉《ききん》にみまわれた首都の兄弟たちに援助をもたらすためであったとされており、四一—五四年に在位したクラウディウス帝の時代にローマ帝国をおそった飢饉——最悪の時は四六—四八年——と結び付けられている(使徒一一・二八)。しかしこの旅について語っている使徒行伝の二つの箇所の文章は暗示的なものであり、またパウロは書簡の中ではこのような移動については何も述べていない。したがってこうしたエピソードが歴史的にはあり得ないということにはならないにしても、かなりの疑いが残ることになる。もしこの旅が、使徒行伝一五・二以下のエルサレムへの旅と同じものだということになると、ますますこのエピソードの蓋然性は低くなってしまう。

これよりも遥かにしっかりとした証拠があり、また決定的意義があるのは、聖霊によって任じられて、バルナバとパウロがアンティオキア教会の使者として出かけた事実である(使徒一三・二—三)。この任命方法については、礼拝のために集まっていた際に聖霊が語ったこと、この集会では断食が行われていたこと、五人の「預言者と教師」がいてアンティオキア教会において活動を行っていたこと、これらのこと以外には何も記されていない。この超自然的な宣言は、アンティオキア教会の預言者たちの一人によってなされたのであろう。神的な声によってバルナバとパウロが神のために選ばれることが命じられる。それは、神がこの二人に行わせるために彼らを召した業のためである。したがって彼らは、共同体での務めを離れて、別の任務を果たさねばならない。この任務が何であるかは二人に知らされているが、具体的にどのようなものになるかは分かっていない。二人の当事者はこの呼び掛けに聞き従うが、アンティオキア教会の指導的立場にある彼らの仲間たちにとっては、この二人はたいへん重要な協力者であって、彼らを失うことは痛手である。両者の間には議論があったであろう。神的な言葉はこうした議論に決着をつけるためのものであったようである。決定がなされると、さらに断食を行い、祈り、そして旅立つ二人に手を置いて、別れを告げる。こうしたことは、共同体の組織が堅固であるという印象をさらに強めるものである。指導者のうちの誰かが特別な召命を受けたからといって秩序が乱れることがなく、個人の意向を集団が認めて妥協することができている。

アンティオキア教会への義務から解放されたバルナバとパウロは、海路を選んで、セレウキアで船に乗り、キプロス島に向かう。この方向へ彼らを派遣したのは、ここでも聖霊ということになっている(使徒一三・四)。しかしどのようにしてこの命令が受け取られたかについては、説明されていない。バルナバはキプロスの出身であり(使徒四・三六)、キプロスにはまだ知り合いがあって、宣教にとって好都合な場所であると考えたと想像することもできる。サラミスはシリアの海岸に向かい合ったところにある港で、キプロス島のかつての首都であったが、このサラミスのシナゴーグで二人の宣教者は福音を告げ知らせる。しかし彼らがどのような成功をおさめたかについては具体的に記されていない(使徒一三・五)。この時に、二人にヨハネという助手のいることが我々に知らされる。直前の記述によると（使徒一二・二五）、彼は少し前にエルサレムから着いたところで、マルコという渾名をもっている（参照、使徒一二・一二）。助手のことが記されているのは、サラミスが豊かな収穫をもたらしそうな場所だと考えられていたことを示そうとしたためかもしれない。

彼らがこのサラミスにどれほど滞在したのかははっきり記されていない。いずれにしてもこのサラミスでの滞在のあと、バルナバとパウロとヨハネは、島を東から西へ横切っていく。この途上で彼らが宣教活動を行ったかどうかは分からない。そして島の西岸の大きな港町であり、ローマ総督が滞在しているパフォスに到る（使徒一三・六）。この町での彼らの滞在について使徒行伝に記されている話は（使徒一三・六―一二）、奇妙なものである。シナゴーグであろうと他の場所であろうと、公に宣教活動を行ったとは一度も記されていない。ユダヤ人魔術師と出会う。彼は偽預言者とされており、二つの名前をもっている（六節によれば「バルイエス」、八節によれば「エリマ」）。しかしこの出会いについては詳しく語られておらず、パウロがこの奇妙な人物と対立することになる出来事もまったく伝説的な雰囲気に包まれている。この箇所については、それまでバルナバに対して副次的存在であったパウロが第一人者の役割を演じていることを確認しておこう。地方総督セルギウス・パウルスは「賢明な人物」とされており、二人の伝道者を呼び出し、彼らに出会った後、信じるようになる。このセルギウス・パウルスも、たとえこのような名の地方総督が実際にキプロス島にいたにしても、ここでは伝説的な雰囲気に包まれた人物となっている。使徒行伝の著者はこの出会いの場面を利用して、パウロという名を滑り込ませている。これ以降、この主人公を指すのに、サウルという名の代わりに、このパウロの名が使われることになる。そしてこのことは使徒パウロがローマびいきであること、また高位のローマ人がキリスト教信仰に好意的な態度をとっていることを強調する契機にもなっている。また、魔術師に対するパウロの断固たる態度は、シモンに対するペトロの断固たる態度と対応するものであり（使徒八・一八―二四）、これは使徒行伝の著者がこの二人の使徒の間に打ち立てようとしている並行関係の好例である。つまりこの箇所においては使徒行伝の著者が、伝説を巧妙に用いてたいへん活発に編集活動を行っており、パフォスにおけるキリスト教共同体の設立についての幾つかの情報が、この編集活動の中に取り込まれてしまっている。

バルナバとパウロはこの町を去って海路をとり、北西へ向かってパンフィリアのペルゲへ行く。このペルゲはギリシア語圏の大都市であるにもかかわらず、彼らがここに足を止めた様子はない（使徒一三・一三）。この場所でのこととして語られている唯一の出来事は、ヨハネ・マルコの離脱であって、彼はこの町からエルサレムへ向けて出立してしまう。これはパウロにとってたいへんな痛手であったと思われる（参照、使徒一五・三七―四〇）。バルなぜヨハネ・マルコがこのように早くも離脱してしまったのかは、記されていない。バルナバとパウロがパンフィリアでの伝道を行わず、野蛮人の領域との境界になっていたアナトリア高原に向けて直ちに出発するという逆説的な決定をしたことが、この決別にどこか与るところがあったのかもしれない。

確かに、どうしてこのような決定がなされたのかを説明するのは困難である。パンフィリアはギリシア文化圏の中にあり、海に臨んだ豊かな平野の地方で、そこには大きな商業都市がいくつも存在する。キプロスとキリキアがそれぞれの出身地であり、シリアのアンティオキアから来た伝道者にとっては、魅力的な伝道の領域に違いないと思われる。このパンフィリアを彼らが等閑にするには、かなり強力な動機がなければならないが、これについてはテキストに何も記されていない。二人の健康状態のことが考えられたりしたこともある。マラリアに罹《かか》って、部分的に沼地になっているこの平野に滞在することは有害だったであろうと考えられたりした(参照、ガラ四・一三)。しかしアナトリア高原に行くためにトロス山脈を横切るのも、切り立った起伏があり、また強盗が頻繁に出没して、長く危険な旅である。病人なら、このような旅をする気にはならないだろう。したがってバルナバとパウロは、ここで驚くべき決定をしたと認めざるを得ない。この決定についての説明となり得るのは、二人の伝道者が目指したのは、ローマとの繋がりの深い場所であるという点だけである。トロス山脈を越えたところの彼らの最初の目的地であるピシディアのアンティオキアは、イタリア権をもつローマ植民都市の地位に昇格したばかりである。

この町は「ヴィア・セバステ」という街道に臨んでいて、この「ヴィア・セバステ」はエフェソスとユーフラテス上流の流域を結んでおり、そこからはトロス山脈を横切ってキリキアと北シリアへ行く道が始まっている。リストラもまたローマ植民都市であった。デルベは植民都市に近い特権的地位をクラウディウス帝から獲得したところであった。そしてイコニウムは、デルベと同じ権利を獲得するためにローマで活発に策動しているところであった。そして結局のところクラウディウス帝の時代の末にこの特権を手に入れることになる。このイコニウムから始まる道は、トロス山脈を横切ってセレウキアの港に向かい、また「ヴィア・セバステ」に合流することになる。つまりこの辺りは、オキシデントとオリエントとの間の陸路の繋がりをローマが管理するための戦略的拠点なのである。パウロの方がバルナバを、半分は砂漠のようなこの地方に引っ張っていったのは明らかである。この地方は、タルソスの後背地になる地域の一部分である。パウロがこのような行動をとったのは、キプロス島の地方総督の支持があってのことだったのだろうか(3)。キプロス島の地方総督はガラテヤ地方の南部地域に関係が深かったのかもしれない。このガラテヤ地方の南部地域は、いわゆるガラテヤを含めて、リカオニア、ピシディア、パンフィリアの地区をまとめたものであった。こうした想像を事実だったと言い切ってしまうことは冒険的だが、二人の伝道者の旅程について本当に満足のいく説明が欠如している状況においては、このように疑問を投げかけてみることにも、それなりの価値があるだろう。

使徒行伝の一三・一四―一四・二七で報告されているようなガラテヤ南部での伝道旅行の展開は、ここで隈なく語るには及ばない。しかし幾つかの点は、検討する価値がある。二人の伝道者が最初に足を止めた二つの町はピシディアのアンティオキアとイコニウムだが、この二つの町には比較的大規模なユダヤ人共同体が存在した。バルナバとパウロはシナゴーグで宣教活動を始めるが、ユダヤ人に対しても、プロゼリットやシナゴーグの礼拝に参加している賛同者たちに対しても、実質的な成功を収める。しかしユダヤ人の大部分は間もなく立場を逆転させ、バルナバとパウロに反対する激しい活動を開始する。町の当局の支持も得て、彼らは伝道者たちを自分たちの領域から追い出すことに成功する。リストラとデルベが次の二つの町であるが、この二つの町にはシナゴーグがない。宣教活動は住民全体に対して行われるが、リストラでの活動は、ピシディアのアンティオキアおよびイコニウムから来たユダヤ人たちの介入によって中断してしまう。二人の伝道者はデルベに着くと、これまで来た道を引き返して行く。しかしなぜこのようにするかは、テキストには説明されていない。伝道を行った四つの町で安定した共同体を組織化することが目的だったのかもしれない。エルサレム教会のモデルに従って、各教会に「長老たち」が伝道者によって任命される（参照、使徒一一・三〇、一五・二、四、六、二二、二三、二一・一八）。また使徒行伝（一・二一―二二）に示されている使徒職の定義によればバルナバとパウロは使徒であることは不可能であるにもかかわらず、ここで「使徒」の称号が二度に亙って

（使徒一四・四、一四）彼らについて用いられていることに注目しなければならない。この点に関しては使徒行伝の著者が矛盾していることになる。そしてこのことは使徒の定義が、第一世代の頃よりも八〇―八五年頃にはより厳格になったことを示唆していることになる。最初の数十年間は、聖霊および共同体指導者たちによって伝道活動に派遣されれば、それで伝道者が使徒となるに十分であったのかもしれない。しかし然るべき権威もなしに移動してくる使徒たちによってあちこちの共同体で問題が生じるようになると、もっと厳格な定義が必要となったのである。この問題については、この後で、自分に使徒としての地位を認められることをパウロが重要視していることを扱う際に再び検討することにする。使徒行伝の著者はでき得る限り使徒の集団を「十二人」グループに限定しようとしているが、しかしパウロから完全にこの使徒の称号を奪い去ってしまうことは敢えて行っていない。ただしパウロについて使徒の称号を当てはめているのは、一四章のこの二箇所においてだけである。

ガラテヤ南部の四つの共同体の設置の責務が完了すると、二人の使徒は海岸へと道を引き返す。そしてペルゲで神の言葉を宣べ伝えるが、この町で共同体が作られたとは語られていない。それからアンティオキアに帰るために、アタリアで船に乗る。アンティオキアで彼らは、兄弟たちに報告を行い、信仰の可能性が異邦人に開けたことについて特に話をし、そして教会活動の元の地位に復帰する（使徒一四・二四―二八）。彼らが不在だったのが、どれ位の期間であったのかを述べることは困難である。少なくとも数カ月間、もしかしたら一年以上だったかもしれない。しばらく後に同じ類の次の伝道旅行を行うことが検討されていたであろう（参照、使徒一五・三六—四〇）。

しかし一連の出来事がこのリズムを乱してしまい、バルナバとパウロからなるグループが分裂してしまう。このことを巡るエピソードとしては使徒行伝の話（使徒一五章）とガラテヤ書の話（ガラ二・一—一〇）が存在するが、両者はかなり異なっており、このために批判的検討を経た上での選択が歴史家にとって困難なものになっている。この事件はそもそもユダヤ地方のキリスト教徒たちがアンティオキアに来て、救いには割礼が必要だと主張して、その考え方を共同体内に広めようとしたことから始まる。パウロとバルナバは、おそらく自分たちの伝道旅行での積極的な結果に勇気付けられて、彼らに反対する。共同体は彼らの主張をすぐには退けず、エルサレムの使徒と長老に判断を仰ぐべきだと決定し、使節団を作って、その使節団はエルサレムに向かう。パウロとバルナバはこの使節団のメンバーだったが、しかし他の信者たちも随伴していた（使徒一五・二）。これはパウロとバルナバの考え方について幾らか慎重な態度が取られていたことを示しているのかもしれない。パウロは、アンティオキアの使節団の他のメンバーについては言及していないが、このエルサレム旅行がいつのことであったのかは記している。ただし彼の表現は解釈が難しいものになっている。この旅が行われたのは「十四年後」（ガラ二・一）とされているのだが、この「十四年」をパウロの前回のエルサレムへの旅（ガラ一・一八―二四）から数え始めるべきなのか、この最初のエルサレムへの旅よりも更に三年前のパウロの回心の時（参照、ガラ一・一五―一八）から数え始めるべきなのかはっきりしない。この第二の仮説の方が幾らか本当らしく思われるとするならば、このエルサレム旅行は紀元後四八年のことであったとするのが、だいたいの年代として許容できるものであろう。(4)

使徒行伝一五章に記されているエルサレムでの会合についての物語には、歴史的事実に対応する点も幾つか含まれているであろうが、ルカによる編集の跡も認められる。ガラテヤ書の話（二・一―一〇）では、パウロは事実を語る際に護教的な叙述をしているが、それでもこちらの方に信頼を置くことになる。この会合でまず試されたのは、パウロとバルナバに従っていたギリシア人で割礼を受けていないテトスが、エルサレムのキリスト教指導者たちによって、兄弟として、何の条件も強制されることなく受け入れられるかどうかということであった。しかもテトスに割礼を受けさせようと攻撃するのは、パウロが「もぐり込んで来た偽の兄弟たち」と呼ぶ者たちであったことは、パウロにとって更に幾らか気が楽になることであった。この「もぐり込んで来た偽の兄弟たち」は、パウロとバルナバの周辺で実践されていたキリスト教的自由を消し去ろうとする者たちである（ガラ二・三―五）。彼らはおそらく、使徒行伝（一五・一）でアンティオキアの教会の平和を乱した「ユダヤから来た者たち」となっている者たちと同一であろう。彼らからの攻撃が退けられるとパウロは、教会の指導者たちについて語り始める。そして、少なくとも彼らは思慮のある妥協策を見つけようとしていたと記している。彼らはまず、ペトロが割礼を受けた者への伝道の召命を受けたこと、またパウロが割礼を受けていない者への伝道の召命を受けたことを認めている。ここでパウロは、自分自身についてはダマスカスの道の出来事を示唆しているが、ペトロの召命については状況があまりはっきりしていない。おそらくペンテコステの日の弟子集団の代表者としての役割のことが、ここで考えられているのであろう。使徒行伝によればヤッファでの出来事（使徒一〇・九―一六）によってペトロは異邦人伝道の率先者となっているのであるから（参照、使徒一五・七―一一）、このヤッファでの幻のことが考えられているのでないことは明らかである。いずれにしろ、ここでパウロが言及しているのは伝道者としてのペトロであり、四四年にペトロがエルサレムをひそかに去ってから数年後のことである。ペトロとパウロのこの並行関係は、エルサレムの「柱たる者たち」であるヤコブ、ケファ、ヨハネと、もう一方のパウロおよびバルナバとの間の一致を基礎付けるものとなっている。そして彼らは伝道の領域を分割して、前者のグループにユダヤ人伝道を、後者のグループに異邦人伝道を、それぞれ委ねている（ガラ二・九―一〇）。こうした決定はたいへん単純明快な表現をとっているが、その裏にはたとえば、キリストのための共同体がユダヤ人と異邦人の両方を含んでしまうのは望ましくないといった暗黙の了解が隠されているのかもしれない。この問題については後で再び検討る。また次のことに注目しておこう。「柱たる者たち」の筆頭にヤコブが挙げられており、それにケファとヨハネが続いている。このケファは七節および八節のペトロと同じ人物だと考えるべきである。なぜなら「ケファ」という名は、イエスが自分の弟子のシモンに与えたあだ名である「ケーファ」の転記であり、「ペトロ」はその意訳だからである。またヨハネは、ゼベタイの子ヨハネのことと考えるべきで、このヨハネは、教会多数派の立場からはマージナルなグループを自分の周りに作っていた。こうして教会の長と、伝道責任者と、神学者とが団結して、パウロとバルナバを受け入れたのだが、これは優越感のこもった「容認」とでもいうべきものである。しかもこれは「貧しい者たち」、すなわち資産のないエルサレムのキリスト教徒たちへ援助を送ることと引き替えになっている。

使徒行伝によれば（一五・一九―二九）、一つの妥協案がヤコブによって提案され、エルサレムの者たちがそれを承認している。このことはガラテヤ書の話（二・一―一〇）と両立不可能である。この決定は二世紀には広く適用されていたので、こうした掟が歴史的に存在したことは疑い得ない。しかしその起源は、四八年の集会よりも後である可能性が存在する。パウロがガラテヤ書（二・一一―一三）で語っているところのアンティオキアでの事件によって明らかになったのは、ヤコブの立場においては、パウロとバルナバの任務を認めるといっても、それはユダヤ人出身の信者と異邦人出身の回心者とが一緒に共同体生活をすることを受け入れることには決してなっていなかったということである。ペトロとバルナバは個人的には考え方が柔軟だが、この時にヤコブと同じ立場に立つ。こうした状況において、エルサレムでの合意は二つのカテゴリーのキリスト教徒の交わりを不可能とするものとなっていることをパウロは見出し、大いに憤慨することになる。このことからパウロがどのような根本的な結論を導き出すことになるのかについては、後でも検討するが、ここではパウロの怒りがおそらく、ヤコブとその周辺の者たちに事態について再考を迫ることになったであろうということを述べておこう。ヤコブたちは、幾つかの規則に従うようにと異邦人出身の回心者たちに要求することによって、出身の異なる人々が混じり合っている教会のあり方を救おうと試みる。この規則は、ユダヤ教においてシナゴーグに頻繁に通ってきたいと望んでいる共鳴者たちに要求されていたノア的な掟を参考にして作られたものである。すなわち、異教の犠牲の肉を食べて偶像崇拝に連なることを避ける、モーセ律法に反した関係を避ける、血を取り除いていない肉や血そのものを食さない、という規則である。こうなればユダヤ人キリスト教徒は彼らと交わっても汚れることがなく、混合の教会は再び可能になる。この規定は、アンティオキアでの事件の暫く後にシリアとキリキアの教会に示された。これらの地方には既に混合の教会が成立していて、そのような共同体のあり方を保持したいという望みに応えようとしたことが、こうした事態へと発展したのかもしれない。そしてこの規則はその後すべての教会に広まった。これは和解的なユダヤ的キリスト教が勝利したことを示すものである。それは年代としては七〇年から九〇年にかけてのことであろうと思われる。

しかしパウロやその継承者たちは、彼らが参加することなく決定されたこの妥協策を受け入れなかった。彼らにとってキリスト教の自由は、いかなる猶予もあり得ない原則であった。こうしてキリスト教信仰に加わってから十四年の後に、パウロにとっての新しい活動の時期が開始されることになる。

6　前方への逃避

アンティオキアの事件によって、少し以前にユダヤの首都であるエルサレムで成立した合意についてエルサレム教会の者たちがどのような解釈をしているのかが、パウロに明らかになる（ガラ二・一一―一〇）。確かにパウロとバルナバは、異邦人に対する正式な伝道者として認められた。異邦人で回心した者には、割礼といったような、特別な要求が課せられることがない。しかしだからといって、ユダヤ人キリスト教徒と異邦人出身の兄弟たちとが、全的な交わりにおいて生活することができるのではない。それぞれのグループは別々に共同体を形成しなければならない。こうした拘束を設けようとする立場はたいへん堅固なもので、そのためにペトロや、またパウロの忠実な同伴者であったバルナバもその価値を認めて、アンティオキアに住む異邦人出身の兄弟たちとの交わりを断ってしまう（ガラ二・一一―一三）。これはパウロにとっては、一つの破産であった。イエス・キリストによってもたらされた救いが、最高の権威をもつキリスト教当局によって二次的であると見做され、回心者の民族的帰属の方が優位とされたのである。これはパウロにとっては言語道断なスキャンダルであり、しかもパウロ自身および異邦人出身のすべてのキリスト教徒たちに対する許し難い詐欺行為である。ヤコブおよび彼の立場に与する者たちとは、如何なる妥協もあり得ない。

したがってここで断絶が生じることになる。ヤコブおよびエルサレム教会との断絶である。またペトロについても、最重要問題について煮えきらない態度を示したことが厳しく告発されており、このペトロとも断絶する（ガラ二・一四以下）。長い間の同伴者であったバルナバは、彼なりの伝道活動は継続しているが、彼とも断絶する（使徒一五・三六―三九）。アンティオキア教会とも断絶する。このアンティオキア教会には、パウロの立場を支持する者はほとんどいなかったと思われる。使徒行伝によれば（使徒一八・二二―二三。参照、下記一四七頁）パウロは、アンティオキア教会には数年間は帰ってこない。また使徒行伝の短い記述の内容が確固たるものなのかを疑うとすれば、パウロはこれ以後一度もアンティオキア教会には帰らなかったということになる。ただシラスは、エルサレム教会の者ではあったが、新たな伝道旅行にパウロと一緒に出かけることにする（使徒一五・四〇）。またアンティオキアの兄弟たちの中にも、パウロに信頼を置いている者が何人かはいたであろう。

この断絶がこれほどに徹底的なものになってしまったのには、こうした断絶をパウロがこの上なく荒々しく行ってしまったことも与《あずか》っているかもしれない。このためにパウロは、伝道計画のための出発の基地を失ってしまう。ガラテヤ書は、バルナバとパウロが二年か三年前に伝道したガラテヤ南部・ピシディアのアンティオキア、イコニウム、リストラ、デルベのキリスト教徒たちに宛てたものである可能性が大きいが、もしそうならばこの書簡は、アンティオキア事件の時か、その直後の、パウロがこの上なく憤慨している時に執筆されたことになると思われる。(1) ヤコブから派遣された者たちはアンティオキアでの秩序を回復させたばかりでなく、これらのまだ新興の諸教会の状況についても是正しようと企てていたことが、この書簡によって明らかである。これらの諸教会に対しては、その創始者であるパウロとバルナバが、割礼者と未割礼者との全的な交わりを奨励しており、特にこれらの共同体の人員が小さいので、それを分割するのは非合理であるという議論がなされていた。ところが闖入者《ちんにゅうしゃ》たちはパウロとバルナバと同じ議論を用いて、共同体の規模が小さいのだからしっかりした統一を実現することが必要であり、それは非ユダヤ人が律法に従うことによって可能となるのだと主張していたのである。律法を遵守することになれば、当然のことながら割礼を受け入れることになり、そのことによって異邦人から回心した者たちがユダヤ教からの信者たちの兄弟になれるのであり、また共同体はシナゴーグの保護とその特権的な地位とを享受し続けることができるというのである。

こうした御都合主義の議論に対してパウロは、ガラテヤ書において原則からの反論を行っている。パウロによれば、異邦人出身の者で、共同体の存在を容易ならしめるためにモーセ律法に従うことを受け入れる者は、すべての信者になされた神の約束、聖霊の賜《たまもの》、そこから帰結する自由の実をたいして重要とはしていないことを表明してしまっている。彼らは、神がイエス・キリストにおいて彼らに与えた賜を無効にしてしまうような真の否認の罪を犯していることになってしまう。実体のない「別の福音」(ガラ一・六)、「キリストの福音を覆す」(ガラ一・七)者に彼らは与《くみ》していることになる。パウロの教えとは両立しないこのような教えを広める者は、誰であっても「呪われよ」(ガラ一・八—九)ということになる。これらの闖入者たちがエルサレム教会の権威を振りかざしていることに、誰も動揺してはならない。パウロによって告げられている福音の根源は神であり、しかもエルサレムの教会の指導者たちによっても、このことは認められたのである(ガラ二・七—九)。この断固たる主張を支えるためにパウロが示す神学的議論は有名である。キリストにおける信仰の中の新しい生(ガラ二・一六—二一)。その信仰をもつ者への霊の賜(ガラ三・一—五)。神の約束の律法に対する時間的先行性(ガラ三・六—二二)。キリストの到来以来、信者たちが自由を得ることができるようになっていること(三・二三から四・七)。隷属の契約に対立する自由の契約(ガラ四・二一—三一)。信者たちに与えられた霊の自由な表現としてのキリスト教的生活(ガラ五・一三から六・一〇)。これらのテーマはガラテヤ書では、幾らか無秩序に、そしてかなり荒削りなあり方で提示されているが、パウロのその他の書簡では、洗練され、全体をよく制御しながら展開されている。このことは後に、殊にローマ書について検討することにする。このローマ書は、十年ほど経ってから、時間的にも余裕がある中で書かれたものだが、ガラテヤ書の上に挙げたようなさまざまなテーマが、重みのある全体のまとまりの中で再び扱われている。

自分の伝道活動から生まれたこれらのガラテヤの共同体に対してパウロは、自ら筆を手にして、情熱をもって書いている（ガラ六・一一）。彼は、手紙の相手が自分の言葉をもっとよく聞くようになるために現地に赴きたいという希望を表明している（ガラ四・二〇）。そして実際にパウロは、暫く後に、アンティオキアからガラテヤ南部の町に向けて旅に出ることになる（使徒一五・三六、四一および一六・一—二）。使徒行伝によれば、パウロとその同伴者シラスはエルサレムの会合の結論を、訪問したすべての町で告げ知らせたとなっているが（使徒一六・四）、こうした言い方は不正確であると言わざるを得ない。ヤコブが提案した妥協案が出てきたのは、年代的にもっと後になってからであり、したがってパウロとシラスが告げて回ったのはこの妥協案ではなく（使徒一五・二三以下）、ペトロとパウロがお互いの任務活動を認め合った事実である（ガラ二・七—九）。使徒行伝にはテモテの割礼のエピソードも記されているが（使徒一六・一—三）、このエピソードはガラテヤ書の内容を知る者には意外なものである。だからといって、このエピソードは歴史的事実でないとするべきだろうか。おそらくその必要はないであろう。母親がユダヤ人であるテモテは、シナゴーグのメンバーの目にはユダヤ人である。巡回伝道の仕事を開始しようとしている時に、彼がまだ未割礼のままであったとすれば、背教者として告発され、シナゴーグにおいて機能していたユダヤ教裁判機関において問題とされてしまうおそれが存在したことになる。パウロは、異邦人出身のテトスについては割礼を拒否して（ガラ二・三―五）キリスト教的自由を擁護した。その一方で福音を告知するためにさまざまなシナゴーグに入らねばならなくなるユダヤ人について割礼を行った。こうしたことは、原則上の問題がなくそして実行が可能ならばパウロはプラグマティックな態度をとるということを意味している。

このエピソードを巡る問題がどのようなものであれ、パウロは、それほどの困難もなくガラテヤ南部の諸教会のあり方を正しい道に戻すことができたようである（使徒一五・四一から一六・五）。こうしてパウロは、シリアのアンティオキアの大教会に比べればつつましいものかもしれないが、一つの基地を獲得することができた。しかし更に遥か遠くへ行く召命を受けていることをパウロは忘れておらず、暫くしてからまた旅を再開する。この新たな旅の前半部分つまりマケドニアのフィリピまでの旅についての情報は使徒行伝にしかなく（一六・六―一二）、しかもその情報は概略的なものである。したがってこの短いテキストは、注意深くそして批判的に読まねばならない。まず注意すべきなのは、ガラテヤ南部から、アナトリアの北西岸の港町でローマの植民都市であるトロアスまで、人気のあまりない奥まったフリギアの高原の数百キロの道を、パウロとその同行者たちは徒歩で移動したということである。これがもっとも費用のかからない移動の方法であったことは確かである。伝道者たちの財布の中味は、大教会の支援が欠如していたために、あまり豊かではなく、そのために海路の旅の費用を払うことは避けざるを得なかったであろう。海路を用いるのは、トロアスでパウロが、マケドニア人からの救いを求める呼びかけを受けた後である。しかしこの物語には、これ以上に驚くべきことがある。この長い陸路の旅の間、福音宣教を行ったということが全く記されておらず、伝道者たちは宣教に好都合な場所まで脇目もふらず旅を急いでいるかのようなのである。アジアやビチニアは、ギリシア語が通用する大都市がいくつもあって魅力的な対象であろうと思われるのだが、目的の場所は、旅の途上で聖霊の啓示によって彼らが悟るように、アジアでもビチニアでもない。またトロアスでもなく、パウロがこのトロアスで宣教活動を行うのは数年後でしかない（二コリ二・一二―一三、使徒二〇・六―一二）。この目的の場所は、トロアスでパウロが見た幻に示された場所であり、そしてパウロが夢を見たことを知って伝道者グループが納得した場所であるところのマケドニアである。使徒行伝の著者が、ここで採用されている伝道の目標の模索の奇妙なあり方に困惑しているのは明らかであり、断片的にパウロに啓示された神の計画によって漸くこれに説明を付けている。「いと高き者」からのさまざまな指示にパウロが常に服従していることを疑問視するのではないにしても、その一方で、パウロにはガラテヤ南部を出発する時から一つの考えがあって、旅の途上で次々に生じる霊の訪れを用いて、活動を早く開始したがる協力者たちを更に遠くへと導いて行ったのではないかと考えてみることができる。パウロは、自分の新しい基地が弱体であり、また異邦人のために神が自分に託している仕事の規模が大きいことを意識していて、そこでローマに行って、ローマを非ユダヤ人伝道の中心地にし、ユダヤ人への伝道の中心地であるエルサレムに拮抗《きっこう》させたいのである。この壮大な計画は諸事情によって妨げられることになるが、十年ほど後に書かれたローマ書を見るならば、この時にもパウロはこの計画を決して完全には放棄していない（ロマ一・九―一三、一五・二三―二四、二八、二九）。したがってマケドニアは、ローマへの途上の一段階に過ぎないことになる。しかしガラテヤ南部とローマの中間に位置しているこのマケドニアに来ることによって、パウロが目的地にかなり近づいたことも確かである。この地方を東から西に横切る街道である「ヴィア・エグナティア」を通ってアドリア海まで行けば、短距離で、したがって費用もあまりかからない海路をとって、容易にイタリアに到達することができる。しかもガラテヤ南部の小さな共同体の役割をマケドニアの諸教会が受け継いで、パウロを中心とするグループに前進のために必要な資金を供給できることになる。

ガラテヤ南部やトロアスにおいてと同じように、パウロとその同伴者たちはマケドニアに上陸すると、その地方の主だった町に行くのではなく、ローマ植民都市であるフィリピに足を向ける。紀元後五〇年頃のことであった。この小都市の住民はローマ退役軍人とラテン系の農民からなり、ほとんどユダヤ人がおらず、シナゴーグは存在していなかったが、この町がガラテヤ南部を出発して以来の最初の伝道の場所となったのである。これもトロアスでパウロの夢の中に現れたマケドニア人の呼びかけに応えるあり方としては、奇妙なものである。しかしこの選択は、ローマへの道程における中継地を見つけようとしているのだと考えるならば、了解できることになる。町の外にあったユダヤ人の祈りの場所が、フィリピ伝道の出発点であった。そこに集まっていた女たちが宣教を好意的に受け入れる。特にリディアという女がいて、彼女はティアティラ出身の紫布商人であった。ティアティラはアジア州の町で、染物業の一大中心地として知られていた。このリディアが伝道者たちから洗礼を受け、彼女の家がフィリピ滞在の間の彼らの宿泊所となった。こうしてキリスト教共同体がたちまちのうちに設立される。彼女はパウロにこの上なく忠実であった者たちのうちの一人で、パウロに愛情を注ぎ、また物質的な援助を与え、そうした態度が常に変わらなかったことは際立っていた（二コリ一一・八、フィリ四・一五―一六）。何年か後にエーゲ海沿岸の地方を最終的に去る前にパウロは過越を祝おうとしているが、それはこの共同体のメンバーたちと共に祝おうとしたのだと思われる（使徒二〇・六）。またパウロのフィリピでの最初の滞在の話は、使徒行伝において一人称複数で書かれた文章の最初のものである。トロアスでのパウロの幻の意味についての議論が記されているところで、「私たち」が現れる（使徒一六・一〇）。この一人称複数での叙述は、文学技術上の手段であるのかもしれないが、何らかの資料があってそれが文字通りに書き写されている可能性の方が大きい。この資料は、パウロを中心とする伝道者たちのグループの旅日記の体裁をとっており、日々の主な出来事を書き留めておくことを目的としていると思われるので、フィリピでのこの話は歴史的事実にたいへん近いと見做すことが可能である。(2)

フィリピにおいて福音は平和裡に広まっていくが、一つの事件が生じてしまう。占いの能力のある若い女奴隷がパウロとその同伴者たちにまとわりついて、この人たちは救いをもたらしていると絶えず叫ぶ。これがうるさくてパウロは、この女から霊を追い出す（使徒一六・一六―一八）。ところがこの女奴隷の主人たちは、実質的収入の元が失われてしまったために怒り始める。パウロとシラスは役人たちの前に連れて行かれて、鞭打たれ、投獄されてしまう。ところがその夜に地震が起こって、彼らは牢から出ることができ、衝撃を受けた看守が回心する（使徒一六・一九―三四）。次の日に彼らは解放されるが、町を去るようにと請われる。彼らは「兄弟たち」ともう一度会った後で、言われた通りに町を去る（使徒一六・三五―四〇）。この話は伝説の色彩を強く帯びていて、先行する幾つかのエピソードと同じように歴史的事実に近いとは見做し難い。しかし、たいへん興味深いものであることに変わりはない。特に注目に価するのは、投獄された二人の伝道者がローマ市民権の行使を、すぐにではなかったにしろ、要求したことである。この町では人々は、ローマ市民であることを誇りにしており（使徒一六・二一）、町の制度もローマのモデルを見習ったものであり、キリスト教徒の伝道者たちにとっては慣れ親しんだ環境であった。彼らがフィリピを去るのは、町から出ていくようにと請われたからかもしれないが（一六・三九）、そればかりでなく、自分たちの真の目的地であるローマへの旅を再開しようと欲したからだという理由も存在したかもしれない。

実際彼らは、西に向かって「ヴィア・エグナティア」を進んでいく。「マケドニア・プリマ」地方の首都であるアンフィポリスと、更に四十五キロ離れたアポロニアという二つの大都市には見向きもせず、ユダヤ教のシナゴーグがあるテサロニケに直接赴く（使徒一七・一）。しかしテサロニケは、州の首都でもあり、ローマ総督の滞在地でもある。ここはパウロにとってはイタリアへの前進の過程における重要な一段階である。この大都市に教会が設立されるならば、パウロの目的にとってたいへん有効な援助を期待できる。パウロとシラスはシナゴーグで連続して三回の安息日に説教を行い、自分たちの周りに幾らかのユダヤ人と、ギリシア人でユダヤ教に共鳴している多くの者たちと、そして町の上流階級の幾人かの婦人たちを集める（使徒一七・二―四）。そこでシナゴーグの指導者たちは、町の街路で騒ぎを起こさせ、パウロとシラスに宿を提供していたヤソンと数人のキリスト教徒たちを捕えて、反乱を企む行動をしているという廉《かど》で当局に引き渡す。彼らは保証金と引き替えに釈放されるが、状況はたいへん危険なものであったので兄弟たちは、ベレアに二人の伝道者を出発させる。このベレアは、テサロニケの西およそ六十キロのところにある大都市だが、街道からははずれている。そこにはシナゴーグが一つある。自分たちの長期の計画をあきらめた訳ではないが、伝道者たちはこの機会をとらえて、安息日にユダヤ人および彼らと共に集まっている共鳴者たちに対して説教を行う。この活動は、ユダヤ人に対しても、ユダヤ教の共鳴者であるギリシア人に対しても、たいへんな成功を収め、すべてはこの上なくうまく行っていたが、ベレアにおけるパウロの活動について伝え聞いたテサロニケのシナゴーグの指導者たちが、ベレアに駆けつけ、住民を扇動してパウロに反対する騒ぎを起こさせる（使徒一七・五―一三）。そこでパウロは急いで脱出しなければならなくなる。人々は最寄りの港までパウロに同伴し、そこから海路でパウロをアテネまで連れていく。アテネはマケドニアから少なくとも三百キロメートル離れており、テサロニケとベレアでの危険からパウロは免れることになる。使徒行伝によれば（一七・一四）シラスとテモテはベレアに留まって仕事を継続していたが、パウロは、彼らが急いでアテネにいる自分に合流するようにと指示する。パウロにとってはマケドニアでの活動は終了したのであり、新しい伝道の領域を開拓するために協力者の全員が必要なのである。

しかしマケドニアを去らねばならなくなったとしても、マケドニア地方およびそこにある若い諸教会との関係をパウロが放棄してしまったということにはならない。フィリピ書および二つのテサロニケ書（そのうちの一つはベレアの者への書簡であると見做されることも多い）によれば、状況は逆である。またパウロが少なくともあと二回はマケドニアに行き（使徒二〇・一―二、三、六）、できればもっと頻繁にそこに行きたいと思っていたこと（一テサ二・一七から三・一〇、フィリ一・二五―二六、使徒一九・二一）、マケドニアの諸教会に自分のもっとも近しい協力者たちをパウロが派遣したこと（フィリ二・一九―三〇、使徒一九・二二、一テサ三・一―六）、そしてフィリピのキリスト教徒たちにパウロが特別の慈《いつく》しみをもっていたこと（フィリ一・三―八、二・一二、四・一）を我々は知っている。フィリピのキリスト教徒たちはこのパウロの慈しみに対して、たいへん忠実な財政的援助によって応え（フィリ四・一〇―二〇、二コリ一一・八―九）、この財政的援助は、暫く後にマケドニアの諸教会全体が、エルサレムの貧しい者たちのためにパウロが企てた献金に気前よく参加することへと発展することになる（二コリ八・一―五）。ガラテヤ南部においてパウロは独立した伝道の企てのための最初の支持グループを見出したのであったが、マケドニアはパウロにとって、このガラテヤ南部よりも一層大規模で重要な伝道の基地となったと述べてもよいであろう。

マケドニアとのたいへん強力なこうした結び付きが存在し続けていたとしても、パウロがアカイアに到着したことはやはり彼の活動における一つの転換点となっている。パウロはここまで、長い滞在を強いられるかもしれず、ローマへの前進の妨げとなるようなギリシアの大都市を避けてきた。しかしパウロはヘレニズムの知的中心地であるアテネに長く滞在する。アテネはローマ帝国の全地から人々が勉強をしに来る学問の大中心地であり、もしここに大きな教会を創設することができるならば、ローマの代わりにこの町が伝道基地となるであろうという考えがパウロの頭に浮かんできたかのようである。アテネにおけるパウロの伝道活動について使徒行伝が我々に示している話は（一七・一五―三四）、アレオパゴスの場面を除いて、不幸にして非常に概略的なものでしかない。またこのアレオパゴスの場面は、二二節から三一節の演説を際立たせるために文学的に構成されたものであることは明らかであり、この二二節から三一節の演説もまたルカによって恣意的にここに挿入されたものである。その上パウロの書簡には、アテネのキリスト教徒たちと使徒との繋がりについて何も記されていない。しかし使徒行伝一七章からの情報によって、ユダヤ人が共鳴者たちと共にいるシナゴーグでも、また公共の広場でも、パウロが説教を行ったこと、そして彼の宣教には興味をもつ知識人も幾らかいたが、それによってキリスト教信仰に結び付く者たちは僅かしかいなかったことを、知ることができる。つまりエルサレムに拮抗し、そしてパウロの基地となるような大教会をアテネに打ち建てようという希望は実現しなかったのであり、このことがおそらくコリントスへ向けて使徒パウロがすぐに出発してしまうことの理由となっているのであろう。

アレオパゴス演説はルカ文書の著者が執筆したのだとされることもあるが、一世紀の最後の四半世紀のキリスト教伝道者たちが、純粋に異教徒である聞き手に対して行っていた宣教の見本であると考えるべきであろう。ここに表明されている神学は、ヘレニズムのユダヤ人たちが伝道文書の中で表明していた神学である。すなわち神は、創造者、摂理を司る者、審判者であり、そのペルソナの具体的表現は拒まれており、そして最後の審判がさし迫っている時にすべての人に回心を呼びかけている者である。ストア派的な概念の影響が見られる幾つかの点を別にすれば、こうした考え方は聖書の考え方と非常に近いものである。しかし罪および、神に対する人間の反抗についてはまったく言及されておらず、また十字架についての示唆も欠如しているので、これは使徒パウロに由来する資料ではないと言うことができる。ここに表明されているのは、後の世代のヘレニズム的教会の平均的な考え方である。(3)

パウロはアテネを去って、八十キロメートル西のコリントスへ赴く。アテネでのパウロの企ては完璧な失敗ではなかったにしてもやはり失敗であり、パウロはこのヘレニズムの知的中心地を去って、ローマへの道を再び進んで行くことになる。コリントスは紀元前一四六年にローマ軍によって破壊されたが、一世紀後にローマ植民都市としての地位を与えられて廃虚から復興した。コリントスの地理的な位置は並外れている。ギリシア北部とペロポネソス半島の間の陸路が交差するところであり、またアドリア海とエーゲ海の間の海路が交差するところである。このためにコリントスが復興されると、商業的繁栄と、流入してくる者たちによって生じる住民たちのコスモポリタンな状況によって町は急速に発展する。このためコリントスの町は紀元前二七年にアカイア州の首都に選ばれ、アカイア州を管理する地方総督が滞在することになる。また町は非常に活気に満ちており、住人の道徳が奔放なものであったことが有名だった。パウロはコリントスに自分の好みにあうローマ的雰囲気を見出し、イタリアのあちこちの港との間に存在する非常に頻繁な行き来を利用することができるかもしれないと考えたであろう。コリントスに着くとすぐにパウロは、首都ローマからユダヤ人を追放するというクラウディウス帝の勅令によって（紀元後四九年）暫く前にローマから追い出されてきたユダヤ人の夫妻と知り合いになる。アキラとプリスキラというこの二人は、パウロと同じようにテント作りの職人だったので、パウロは彼らの仲間になる。そして安息日には、彼は、シナゴーグのユダヤ人とギリシア人からなる聴衆の前で宣教活動を行った。

シラスとテモテが暫く後に、マケドニアで集められた基金をもって合流したので、パウロは宣教活動に専心し、ユダヤ人の博士たちとイエスのメシア性について議論できるようになった。しかし彼らを説得することができないので、使徒パウロはシナゴーグとの関係を断ち、異邦人の方へ向かうことになる。パウロは非ユダヤ人の共鳴者でシナゴーグの側に住んでいたティティウス・ユストゥスという者の家に宿泊していた。パウロの宣教は大成功を収め、シナゴーグの長であるクリスプスという者が家族と共に洗礼を受けるほどであった。この二人の人物がラテン語の名前をもっていることは注目に価する。こうしてコリントスの教会はこの上なく順調に発展した。クラウディウス帝の勅令によってローマへの道が閉ざされており、アカイアの首都がパウロとその仲間たちにとっての伝道の基地の役割を担うのに適切な状態になってきたのである。夜中に幻が生じて使徒パウロに対して、神はコリントスにおけるパウロの宣教活動が継続されるよう望んでいること、そして神があらゆる脅威に対して自分の僕《しもべ》を守るであろうことが確認される。そこでパウロはこの町に十八カ月も留まることになる。これはそれまでパウロが訪れたさまざまな町での滞在期間よりも遥かに長いものである（使徒一八・一—一一）。

シナゴーグの指導者たちは使徒パウロの活動について、ますます強く敵意を抱くようになる。そこで彼らは、地方総督を介入させようと試みる。この地方総督は、哲学者セネカの兄で、ガリオンという名であった。デルフォイで発見された碑文によって、アカイアにおいて彼が地方総督であったのは、紀元後五一年から五二年であったか、或いはそれよりも可能性は小さいが、五二年から五三年であったと考えられる。彼はパウロについて、不法な宗教的宣伝をしているという罪を負わせる訴えを聞くが、弁護側には発言を許そうとさえしない。そして彼は、自分にはこの件について法的権限がないと宣言する。なぜならば彼の立場からは、パウロは依然としてユダヤ人であり、問題となっているのはユダヤ教のシナゴーグの内部争いだからである。したがってキリスト教共同体は、実際にはシナゴーグの当局にまったく依存していないにもかかわらず、ユダヤ人に与えられていた特権を享受し続けていたことになる。コリントスのユダヤ人は怒って、シナゴーグの長であるソステネに襲いかかる。おそらく彼は、曖昧な態度をとっていたことが非難の対象になったのであろう。そして地方総督の法廷の前で、このソステネを殴りつける。地方総督はそれでも事件に関わることを拒み続ける。ローマを代表する者のこの態度は、キリスト教徒たちが望むところによく適ったものなので、彼らはこのことを非常に丁寧に叙述している（使徒一八・一二―一七）。

この裁判事件の後もパウロは暫くコリントスに留まる。そしておそらくコリントス教会が十分に堅固なものになったと考えて、兄弟たちに別れを告げ、アキラおよびプリスキラと共に船に乗り込むが、それはローマへ行くためではなく、エフェソス経由でシリアへ行くためであった。この旅については使徒行伝にしか報告が残されておらず（一八・一八―二三）、我々にとっては不明なところの多い旅である。コリントスを発って間もなく、すぐ近くのケンクレアという港においてパウロは、誓願を立てていたので頭を剃ってしまう（使徒一八・一八）。この細部に亙《わた》る記述は、文脈の中で不意に現われていて、しかし著者が護教的意図から創作したものだと見做すことができるような根拠は何もなく、解釈が非常に難しい箇所である。いずれにしても、これはナジルの誓願のことであると考える以外はないであろう。このナジルの誓願においては、誓願の対象が実現しない限りは、長い髪をそのままにしておかねばならないという義務がある（民六・九―一八）。しかしこの特殊な誓願は何についてなされていたのであろうか。割礼のない者への伝道がパウロの担当する仕事であるということの確証が得られるまでは、エルサレムとアンティオキアには帰らないという誓願であったのかもしれない（参照、ガラ二・七―九）。クラウディウス帝の勅令のためにローマに行くことができないので、パウロはそれまでの四年間に達成された仕事について振り返って、自分は誓願から解放されていると感じたのかもしれない。またアキラとプリスキラはエフェソスよりも先へは行かないので、パウロは一人で旅立つことになる。パウロは、エフェソスのユダヤ人たちからの願いがあるにもかかわらず、福音を宣べ伝えるためにエフェソスに留まることを拒んで、パレスチナのカイサリアに向けて直ちに船に乗り込む。そしてカイサリアから「教会」（エルサレム教会であることは、疑いない）を訪問する。こうした動きについての報告は非常に手短かであり、このように動き回っても積極的な結果は何ももたらされなかったことは明らかである。これはおそらくエルサレム教会の者たちには、好意を回復しようと努力しているこの分裂者に対して譲歩しようという気がまったくなかったからであろう。そこでパウロは、おそらく陸路によって、アンティオキアへ赴く。使徒行伝によれば（一八・二三）、パウロはここで「暫く過ごした」とされているが、アンティオキアでのパウロの受け入れ方が、エルサレムにおけるよりも良かったかどうか、あまり確かではない。つまるところ、どこでも挫折を味わったのであり、このために使徒行伝の著者がひどく控え目なのである。

パウロは独立した伝道の仕事を強化し発展させるために、嘗《かつ》ての自分の活動の場所へ戻っていくことを余儀なくされる。

7　教会のリーダーとしてのパウロ

パウロはアンティオキアを発って、四年ほど前に辿ったのと同じ道程を通って、ガラテヤ南部とフリギアの弟子たちを力づけることに精力を傾ける（使徒一八・二三）。そしてエフェソスに下って行く（使徒一九・一）。エフェソスではパウロの協力者の幾人か、特にアキラとプリスキラがユダヤ人たちに対する伝道活動を始めていた。エフェソスのユダヤ人たちは、洗礼者ヨハネのメッセージの影響を受けたさまざまな運動の流れと、既に接触していたと思われる（使徒一八・二四―二六、一九・一―四）。パウロはシナゴーグで三カ月にわたって自分の福音を宣べ伝える。しかし一部のユダヤ人が執拗に抵抗するために、シナゴーグの枠を出て、ティラノスという者の講堂で日々教え始めた（使徒一九・九）。この状態は二年間（使徒一九・一〇）、或いはもう少し長く（参照、使徒二〇・三一）続いた。この活動はかなりの成功を収め、エフェソスの町の枠を遥かに越えて、アジア州全体に広がっていった（使徒一九・一〇）。パウロの協力者たちはこの頃、この地方に幾つかの教会を創立した（参照、コロ一・七、四・一三、一五、黙示三・一四―二二）。エフェソスでの使徒パウロの活動の展開について使徒行伝は残念ながら、伝説の色彩のついたぼんやりした情報しか与えてくれていない（使徒一九・一一―二〇）。しかしそこに記されていることから、アジアの中心である大都市から出発してキリスト教が、州全体にしっかり根をおろしたということははっきりと了解される。おそらくパウロはエフェソスで激しい反対に会い、たいへんな危険に遭遇して（一コリ一五・三二、二コリ一・八）、暫くの間ローマ当局によって投獄されていた（フィリ一・七、一三―一四）。いずれにしても、パウロが町を去る少し以前に、町を動揺させる暴動が発生した（使徒一九・二一から二〇・一）。これは一神教的で偶像破壊的な宣伝を攻撃しようとするもので、パウロはこの宣伝を行っていた者の一人であった。

パウロはエフェソス滞在中に、アジアで活動を繰り広げる伝道者たちのグループの揺るぎないリーダーとなった。またその一方で、それまでの数年間にパウロ自身が創設した諸教会に対しても権威を回復していた。ただし葛藤や非難がまったくなかった訳ではなく、それはエフェソスからそれらの共同体の幾つかに宛てて書かれた書簡の中に示されている通りである。これらの書簡の一つの宛先であったフィリピのキリスト教徒たちはパウロに絶対的に忠実であったと思われるが、それでも彼らに割礼を施させようとしていたと思われる「あの犬ども」についての警告が発せられている（フィリ三・二以下、一八―一九）。コリントスでの状況はこれよりも明らかに悪いもので、パウロの敵たちや競合者たちが、パウロのエフェソス滞在中に同調者を見出していた。アポロという者がいて、彼はアレキサンドリアのユダヤ人であった。ヘレニズム的ユダヤ教のこの大中心地の聖書研究の成果を身につけており、イエスのことを語ってはいるがそこに洗礼者の影響が結びついている福音を宣べ伝えていた。彼の場合には、問題は比較的うまく解決した。パウロが旅で不在の間に、アキラとプリスキラがこのアポロとエフェソスのシナゴーグで出会い、福音についてのよりパウロ的な考え方に賛同させることに成功した（使徒一八・二四―二八）。エフェソスの教会は彼をアカイアの共同体に対して推薦したが、これは何よりもコリントスのキリスト教徒たちに対して推薦したのであった。コリントスでのアポロの活動は成功し、そのために兄弟たちの中には、自分はパウロに属するよりもむしろアポロに属すると主張する者も現れた（一コリ一・一二、三・四）。パウロはコリントスの教会に宛てた書簡の中でこの種の忠誠の誓いを戒めて、自分の任務とアポロの任務は相互に補うものであるとしている。「私は植え、アポロは水を注いだ、しかし神が成長させた」のである（一コリ三・六）。パウロは自分だけがコリントスの共同体の霊的な父としての役割をもつことに固執しており、またアポロの学問と才能とはパウロに嫉妬を引き起こさせるところがあったにしても、この二人の伝道者の間には対立はなかったように思われる（一コリ四・一五）。アポロのその後の活動がどのようなものであったかについては、まったく知られていない。アポロは、パウロがコリントスへの手紙を執筆している時には、おそらく既にコリントスを去っていて、パウロの勧めにもかかわらずそこに戻りたいとは思っていなかった（一コリ一六・一二）。おそらく五五年の春、パウロのコリントスでの権威を再確認するためにパウロが派遣したのは、彼のもっとも忠実な協力者の一人であるテモテであった（一コリ四・一七、一六・一〇―一一）。テトスもこれに続いて、五五年と五六年にパウロの代理としてコリントスに何回もの旅を行っている。

コリントスの教会のあり方についてのパウロの心配事は、アポロの人気の問題だけでは勿論なかった。ペトロもまたこの共同体を訪れ、信者の一部の者たちの好意を獲得していた（一コリ一・一二、三・二二、九・五）。彼らが教会の他の者たちに対して、特に共卓の問題について、どのような態度をとっていたのか我々には分からない。しかしパウロは、彼がほとんど常に「ケファ」と呼ぶ者の影響についてはあまり心配していなかったようである。「ケファ」という名は、アラム語の「ケーファ」の転記である。ペトロという渾名のギリシア語の形は、教会の土台となる岩の役割の意味を示唆してしまいかねないので、これを避けるために、パウロは「ケファ」という名を用いるのだと思われる。おそらく第二コリントス書一〇・一二および一一・一五を除いては、パウロは彼に対して論争を挑んでおらず、第二コリントス書の二つの箇所においても批判されている相手は匿名のままである。調子がより厳しいものとなるのは、コリントスのキリスト教徒たちに対するパウロの使徒としての権威を認めず、パウロの個人攻撃をも厭《いと》わないユダヤ主義的伝道者たちを攻撃する場合である。彼らはペトロの協力者で、パウロを攻撃する仕事をペトロから任された者たちであるのか、それともヤコブによって派遣された、更に敵意に満ちた者たちであるのか、はっきりとしたことを述べるのは困難である。いずれにしろ彼らは、パウロを憤慨させる。パウロは自分の態度について幾らか誇りを抱いていた次のような点について非難されたと考えたのである。すなわち、自分が伝道しつつある共同体が出す費用で生活することをパウロは拒否していた（一コリ九・一―一八、二コリ一一・七―一〇）。パウロは雄弁でもなく、大胆でもない（二コリ一〇・一―一〇、一一・六）。パウロはユダヤ教の枠内で、立派な資格をもっていた（二コリ一一・二二）。福音を広めようとするパウロの努力（一コリ九・一九―二七、二コリ一〇・一三―一八、一一・二三―二九）。個人的な啓示（二コリ一二・一―六）。そしてそこには、彼の弱点さえも含まれている（二コリ一一・三〇―三三、一二・七―一〇）。怒りの中でパウロは、彼らをサタンに仕える偽者と呼ぶまでに到っている（二コリ一一・一三―一五）。ただし彼らの影響から共同体が解放された上でならば、赦しの扉が彼らには開かれているとされている（二コリ二・五―一一）。こうした攻撃は耐え難いものであったのでパウロは、コリントスへの旅を突如として企て、この攻撃を自分自身で終焉させようとさえしたと思われるが、この旅では思ったような成功を実現することができなかった(二コリ一三・一〇)。

コリントス教会の問題は、パウロの競合者たちや敵対者たちの闖入だけではなかった。異教的環境や、教会員の社会的構成の問題、(1)霊的な経験不足に関連するさまざまな逸脱によっても脅かされていた。これらの誤りは、まずは教義上の問題であった。知恵の探求が支配的となっている周囲の雰囲気から影響を受けた一部のキリスト教徒たちは、使徒パウロのたいへん地味な宣教内容をいくらか不十分なものと考え、哲学的な考え方をそこに付加しようとした。パウロは成熟した大人のキリスト教徒に対してならば、知恵を勧めることを否定はしない(一コリ二章)。しかしその知恵は神の秘密に関するもので、霊によって啓示された知恵であり、霊的な者のみが理解できるのである。したがってキリスト教の教義の萌芽がここでは問題になっているのだが、それは決して理性に基づいた一種の宗教哲学ではない。こうした教義は、重大な誤解を解消するために使徒パウロが死人の復活についての自分の考えを説明することを余儀なくされている第一コリントス書一五章を別にすれば、コリントスのキリスト教徒たちとのパウロの文通の中ではまったく展開されていない。

死人の復活のテーマは、最後の審判のテーマと密接に結び付いたものである。ユダヤ教の思想においてはかなり時代が下がってから根付いたもので、サドカイ派のようなもっとも保守的なグループからは否認されていた(参照、マコ一二・一八並行、使徒二三・八)。エゼキエル書三七章からの影響によって成立したこうした終末に関する考え方は、「歴史」についてのヘレニズム的諸概念の枠の中にうまくおさまらないという問題がある。またそればかりでなく、パウロはイエス・キリストに信仰を置く者は誰でも直ちにそして決定的に無罪とされるということを非常に強調しており、そのようなパウロにおいてはこの死人の復活の考え方は意味をなさなくなってしまっていると思われかねない（参照、ガラ三・二六―二九、二コリ五・一七、ロマ一・一七、五・一―一一）。したがってコリントスの信者たちの中に、信仰による救いで既に十分であると考えて、死人の復活を不必要な仮定に過ぎないとする者がいたとしても理解できることである。パウロは、キリストの復活と、それを確認する顕現についての敬うべき伝統を根拠として、こうした考え方を断固として退けている（一コリ一五・一―一一）。これはキリスト教信仰の根本的な与件であり、死人の復活の如何なる否定も徹底的に退けられることになる。なぜなら復活のキリストは「死んだ者の初穂であり」（一コリ一五・二〇）、キリストに属するすべての者たちに復活の道を開いているからである（一コリ一五・二一―三四）。しかしこの生への回帰が実現するところの体について、困難な問題が残っている。これについてパウロは霊的な体について語り、死んだ者についても生きている者についても、自然の命の体に霊の体が代わるとしている（一コリ一五・四五―四六）。つまり使徒パウロの立証の基礎となっているエゼキエル書三七章のイメージがここでは、昔の預言者の言葉よりも遥かに抽象的なギリシア的な用語によ

って議論され、表明されていて、一つの教義となっているのである。(2)

パウロが訂正しようとしているコリントス教会の逸脱は、教義上のものばかりではない。モーセ律法とシナゴーグから切り離されたために、コリントスのキリスト教徒たちは、礼拝についても、また道徳上のあり方においても、新たなものを作り出さねばならなかった。彼らは自分たちの霊的な父に、幾つかの問題についての忠告を求めている。処女性と結婚の問題(一コリ七・一)、偶像に捧げられた肉を食することについての問題(八・一)、霊の賜の上下関係とその用途についての問題(一二・一)である。パウロは非常に詳しくこうした問題に答え、文通相手に対して、尋ねられた質問の枠を遥かに越えた指示を与えている。他のテーマについては、共同体の一部のメンバーから受け取った情報に基づいてパウロの側から率先して話題にしている。すなわち自分の父の妻と結婚同然の生活をしている者の問題(一コリ五・一―一三)、この世の法廷において信者同士で対立する裁判の問題(六・一―一一)、娼婦との肉体関係の問題(六・一二―二〇)、共同体での礼拝における無秩序の問題(一一・二―三四および一四章)である。いずれの場合についても使徒パウロは権威をもって意見を述べ、自分の忠告、あるいは時には命令を、信者たちが実行することを期待している。パウロの議論展開を通して我々に見えてくるのは、すべてについて模索中のグループの姿である。時としてユダヤ教の道徳が参考とされることがあるにしても、最終的に提案されるのはキリスト教的な解決策であり、あるものはイエスの言葉に基礎付けられており、また時の終わりが近いという確信によって規定されたものもあり、聖霊の経験によって洞察されたものもある。

最後に挙げた聖霊について使徒パウロがコリントスの信者たちに述べていることには、特別の注意を払う必要がある。(3) 彼らに対してパウロが聖霊をたいへんに強調したことは明らかであり、それは彼らが、この「いと高き者」からの力の中に、福音が彼らに要求している新しい生の鍵を見るようになるためである。しかしパウロが何よりもまず共同体生活のことを考えているのに対して、コリントスの信者たちは個人的な観点から思考していて、超自然的な賜に関心を抱いている。一部の信者たちは超自然的な賜を既に享受していて、それ故に兄弟たちの間で権威をもつようになっている。すなわち、異言を語ること、預言の霊を受けること、癒しの能力である。霊を受けたこうした者たちの個人主義的な行き過ぎが共同体生活を困難なものにし、礼拝の進行を乱している。したがってパウロは(一コリ一二章)、霊を受けるという概念をできる限り拡大することに力を傾け、聖霊の賜は多様であること、もっともつつましい者を含めて全ての信者たちが、一つの体に、つまりキリストの体に属しているのであり、彼らはその体の手足であるということを強調する。このことが結局のところ、共同体の中ですべての信者たちが歩むべき最高の道を定義することに繋がっていく。つまりそれは愛の道であり、この愛の道についてパウロは非常に魅力的な定義を行っている。すなわち信仰および希望と共に、愛には永遠の価値があり、しかも信仰および希望という霊的生活の二つの次元よりもさらに優れたものである（一コリ一三章）。また使徒パウロは、共同体の礼拝の実施のあり方に意見を表明しており、礼拝においては確かに霊が働かねばならないが、一定の秩序を尊重して、常に参加者の教化を目指さねばならないとしている。解釈なしに異言を語らない、異言よりも理解可能な預言の方が好ましい、一度に一人だけが話すべきである（一四章）。この第一コリントス書の一四章の二つの節では、集会において女性が語ることの禁止が付け加えられている（三四―三五節）。これは第一コリントス書一一・五とまったく矛盾しており、また写本によっては二つの異なった箇所に挿入されているので後世の付加である可能性が大きい。この付加は、第一テモテ書が執筆されたグループに由来するものであり（参照、一テモ二・一一―一五）、つまりパウロによって創設された教会の次の世代の者たちで、パウロやその同時代人よりも遥かに順応主義的であったグループに由来するものである。

だからと言ってパウロが、フェミニストであるということにはならない。「もはや男も女もない」（ガラ三・二八）という言葉を述べているパウロが、礼拝集会で預言をしたり祈ったりする権利を女性に認めない訳にはいかなかったのである。しかし一方で彼は、幾つかの社会的慣習に与し続けている。女性は長い髪でなくてはならず、またヴェールをつけていなくてはならない。なぜならば女性は男性に対して二次的だからであり、男性は髪を短くし、ヴェールをつけるべきではない。もしこの条件を守らずに女性が礼拝の時に発言しようとするならば、それはどこかしら不作法だということになる（一コリ一一・二一―二六）。つまりキリスト教徒の女性は、キリストの体である教会生活に正当な権利をもって参加してはいるが、女性であり続けるのである。この点および、礼拝時における霊を受けた者の発言に関してパウロが示しているような秩序への配慮は、主の食事の実施についてコリントスの信者たちに対して彼が与えている指示の中にも見出される（一コリ一一・一七―三四）。共同体が主の食卓の周りに集まらずに、聖餐が一種のセルフサービスの食事であるかのように食されているという困った状況を前にしてパウロは、聖餐に関する伝承の意味を確認し、またキリスト教徒はこの食事の聖なる性格を理解しなければならないと確認する。聖餐は聖なるものなので、主イエスの死の記念において共同に行われるということが、キリスト教徒たちには要求されているのである。

パウロは伝道者グループのリーダーであり、伝道者たちは皆彼を、自分たちの霊的な父であり、福音のメッセージについて霊を受けた解釈者であると見做している。またフィリピとコリントスの信者たちとの文通の書簡を通して知られるところでは、このパウロはアカイア、マケドニア、アジア、ガラテヤにある十二ほどの教会によって最高の権威をもつ者として認められている。これらの教会のほとんどすべてが、パウロによって創立されたものであり、またシナゴーグとの繋がりを断ってしまっているという共通点がある。道徳と共同体生活と礼拝とのあり方を新たに作り出さねばならないという必要に迫られているこれらの共同体にとって使徒パウロは、もっとも古くからの伝承の証人であり、霊的な父であり、そして神的な知恵を担っている者であった。細心の注意を絶えず怠らなかったことによってパウロは、彼らの導き手、唯一の代弁人であり続けることができた。したがってパウロが、この強力な手段を用いて、五二年の単独でのエルサレム訪問の時に遭遇した挫折の埋め合わせをしたいと考えたとしても理解できることである。四八―四九年に断たれた繋がりを回復しようとして一人で出かけた時には、パウロは相手にされなかった。何年か経って、自分が創立した諸教会のすべてを代表する大人数からなる派遣団のリーダーとして到着するならば、パウロはエルサレム共同体の指導者たちの関心を惹き付けることができるかもしれない。この派遣団に具体的な任務を与えて、しかもその任務をエルサレム共同体の指導者たちとの会話を円滑にするために役立つようなものとするためにパウロは、自分の勢力範囲の諸教会において、「貧しさの中にあるエルサレムの聖なる人々」（一コリ一六・一―四、二コリ八章および九章、ロマ一五・二五―二八）のための広範な献金運動を始める。何カ月もの間パウロは、自分に属する諸教会に気前よく献金をするようにと勧める。パウロは、信者の各人が一週間に節約できた分を貯めておくというような実際的な方法を示唆したりした。献金の成果があまり上がらない教会を刺激するために、他の教会によって達成された結果に言及したりもしている。そして結局のところ一定の成果を上げることに成功したようである。五七年の春頃、すべての準備が整い派遣団が構成された

(参照、使徒二〇・四―六)。

その同じ頃、エフェソスおよびアジア州全体でパウロの状況が困難なものになってしまう(参照、二コリ一・八)。使徒パウロは、エーゲ海沿岸地域には自分にとっての行動の場はもはやないという結論に達する(参照、ロマ一五・二三)。したがってエルサレム教会と和解した後はオキシデントに向けて出発し、ローマを経由してスペインへ行きたいと考える。つまりパウロは五〇―五一年頃にあきらめねばならなかった計画を再び実行しようとしているのである。彼はマケドニアへ帰って数週間そこに滞在した後、五七―五八年の冬にコリントスへ行く。そしてフィリピで過越を祝うためにコリントスを去り、その後すぐにエルサレムへ向けて旅立つ。この時に経由したのはトロアス、ミレトス、パタラ、ティルス、プトレマイス、カイサリアである(使徒二〇・四から二一・一四)。彼は、自分が創立したすべての教会を代表する少なくとも十二人ほどの派遣団のリーダーであった。この派遣団のメンバーのほとんどは異邦人出身のキリスト教徒であったが、テモテのようなユダヤ人の弟子たちもいた。パウロは、十年前に勝手なことをした孤独な抗議者と同じではなく、シナゴーグとの関係を完全に絶ち、異教世界の中で独立した存在を保っている教会グループの揺るぐことのないリーダーとなっているのである。

これらの教会の組織のあり方については、漠然としたことしか分かっていない。パウロがこれらの教会のリーダーであることは明らかである。彼の協力者たちはあちこちの教会を巡って、パウロの権威を徹底し、教義および規律上の統一を維持することに努めた。フィリピの教会には「監督者」と「奉仕者」（フィリ一・一）が存在しているが、それらの役職の具体的機能は、我々には示されていない。その他の共同体で行われていた職務活動は、我々にはまったく知られていない。第一コリントス書の一二章から一四章までに記されているようなテキストを読むと、少なからぬ信者が聖霊の賜を享受していて、彼らが兄弟たちの間で、はっきりとした機能が定義されないままに礼拝や道徳についての権威をもつようになっていたという印象を受ける。紀元後九五年頃に執筆されたローマのクレメンスの第一の手紙では恒常的な職務がコリントスの教会に備わるようになっている様子が具体的に語られているが、このようになるのは、パウロとその主要な協力者たちが消えてしまった後である。八〇年頃に執筆されたと考えられるテモテおよびテトスへの手紙を見るとそこには、パウロのかつての仲間たちによって行使されている各地での権威が維持され、「監督者」(訳注)（一テモ三・一―七、テト一・七―九）、「奉仕者」（一テモ三・八―一三）、「長老」（テト一・五―六）といった各地の教会の職務が強化されていることが認められる。

　自分が創立したこれらの幾つかの教会に対するパウロの権威とは、イエス・キリストの使徒の権威である（一コリ一・一、二コリ一・一、ガラ一・一など）。パウロはこの称号に非常に執着しているが（一コリ九・一―二、一五・九、二コリ一二・一二、一テサ二・七）、その正確な意味を確定することは難しい。パウロにとって使徒とは何よりもまず、主イエスの代理であり、その主イエスの福音を絶対的権威をもってあらゆる所にもたらす者であった。この職務に就いたのは自分がもっとも遅かったと彼は認めてはいるが（一コリ一五・九）、この称号に結びついているあらゆる権威を自分のものとして要求している（一コリ九・三―一八）。共同体に対する自分の権威を守るために、この点についてパウロは敵対者たちに決して一歩も譲らない。しかし一方で彼は、諸教会に言うことを聞かせるために次のような別の議論も用いている。「主の憐れみ」によってパウロは「信頼に価する者」となっている（一コリ七・二五）。パウロは主の命令を伝えている（一コリ七・一〇―一一、一四・三七）。パウロは神の霊を受けている（一コリ七・四〇、一四・一八、一五・五一、二コリ一二・一―一〇、ガラ一・一一―一二）。パウロは模範的であり、人々は彼に倣うべきである（一コリ四・一六、七・七―八、一一・一、ガラ四・一二、フィリ一・二九―三〇、四・九、一テサ一・六、二テサ三・六―九）。パウロは文通相手にとっての霊的な父であり、彼らに対して最初に福音をもたらしたのはパウロである（一コリ二・一―五、三・六―一〇、四・一四―一五、二コリ三・一―三、六・一三、一〇・一四―一六、一二・一四、ガラ四・一九、一テサ二・七―一一）。

自分が創立した諸教会の信者たちとの関係を叙述する際にパウロが示しているこの上なく愛情に満ちた、感傷的であるとさえ言える調子の根底にあるものは、この最後に挙げた称号が示す立場であろう（一コリ四・一四―二一、二コリ二・三―四、六・一一―一三、七・

二一一五、一一・二一―三、一二、一二・一四―一五、一九―二一、ガラ三・一、四・一二―二〇、フィリ一・七―一二、二・一二―一八、四・一、一〇―一八、一テサ二・五―一二、一七―二〇、三・六―一三、二テサ二・一三―一七)。書簡の中で使徒パウロが絶えず用いている「兄弟たちよ」という呼び掛けは、漠然とした意味の言葉ではなく、たいへん強い意味をもっており、共通の信仰によって作り出される絆による連帯を表現するものである。またパウロは申命記の伝統から採用した「教会」という名前を地方の共同体のそれぞれについて用いており、このことによって、最初はエルサレム教会だけが独占していたこの神によって選ばれた神の集会の栄誉を、それぞれの共同体についても要求している。この民は創造的な解放を享受しており、こうした民に属する者たちの間の絆は、当然のことながらたいへん強力なものである(一コリ一・一〇、三・一六―一七、五・一一―一三、六・七、八・七―一三、一〇・三二、一一・二〇―二二、三三―三四、一二・一二―二七、一三・一―一三、一四・二六―三三、二コリ二・五―九、ガラ三・二六―二八、五・一三―一五、二二―二五、六・一―一〇、フィリ一・二七―三〇、二・一―五、一テサ三・一二、四・九―一二、五・一二―一五、二テサ三・六、一三―一五)。共同体生活が感情の面においてどのようなものであったか、また使徒パウロと地方の教会のそれぞれとの間の関係が感情の面においてどのようなものであったかは、パウロと彼の派遣団のマケドニアからエルサレムへの旅について記す使徒行伝における物語の中にはっきりと示されている(使徒二〇・四から二一・一六)。そこで問題となっているのは確かに一つの文学的テーマであって、つまり自分が回心に導いた者たちに対する「神の人」の別れの言葉であり、殉教への彼の歩みである。しかし言及されている場面の幾つかは、歴史的事実を反映しているようであり、また使徒パウロと彼の教会との間の関係について書簡から知ることのできることともよく対応している。すなわちトロアスにおけるパウロの長い説教は、聖餐の前と後に、「週の初めの日」の夜を通して行われており、聞き手のうちの一人が三階から落下することによって幾らか中断してしまう。またミレトスに行った時に使徒パウロはエフェソスの長老たちに対して別れの演説を行う。このミレトスでの別れの演説においては、あらゆる対立にもかかわらず忍耐をもって遂行されたアジアでのパウロの伝道の業が想い起こされている。具体的には、エルサレムへの旅はうまく行かないおそれがあり、したがって聞き手たちとまた会うことはないだろうとパウロは告げている。またパウロは彼らに対して群れのための職務を継続して、この群れを外からの攻撃や内部での逸脱から守るように勧め、しかしこうした活動からわずかでも個人的な利益を得ようとしないようにと勧めている（使徒二〇・一八—三五）。これらの言葉を語って、そして共に祈るのだが、皆が感に堪えなくなり、多くの涙が流される。この感動的場面にはかなり文学的な面が含まれているが、パウロと彼によって創立された教会との関係がどのような雰囲気のものであったかが示されていると言えるであろう。

大人数の派遣団のリーダーという地位にあって使徒パウロは、ティルス、プトレマイス、カイサリアの諸教会において、ある程度盛大に迎えられる。これらの教会はステファノの集団処刑の結果生じた迫害によってエルサレムから追い出されたヘレニストの伝道者たちが創立したものと思われる。ティルスとカイサリアにおいては預言者たちが、エルサレムに行けばたいへんな困難に遭遇するであろうとパウロに告げるが、使徒パウロは気持ちを変えずに、自分の計画を貫くことにする。エルサレムにおいて、或いはエルサレムへの途上において、エルサレム教会の指導者たちと出会う前に、キプロス出身のムナソンという者がこの派遣団に宿を提供する（使徒二一・一六）。彼もまたヘレニストであると思われる。このことは、エルサレムから追い出されたグループのメンバーたちがこの辺りで二十五年前に作り出した組織網が、首都エルサレムの大教会からは分裂したままであった様子を示している。

パウロによって率いられた派遣団は、到着の翌日に、すべての長老たちに取り囲まれたヤコブによって迎えられる（使徒二一・一八）。パウロは、異邦人たちのところにおいて神によって勝ち取られた偉大な成功について報告し、相手方は神を賛美する。ガラテヤ書二・一―一〇の場合のように、二つのグループの間で交渉を始めることが可能であるかのようであった。しかし使徒行伝二一・二〇―二五によれば、そうではなかったのであり、この使徒行伝の話を疑問視する理由はまったくない。パウロが受け取ったのは、誓願を立てた結果として神殿で清めを行わねばならないことになっている四人の兄弟たちと共に神殿に行くように、そしてパウロは金持ちなのだから彼らの費用をすべて払うようにという断固とした言葉であった。信者となった異邦人たちの扱いについては、交渉の余地はない。なぜなら、エルサレムのキリスト教当局は既に、彼らが異教の肉、犠牲、そして血、絞め殺した動物の肉、みだらな行いを避けるべきことを決定したからであり、この決定の通知は既に行われたからである。つまりこれは、絶対的な非妥協的態度であった。パウロは派遣団から離れ、そして彼に課された責務を執り行うことによって対話を可能にしようと試みる。何の見込みもなくなり、完璧な失敗であった。

8　神学者および殉教者としてのパウロ

アンティオキアのキリスト教指導者たちと関係を断って以来、パウロは急《せ》かされるように日々を過ごしていた。あちこちを走り回り、自分が創立した共同体の回りにできる割れ目をふさぐべく努力をし、シナゴーグ当局や世俗の権力者やキリスト教の敵対者からの攻撃を逃れようとしていた。手紙を口述筆記させる場合があっても、それは受けた質問に答えるためであったり、攻撃に対して弁護するためであったり、これからの行動の準備をするためであって、つまるところ緊急な必要事に対処するためであった。こうした書簡の中で議論が展開されているような箇所には、教義上の議論となっている部分も存在する。ガラテヤ書や二つのテサロニケ書の一部、第一コリントス書一五章、第二コリントス書三章などである。しかしそこに見られる教えは、それぞれの書簡の宛先になっている教会の要求や必要事との関連において選ばれた限定された問題に関するものである。

ところでパウロは、多年にわたる独立した活動の間に、信者の集合体を団結の強力な一つの共同体にするという要求を正当なものとするために、教義上の刷新を余儀なくされるような状況に何度も出会っている。パウロは、訪問した町のシナゴーグにおいて彼に提供される演壇を利用し、そこでユダヤ人たちおよび異邦人出身の共鳴者たちに向かって自分の福音を宣べ伝えるのが普通であったが、頑固な態度と辛辣な言葉遣いのためにシナゴーグの指導者たちの同情を失うことになってしまい、結局のところ彼らはパウロを、彼のメッセージを受け入れた者たちと共に、共同体から追い出してしまう（参照、使徒一七・一―八、一三、一八・四―一七、一九・八―九）。こうして自然に存在していた枠組がなくなってしまってみると、パウロに結び付いたユダヤ人たちと異邦人出身の者たちにとっては、新しい一つの共同体を共に組織しなければならないというはっきりとした理由は何もなかった。ある者たちは自分たちの生活をモーセ律法に従わせる習慣をもっていたし、他の者たちは幾つかの掟だけを受け入れていたし、また別の者たちはまったく別の由来の生活の掟をもっていた。これは分散の危険が存在するということであって、当時ローマ帝国に広範に広まっていたさまざまな神秘宗教に非常によく似た一種のセルフサービスの秘蹟儀式になってしまう道へとキリスト教が押しやられてしまうことになる。このために使徒パウロは、すべての信者が纏まるような一つの共同体を作るという勧めを、教義的に基礎付けることを余儀なくされた。町から町へと巡るうちにこうしたことが必要だと感得されるために、次第に一種の「上級のカテキズム」が生まれることになる。そこでは、信仰の根本的な点には示唆的にしか触れられていないが（神については、唯一神、創造神、立法の神、摂理を司る神、審判者としての神。キリストについては、不信仰な者の罪のために死んで、新しい命を与えるために復活した神の子としてのキリスト。聖霊については、信者のためのあらゆる種類の賜の源泉としての聖霊、等々）、次の二つの主要点に集中している。すなわち、信じる者すべてに、絶対的に無償で、そして既に予め提供されている罪の赦し。そして、集団の中での聖霊の働きのお蔭で各人が神の意志に実際に従っていくことができるようになるためには、共同体生活が必要であること、である。したがって共同体を構成することは、義認を個人的に受け入れることに不可欠に続く仕事として位置付けられている。シナゴーグとの断絶によって途方に暮れ、また互いの相違が大きいことから一つに纏まる気のあまりない回心者たちに対して、こうした考え方を示すことによって、パウロは行く先々で、よく纏まっていて、存続し発展して行くためにシナゴーグの枠組を必要としない教会を作り出すことに成功したのである。

この「上級のカテキズム」は何年もの間、口頭のものにとどまっていたと思われる。それはそれぞれの場所でのパウロの活動が始まって数週間あるいは数カ月経ってから、パウロ自身によって信者たちに示されていたからという単純な理由によるものである。コリントスに三カ月滞在した五七年から五八年にかけての冬（使徒二〇・三）、自分の伝道活動の仕事の未来について考える時間をもつことができるようになって初めて、自分の話を書き記してローマのキリスト教徒たちに送る機会がパウロに訪れた。いくらか展開された図式でしかなかったものから使徒パウロは、一つの書簡を作り出した。それは書簡的な導入部分（ロマ一・一―一五）と、同じく書簡的な結論部分（ロマ一五・一四―三三。一六章は書簡の本体とは関係のない付録部分である）によって挟まれたものとなっている。パウロには面識のないローマの信者たちに対して手紙を送る第一の動機は、地中海地方の東部では活動を続けることができなくなったために、スペインで企てたいと考えている仕事に対して彼らの援助を得たいと願っていたということである（ロマ一五・二三―二四、二八、三二）。しかしおそらく第二の動機が存在した。パウロはこの動機を礼儀上の配慮からあからさまには表明していないが、ローマの信者を説得してよく纏まった一つの共同体を組織させるための「上級のカテキズム」を彼らに送ることを正当化しているのはこの動機である。つまり当時のローマのキリスト教徒たちは一つの教会に纏まっていなかったようで、使徒パウロはこの状況に終止符を打って首都ローマに堅固な基盤をもとうとしたのであった。そして紀元後四九年におけるクラウディウス帝によるローマのユダヤ人追放以来、時が経ち、そしてネロがクラウディウスに交代することになって、首都への数多くのユダヤ人たちの帰還が可能になっていた。彼らの数は数万人にのぼり、全体的な統一はほとんどなかった。というのは彼らはさまざまな地方からやって来ていて、しかも非常に広い領域を占める町全域にわたって分散しており、数十にのぼるシナゴーグで集会をしていたのである。キリスト教の福音は、四九年以前に既にシナゴーグにおいてある程度の緊張の原因となっていたらしく(1)、非常に早い時期にユダヤ人の商人たちによって導入されたのであろう。そして幾つかのシナゴーグに近い関係をもつ人々の間だけにキリスト教がとどまる状態が続いていた。したがってローマには、町のさまざまな地区にあった別々のシナゴーグのそれぞれに密接に結び付いている幾つものキリスト教グループが存在していて、お互いの間にはほとんど関係がなかったのである。実際パウロは、自分のいつもの用法とは違って、自分の手紙を「ローマの教会」にではなく、「ローマにいる、神に愛されているすべての者」（ローマ一・七）に宛てており、また書簡の中で「教会」という語を一切用いていない。ただし一六章はこの限りではないが（参照、一、四、五、一六、二三節）、この一六章は書簡の元々のテキストに属しているのかどうかは、いたって不確実である。更にこの書簡には、ユダヤ人出身のキリスト教徒たち向けの議論が含まれているが、他の議論は異邦人出身のキリスト教徒たちに向けられていることが、しばしば指摘されてきた。二つのグループが一つの共同体の内部において抗争しているという対立の跡は認められないので、ローマのキリスト教徒たちは地区ごとのグループに分散していて、それぞれのグループと最寄りのシナゴーグとの関係は一様ではなく、そしてキリスト教徒のグループ間の関係は散発的なものでしかなかったと考えざるを得ないことになる(2)。

パウロが書簡を書いたのは、こうしたキリスト教徒たちに対してである。彼らは分散しているが比較的人数が多く、パウロにとっての貴重な助け手となるためには十分な程度に影響力がある。書簡においてパウロは、まず立派な前置きの文を書いており、苦心の成果は特に一章八―一五節に顕著である。そして自分の「上級のカテキズム」をきちんとした文章にしたものを記している。既に述べたようにパウロは、活動の当初に行っていたような宣教の内容や、自分のメッセージの基本的な教義上のテーマで、他の使徒たちの立場と共通であるような点については、ここでは扱っていない。彼がここで展開しているのは、彼独自の貢献のある諸問題についてであり、福音の内容についてよりも、むしろその福音をどのように適用するかについてである。そしてパウロが自分自身の考え方を表明しているのは、自立した一つのキリスト教教会の態勢を整えるという目的においてであった。当時は、キリストの弟子たちのほとんどが、まだユダヤ教の枠内にいることをたいへん心地よく感じている時代で、このような目的は彼らにとっては考えも及ばないようなものであった。

一世紀と二世紀のキリスト教徒たちはローマ書にはたいした関心を抱いていなかったとはいえ、ローマ書の中でパウロによって表明されている考え方は、アウグスティヌスからカール・バルトに至る後世のキリスト教思想(3)にたいへん大きな影響を及ぼしているので、ここでその大筋を示しておく価値がある。使徒パウロの考えをよく理解するためには、問題にされているのが人類全体の運命であって、人類を構成している各人の運命ではないということを確認しておく必要がある。パウロは集団としての人間について議論を進めているのであって、神の前での集団としての人間の態度について語っている。ただし七章の七―二五節は別で、そこではたった一人で神に従おうとする信者個人が置かれることになる行詰まりの状況が語られている。一・一八から三・二〇において使徒パウロは、まず異教世界における道徳上の崩壊状況について驚愕させられるような描写を行い、それに続いてイスラエルの背信を容赦なく強調し、その自己満足の状況について本格的な攻撃を行っている。パウロはこうした議論の展開を、ユダヤ人もギリシア人もすべての者が罪の支配の下に置かれていることを示す詩篇と預言者からのテキストの構成によって締めくくっている。徳のある異邦人（二・一四―一五、二六―二七）やユダヤ人（二・二八―二九）が若干存在していても、こうした恐るべき現状認識が変化する訳ではなく、人類は破滅に定められているのである。キリストによって成し遂げられた解放は、信仰をもってこの賜を受け入れるすべての者のためであるという伝統的な教義が確認され（三・二一―二六）、その後でパウロが示していることは、新しい民、すなわち信者たちからなる民が創出されたということであり、その祖先はアブラハムであり、そして未来には救いが備えられているとされている（三・二七から五・一一）。

五・一二から使徒パウロは、時間の流れの中における信者たちの生活の問題を扱い始める。アダムが人類を罪と死に定めたように、イエス・キリストは人類を義と命に定めた(五・一二―二一)。洗礼によってキリストと共に死んだ信者たちは、キリストと共に新しい命を享受し、この新しい命によって彼らには新しい従順が可能となる。この新しい従順だけが、信仰によって受け取られた義と両立するのである(六・一から七・六)。しかしこの従順は、個人的に手に入れようとするならば、達成できないことが判明する(七・七―二五)。共同体が形成され、そこでは礼拝での祈りにおいて聖霊が現れる。そのような共同体形成においてのみ信者たちは、神の意志を成就するために自分たちの人格を神の意に従った状態に置くための超自然的な力を見出し、神は忠実であるという確信に到達するのである(八・一―三九)。したがって各地で教会を設立することが、キリスト教生活にとっての鍵となる。しかしここで、神学上の大問題が生じてくる。イエス・キリストにおいて与えられた恵みを基礎として、聖霊によって動かされる民が成立するということになると、では歴史的なイスラエルはどうなってしまうのだろうか。歴史的なイスラエルの任務は終わったのだろうか。歴史的なイスラエルは神に捨てられてしまっているのだろうか。パウロは、念頭を去らないこの問題について長く議論を展開している(九章から一一章)。彼の議論の紆余曲折を跡付けることはしないが、少なくともここで言えることは、パウロは神によってイスラエルが捨てられているという考えを断固として退けているということである。ユダヤ人の大部分が福音を前にして心を頑なにしたのは、異邦人たちが救いに与ることを可能にするためであり、それは神の憐れみが結局のところイスラエルの不従順に打ち勝つ時までのことであり、イスラエルの選びが取り消されることはあり得ない。こうしてイスラエルに対して神の新しい民を位置付けた後でパウロは、神への真の供物となるべきものである共同体生活についての長い勧めを開始する（一二章から一五・一三）。特に強調されているのは次の二点である。すなわち、兄弟たちの実践のあり方はさまざまであり、こうした兄弟たちの間に寛容の態度が必要であるということである。また自由をある程度断念することを「強い者たち」が受け入れるべきだということで、それは何らかの禁欲や掟遵守が必要だと考えてしまうような「弱い者たち」をいたわるためである。つまり一つの教会の内部に非常に多様な人々が共存するということを可能にするために、各人が努力しなければならず、他者に対して自分の確信や習慣を押し付けるということは決してあってはならない。こうして共同体生活は、いやが上にも豊かで堅固なものになっていくことになる。(4)

ローマのキリスト教徒たちがパウロのこうした忠告を聞いて、メンバーの間で寛容な態度を実践する一つの教会に纏まったのかどうか、残念ながら我々は知らない。ローマでの使徒パウロの活動を描いている使徒行伝二八章を見ても、この問題にはっきりと答えることはできない。ただしこの使徒行伝二八章の描写からは、一部の兄弟たちは使徒とその仲間たちのところに来たとしても、首都ローマには教会としての制度をもつ組織はなかったという印象が得られる（使徒二八・一五）。具体的にも、パウロがローマに到着した時に自分の立場を説明するために声をかけたのは、ユダヤ人の「主だった者たち」だけである（二八・一七―二三）。また何年か後のパウロの殉教の時に、ローマのキリスト教徒たちは依然としてたいへんに分裂した状態であったということを、我々は知っている（参照、ローマのクレメンスの第一書簡、五・四―七）。したがって首都ローマのキリスト教徒たちが統一への道を次第に見出すようになり、よく組織された一つの教会を形成するようになったのは、紀元六四年のネロの迫害の凄まじい試練を被った後のことであり、この教会が一世紀の末には他の共同体に対して実質的な権威をもつようになる。

パウロの書簡がローマでどのような効果をもたらしたにしろ、使徒パウロは「上級のカテキズム」を書き記したことに満足し、そこで自分自身が率先して、まずはローマのさまざまなキリスト教のグループのために、そしてまた他の者たちのためにも、これを幾つも複写させた、と考えられる。それはそう考えてよい幾つかの根拠が存在しているからである。幾つかの写本においては、書簡の中に二回言及されているローマという名が消えてしまっている（一・七、一五）。そうなるとこの文書は、すべてのキリスト教徒に宛てた一種の回状になってしまう。また書簡の末尾にはテキスト批判上奇妙な点が幾つも存在していて、そのために一六章全体は、後世の付加であると考えるべき可能性が生じてくる。この一六章に含まれている非常に多くの挨拶は、書簡のいくつもの写しの末尾に付けられた挨拶の集成であると示唆されることがある。あるいは、これはエフェソスの教会に宛てられた挨拶だという示唆も存在する。パウロは数週間前にこのエフェソスの教会を去ったばかりで、パウロがこの教会に自分の「上級のカテキズム」の写しを一部送りたいと考えた可能性も存在する。いずれにしても、ローマ書一章から一五章に展開されているパウロ自身の思想の感動的な議論が、信仰におけるパウロの子供たちで構成されている小さな集まりの枠を越えて何らかの具体的な影響を及ぼしたと考えてよい根拠は何もない。

ローマのキリスト教徒たちに対してキリスト教生活についての自分自身の考えを示した数カ月後、パウロはエルサレム教会の指導者たちとこのテーマについて話し合うことはできなかった。エルサレム教会の指導者たちは、パウロが到着するとすぐに、ユダヤ教への彼の忠誠の証拠を示すことを要求し、そのためにパウロが創立した諸教会の代表者たちからなる派遣団から彼を引き離してしまう。パウロは相手の要求に屈して、言われた通りに儀式を行うために神殿に赴く。アジアのユダヤ人たちが彼がパウロであるということを見つけて、群衆に対して神殿の聖域を冒瀆する者として告発し、こうして暴動が引き起こされてしまう。人々はパウロを捕え、もしローマの守備隊の隊長が自分の部隊を介入させなければ、彼らはパウロを私刑にしてしまうところであった。送られてきたローマの部隊は、使徒パウロを捕え、どうにかこうにか駐屯地であるアントニアの砦に彼を連れてくる（使徒二一・二六―三六）。使徒行伝の二二章と二三章の話の幾つかの点、特にそこで報告されているパウロの二つの演説には問題があるが、ユダヤ人側から非常に脅かされていた使徒パウロが、カイサリアへの移動の時まで、アントニアの砦に監禁されていたということはほとんど疑いない。何かの罪で起訴されていたというのでは全くないが、こうしてパウロは、エルサレム教会に対する自分の任務を遂行することも、伝道活動を再開するために他の場所へ行くこともできなくなっていた。おそらくパウロは死ぬまで、囚人という身分であったであろう。自分の教会から離れ、仲間や協力者たちの大部分とも離れ、彼の人生は新しい段階に入ったことになる。更にパウロは、カイサリアにいるローマ総督のもとに送られたことによって、エルサレム教会からも遠ざかることになる。またエルサレム教会の方でこの困った人物と接触を保とうとしていた、と見做すことができるような根拠は何もない。おそらくパウロと共に来た派遣団のメンバーのほとんどの者たちは、自分たちのそれぞれの家へ打ちしおれて帰り、使徒パウロの協力者の一部は彼らに同伴したであろう。幾人かの者たちだけが、牢にいるパウロの世話をすることを許可されていたと思われる。エルサレムの「貧しい者たち」のために集められた金はおそらく、これ以降の数年の間、パウロおよびその仲間たちの費用を賄うために使われたのであろう。

フェリックス総督は、パウロの事件を裁かないことにして、パレスチナにおける自分の任期の終わり（紀元後六〇年）まで、パウロを牢にとどめておく。後任者のポルキウス・フェストゥスは、ユダヤ当局の圧力に応じるつもりが幾らかあったようだが、使徒パウロはローマにおいて皇帝によって裁かれることを求めた。総督はこの難しい事件をやっかい払いできることで満足この上なく、この願いをただちに受け入れる。使徒行伝の著者はこの時にパウロに自分の信仰を長々と証言する最後の機会を与えており、それは王アグリッパ二世とその妹ベルニケ——彼女は、ティトゥスの未来の恋人——の前でのこととされている（使徒二五・一三から二六・三二）。その後でカイサリアからローマまでのパウロの旅について詳細にわたって語られている（使徒二七・一から二八・一五）。この物語は使徒行伝の中でもっとも文学的に完成された部分で、まったくの使徒パウロの賛美になっている。マルタ島の近くでの船の遭難の話をはじめとするこの上なく劇的な条件の中で、冷静さと威厳に満ちた態度をとる者としてパウロは登場している。こうしたバイアスが存在し、またこの物語には文学的な手本があってそれを模倣しているかもしれないということがあるにしても、この部分は当時の初冬の航海の技術や危険についてのたいへん貴重な資料となっており、また既に三回遭難し（二コリ一一・二五）、遥か以前からあらゆる種類の危険によって鍛えられてきたパウロの生涯を知る上でも貴重な資料となっている。困難な状況に置かれてもパウロは、あらゆる機会をとらえて自分の信仰を表明し擁護する人物として示されている。そして最後にパウロがローマに到着して落ち着く様子が報告されている（使徒二八・一六—三二）。一部のキリスト教徒の兄弟たちは彼を歓迎するが（使徒二八・一五）、住居が定められていて、常に一人の番兵によって監視されているために、パウロはどの共同体の仲間にもなることができない。ユダヤ人たちに対する証しを一度試みるが、彼ら全体がキリスト教徒になるのではない。そこでパウロは訪問者を迎えて彼らに対して証しを行うことに活動を限定する。しかし使徒行伝の著者は、こうした訪問者の中から多くの者が信仰に獲得されたかどうかについては具体的に記していない（使徒二八・三〇―三一）。

こうした状況が二年間、つまり紀元後六三年まで続く。使徒行伝の物語はここで終わってしまっていて、皇帝の法廷の前でのパウロの裁判がこの後に行われたのかどうか、敵対者であるエルサレムのユダヤ人たちが出頭しないので使徒パウロが解放されたのかどうか、といったことについては何も記されていない。ローマのキリスト教徒たちはいまだに幾つもの小グループに分散していて、パウロを十分に有効に支援することができなかったと思われるので、スペインで伝道するという計画を使徒パウロが実行に移すことができた可能性はほとんどない。紀元後九五年頃に執筆されたローマのクレメンスの第一の手紙では（五章）、パウロは「オキシデントの境界まで行った」と述べられているが、この修辞的な表現の内容を具体的に確認できる根拠となるようなものは何もない。一八〇年頃に執筆されたたいへん伝説的な色彩の強いテキストであるペトロ行伝では、スペインにおけるパウロの伝道のことが語られているが、この物語には歴史的な価値は全くない（ペトロ行伝一・二三）。テモテおよびテトスへの手紙に見られる情報の幾つかを用いることによって、パウロは逆に、自分が創立した諸教会を訪問するためにローマからオリエントの方に出立したのであり、そして彼はエフェソスで捕まり、十分な監視の下にローマに再び護送されて、もう一度法廷の前に呼び出され、結局六七年に処刑された、といったことを証明しようとする試みも存在した。パウロの晩年の数年間についてのこうした再構成はたいへん脆《もろ》いものであるように思われる[5]。可能性の高いものとして考えられるのは、パウロの裁判は六三年に始まり、それはおそらく国家転覆を試みた廉《かど》での死刑の判決をもって終了し、そして使徒パウロはほどなく処刑されたという展開である。ただしパウロが亡くなったのは六四年であり、それはローマでの火災の後にローマのキリスト教徒たちに対して生じた大迫害の時であるという可能性も存在する。いずれにしてもパウロが亡くなったのは六三年か六四年であり、首都から再び別の場所へ行くことはなく、望んでいたようにローマのキリスト教徒たちを纏めることはできなかった。

つまりパウロの人生の最後の五、六年は試練の時期であった。そしてこの試練の時期は、活動的な伝道者であり、そして教会のリーダーとして自分の群れへの愛着がたいへん強い人物であったパウロが、エルサレムでも、カイサリアでも、ローマでも、ほとんど完璧に何もできない状態に追い込まれてしまっていただけに、彼にとってたいへん厳しいものであった。その上にパウロは、エルサレム教会からは見放され、自分が創立した諸教会との関係は断たれ、分散状態にあったローマのキリスト教徒たちからの支援もあまり受けることができず、自分の周りには忠実な協力者が幾人かいるだけであった。パウロの死の具体的な経緯が如何なるものであったにしても彼は、ローマやそれを代表する者たちが福音の普及を容易にしてくれるという信頼を常にもっていながら、結局はローマ権力の手によって亡くなったのである。オスティア街道にパウロの墓があることに言及しながらローマのクレメンスが一世紀の末にパウロの死をペトロの死と並行関係に置いている（一クレモン五）。また、二世紀末のさまざまなアポクリファ（外典）においてパウロの死が語られている。こうしたことがあったにしても、アウトサイダーとなってしまったこの人物の殉教は、ローマのキリスト教徒たちにはほとんど反響を生じさせなかった。文学においても、またキリスト教芸術においても、ローマ人たちにとってパウロがペトロの対となる存在であるとされるようになるのは、四世紀になってからのことである。

したがって異邦人の使徒パウロは、かなり惨めな状況の中で自分の生涯と任務活動を終えたということができる。彼が創立した幾つかの教会も、キリスト教の他の流れを代表する者たちによって掌握されてしまった可能性が大きい。彼の書簡は、書簡を受け取った共同体の古文書の中に紛れ込んでしまい、キリスト教徒のほとんどすべての者はそうした書簡の存在さえ知らないという状態であった。パウロは熱のこもった生涯を送り、力強い思想を展開したが、それらは一見したところ取り返しようのない挫折に到ってしまったのである。同じ頃、キリスト教運動の他の流れもこの上なく深刻な危機に直面したので、キリスト教の未来は、当時はたいへん暗いものであったと思われる。

9　六〇年代の重大危機

紀元六〇年代の初め、キリスト教教会は小規模なグループであったが、実質的な活動力に満ちていて、エルサレムの町を中心として、かなり堅固に組織化されていた。このキリスト教教会は、当時はユダヤ教の内部の流れであり、熱心な者たちが集まっている少数派集団で、主の兄弟ヤコブという威信のあるリーダーの指導の下に、自分たちは選ばれた民の終末的な集団の予表であると考えていた。ユダヤ歴の祭の時に行われる巡礼の際に、この教会はイエス・キリストにおける信仰に獲得された数多くの巡礼者たちを集めて彼らと共に主の受難を記念する行事を行っていた。教会はユダヤ人たちに対して実質的な影響を及ぼし、教会のリーダーであるヤコブは、その敬虔な模範的態度によってユダヤの民に対してかなりの威信を保っていた。ディアスポラのキリスト教諸教会は、このエルサレムの教会が教義上および規律上における完全な優越性をもつことを認めていた。世界中に散らばっていたシナゴーグに対するキリスト教の伝道活動は、イエスの最初の弟子たちの一人であるペトロの指導の下に行われていたが、この伝道活動においてもエルサレムの権威が認められており、この中心組織の指導者たちが定める規則や、彼らからの圧力には服従すべきであった。

確かに分派が幾らか生じて、この整然と組織された状況を乱すこともあったが、しかしそうした分派は少数派でしかなかったので、彼らの存在は重大な問題とはならなかった。四半世紀前にエルサレムとの関係を断ったヘレニストたちは、シリア・フェニキアの沿岸地方のあちこちにまだ存在していたが、当初の勢いをかなり失っていたように思われる。彼らは神殿に反対する立場をとっていて、そのために彼らはユダヤ人の中では孤立してしまっており、一方では異邦人伝道を推進して行くことをはっきりと選択していなかったためである。パウロが創立した幾つかの教会は、自分たちの使徒であるパウロが投獄されそして死刑に処されてしまったことで、途方に暮れていた。これらの教会はエーゲ海周辺地域に集まっており、それぞれの町のシナゴーグとの関係は断たれていて、エルサレムの母教会からは見捨てられていた。このために創立者であるパウロに対する忠誠という枠組の中だけにとどまることは非常に難しかった。これらの教会もキリスト教運動全体の中では、たいした重要性をもっていなかった。結局のところキリスト教の多数派の圧力に屈して、これらの教会も、パウロの立場よりは穏やかな考え方に与することになったと考えることさえ可能である。

この時期、反体制派の大物であるパウロの活動が不可能になり、そして彼が死刑に処されてしまったことによって、この立派に仕上がった組織が更に堅固なものになるかのように思われたが、一連の劇的な出来事が生じてこの組織が揺らぐことになる。この一連のエピソードの最初のものは、組織全体の要にあったヤコブの殺害であり、それは紀元六二年のことであった（参照、七八―七九頁）。既に指摘したように、この出来事については二つの話が我々に伝わっており、この二つの話は互いにかなり異なっている。そのうちの遅い時期に成立したものは伝説的色彩の濃いものであって、一七五年頃に執筆活動していたパレスチナのキリスト教徒ヘゲシッポスにまで遡るものであり、その話が四世紀の最初に執筆されたエウセビオスの『教会史』の中で引用されている（エウセビオス『教会史』IIの二三・四―一八）。それによるとヤコブの殉教は六九年におけるローマ軍によるエルサレム包囲の開始の直前に生じたとされており、ユダヤ人に対するヤコブの宣教が成功していることに嫉妬した「書記たちとファリサイ派の者たち」によって行われた私刑によるものとされている。この話の内容は雑然としており、歴史的事実とは到底思えないが、しかし細かい点の幾つかはある程度の歴史的価値をもっているかもしれない。もう一つの話はフラウィウス・ヨセフスのもので（『ユダヤ古代誌』XXの九・一）、一世紀の終りに遡り、歴史的現実により近いと思われる。ヨセフスによれば、総督フェストゥスが死んで（六二年）、後任のアルビニウスはその数カ月後にやっとパレスチナに到着する。この間を利用して、大祭司アンナスがユダヤ人議会サンヘドリンを召集し、律法を破ったと告発されているところのヤコブを含む幾人かの者を出頭させて、有罪となった者たちを石打ちの刑に処してしまった。この事件によって生じたスキャンダルのために、アンナスは、その後暫くして大祭司の地位を罷免されることになる。ヤコブはここでは事件の中心人物ではなく、有罪となった他の者たちがキリスト教徒であったことさえ確かではない。どちらかと言えば、こちらの話の方を選び取るべきである。

ヤコブの殉教の具体的状況が正確にはどのようなものであったにしろ、イエスにたいへん近しく、またその偉大な敬虔さによって高名となっていた人物をリーダーとして頂くことによって威信の大部分を保っていた教会にとっては、この事件はたいへんに厳しいものであった。教会は、ヤコブの代わりに、イエスの叔父クレオパの子であるシメオンという者を選ぶことで組織を維持しようと試みた（エウセビオス『教会史』Ⅳの二二・四。この箇所でヘゲシッポスが再び引用されている。参照、エウセビオス『教会史』Ⅲの一一・一）。しかし彼は、前任者ほどの権威をもつことは決してなかった。彼がこの地位にあったのはトラヤヌス帝の時代まで、つまり二世紀の初めまでであったであろう。彼の殉教についてはヘゲシッポスに従ってエウセビオスが伝説的な話を記しているが（エウセビオス『教会史』Ⅲの三二・一―六）、彼が自分の任務をどのように果たしていたのかについて我々はまったく知らない。これには並行関係にある伝承が存在していて、これもエウセビオスがヘゲシッポスに従って報告しているものだが（エウセビオス『教会史』Ⅲの二〇・六およびⅢの三二・六）、それによるとイエスの弟のユダの二人の孫がドミティアヌス帝（在位八一―九六年）の前に出頭して、あぶないところで死を逃れ、そしてトラヤヌス帝の時代まで、諸教会を――表現通りならば「全教会」を――指導したと語られている。したがって、一世紀の末頃にはイエスの血を引く者たちによる一種の集団的な監督制が存在していたと想像しなければならないのかもしれない。そしてイエスの家族がこうして教会権力を独占している状況は、教会内部にいくらかの対立を引き起こしていたと思われる（エウセビオス『教会史』Ⅳの二二・四―六）。これは権力に反対する者がいる兆候であり、この権力はヤコブが有していたような独占的なものではもはやなかった。おそらくエルサレムの教会は、六二年以前のような全ての共同体を照らし出す灯台のようなものでは、もはやなかったのである。

エルサレムのこうした中央集権的な影響が減少してしまったことは、ヤコブを引き継いだ人物に輝きが欠如していたことや、ヤコブが消えてしまった後になって教会を分裂させてしまったと思われる教義上の対立といった事情（参照、エウセビオス『教会史』Ⅳの二二・四―六）からではなく、別の要素からでも容易に説明をつけることができる。六六年からパレスチナのユダヤ人たちは、ローマに対する反乱と、それによって生じた容赦のない弾圧の渦巻きの中に陥って、結局のところ七〇年におけるエルサレムの陥落と神殿の破壊に到ってしまうのである。この悲劇的な一連の事件と並行して、パレスチナのユダヤ教の内部では非常に激しい混乱と対立とが生じて、パレスチナのユダヤ教は、特にエルサレムにおいては、ゼロテ党によって次第に掌握されることとなった。ユダヤ人たちの反抗と首都エルサレムにおけるゼロテたちによる権力掌握について、キリスト教徒たちがどのような立場をとったのか我々はほとんど何も知らない。もしマタイ（二三・三五）で言及されているバラキヤの子ゼカルヤの殺害が、学者の一部が考えるように七〇年におけるエルサレムの平和を支持するグループのリーダーの一人であったバラキヤの子ゼカルヤの殺害のことならば、首都エルサレムのキリスト教徒たちはゼロテたちのこの行為を是認しておらず、したがって彼らに与してはいなかったということになる（参照、ヨセフス『ユダヤ戦記』Ⅳの五・四）。またエウセビオスの報告によれば（エウセビオス『教会史』Ⅲの五・三）、エルサレムの教会は包囲戦の前にエルサレムを去ったとされているが、この出来事がいつ生じたかが具体的に書かれている訳ではない。エウセビオスは更に、エルサレムのキリスト教徒たちはトランスヨルダンにある、異邦人が住んでいるペラという町に避難したとつけ加えている。この脱出は多くの学者によって疑問視されており、エウセビオスのこの話はあまりにも非現実的なので、少なくともエウセビオスが複雑な現実を単純化していると認める必要があると考えられている。しかしながらここでは、あまりに批判的になり過ぎることも避けなくてはならない。エルサレムの教会の指導者たちがペラに逃げたということが現実的ではないということはない。なぜならばこの町は、ユダヤ戦争の圏外にあったからである。教会の他のメンバーたちはおそらく他の場所に避難したであろうが、ペラに落ち着いた霊的なリーダーたちと関係を保っていた。更に他の者たちは、エルサレムに留まって、ローマ人に対する戦いに参加したのであって、こうした者たちの人数の方が多かったかもしれない。しかし我々はこうした分裂が、既に存在していた教義上の分裂に応じて生じたのかどうかということについては何も述べることができない。いずれにしても、これほど互いに異なった選択がなされることによって生じた対立が激しいものであったということは、容易に想像することができる。

戦争が終った後、生き残った者たちは互いに和解するのに何らかの困難を覚えたであろうことは間違いない。エルサレムは完全には破壊されなかったので、避難した者たちが、キリスト教徒たちも他の者たちも少しずつ帰還してくる。エウセビオスによれば(『福音の証明』(Demonstratio Evangelica) Ⅲの五・一〇)、一三五年のハドリアヌス帝による攻撃までエルサレムには大きな教会が存在していたとされており、かなり大人数の共同体があったということになる。このグループがどのような活動を行っていたのか我々は何も知らないが、この教会がディアスポラの諸教会に対してもはや権威をもっていなかったことは確かである。ヤコブの死、彼の後継問題に関する軋轢《あつれき》、ユダヤ戦争が生じさせた凄まじい動揺と、その結果として生じた状況、たとえば巡礼が消滅してしまうといった事態によって、エルサレム教会の支配的地位が打ち砕かれてしまったのである。キリスト教の教会は、ほとんど教皇制といってよいシステムであったのが、諸教会連合体制にいきなり移行したのであり、それは各地の教会を基盤とし、それらの教会がそれぞれお互いに成立させたいと願うような関係に基づいた体制であった。

五〇年代と六〇年代に、エルサレムとの関係を保った上で伝道活動の指導を行っていた使徒ペトロが、この時に何らかの権力を掌握するということが可能だったかもしれない。しかし彼も六〇年代が終る前には殉教してしまっており、彼に匹敵するような大きな器をもった後継者は存在しなかった。ペトロの伝道の領域が非常に広いものであったであろうということは、既に述べた通りである（参照、八九—九〇頁）。ペトロは、アナトリアの四分の三以上を占めるローマの五つの州のキリスト教徒に対して書簡を書いた、あるいは書かせたことができたのだが（一ペト一・一）、彼のような使徒ならば、エルサレムという中心が消えてしまった後であったにしても、諸教会を連合させる活動を進めていくことができたかもしれない。それに彼のメッセージが、第一ペトロ書に示されているように、起伏と独創性に欠けていて、周囲の社会の状況にキリスト教徒が適応して行くことを強調するようなものであったのならば、彼の成功の可能性はさらに大きいものであったと考えられる。しかし間が悪いことに使徒ペトロもまた、紀元六〇年代を越えて長生きしなかったのである。我々は彼が具体的にどのような状況においてローマに赴いたのかは知らないし、また彼の殉教が彼のローマ到着の後ただちに生じたのかどうかも知らないが、さまざまな兆候を総合するならば使徒ペトロが帝国の首都ローマへ行って処刑されたと考えるべきだということになる。(1) この処刑は、伝説的な話において感動的な言葉遣いによって描かれており、このことについては、解釈の難しいテキストおよび非常に曖昧な考古学的痕跡を通して以外には、我々には何も分かっていない。六四年のローマの火災の際にネロが命令したキリスト教徒の大虐殺の時に、ペトロが処刑された可能性も存在する（タキトゥス『年代記』XV、四四）。しかしそうであったかどうかは確実ではない。紀元後六四年という年代がペトロの殉教の年代としてもっとも可能性が高いものであると認めた上で、それはもう少し後のことであったかもしれないという可能性も残しておくことにする。既に検討したように、ローマのキリスト教徒たちは数年前には数多くのグループに分散していたが、彼らならば、パウロとかペトロといった威信のあるリーダーの下に集合して、エルサレムが崩壊した後のローマ帝国の諸教会全体に対する権威を獲得するということができたかもしれない。こうしたプロセスは、結局は後になると生じてくるのだが、紀元後七〇年頃には障害にぶつかってしまう。つまり、パウロとペトロという二人の使徒が死んでしまったし、そしてネロの迫害による恐るべき試練があったのである。六四年七月にローマを襲った火事はたいへん大きな被害をもたらし、さまざまな噂が流れたためにネロは、この火災の罪を負う者を見出す必要に迫られた。そしてそれはキリスト教徒であるということになったのだが、どのような理由によってそのような選択がなされたのかについてはあまりよく分かっていない。訴訟手続きが手早く進められ、そしてキリスト教徒たちの多くに対して死刑が宣告され、彼らは身の毛がよだつような残酷な演出がなされた中で集団的に処刑された。この出来事を我々に報告しているのはタキトゥスである（『年代記』XV、四四）。タキトゥスは、この奇妙なセクトに対して特別な好感は抱いていないが、はばかるところのない独裁者の犠牲となったこの可哀そうな人々について同情を寄せざるを得なくなっている。キリスト教徒たちがこのことによって凄まじい衝撃を受けたことは想像に難くない。こうした破綻について備えをするための経験は彼らには何もなかったのであり、このことを乗り越えるためには長い年月が必要であったのは確かである。したがってエルサレムの崩壊の後に、諸教会の統合者としての役割を演じるだけの能力が彼らにはまだなかったとしても、それは驚くべきことではない。

伝統的な歴史叙述においては、二世紀の末から三世紀初めにかけてのキリスト教の著作家であるテルトゥリアヌスに従った説明が、歴史事実として長い間認められてきた。すなわちローマのキリスト教徒たちに対して行われた大量処刑の後、帝国当局は「インスティトゥトゥム・ネロニアヌム institutum neronianum」によってローマ帝国全体においてキリスト教を法の保護の外に置き、教会に所属しているというだけでその者は死刑にあたるとしたという説明である。テルトゥリアヌスが自分の著作である『護教論』の中でどのように述べているにしても、こうした勅令が存在したとはほとんど考えられない。ネロによるローマのキリスト教徒迫害によってキリスト教とローマ帝国の関係に生じた変化として重要なのは、帝国当局がユダヤ人とキリスト教徒との間を区別するようになったという点である。したがって「レリギオ・リキタ religio licita」として認められているユダヤ教の地位によってキリスト教徒たちが保護されるということは次第になくなっていき、こうしてキリスト教徒たちは、強制権の名における行政当局や警察の専断的な手に委ねられることになる。この強制権によってこれらの当局者たちは、公共の秩序の維持のために動くことができるのである。しかし六四年の迫害が他の地方州にも広がったとか、三世紀初めよりも前の時期にキリスト教徒たちが徹底的に組織的な弾圧の対象となったと考えてよい根拠は何もない。これ以降まだ長い間、迫害が起こってもそれは一定の地方に限定されたものであり、多少とも偶然に生じたものである。

したがって七〇年頃にキリスト教の諸教会は、第一世代の主役であったヤコブ、ペトロ、パウロの三人を次々と失い、しかし彼らの後継者を確保するのは困難であった。ローマのキリスト教徒たちはまだ十分に組織化されておらず、またネロの迫害によって大量に虐殺され、この試練を乗り越えることはたいへん困難であった。このことは帝国の諸教会すべてにとって困った結果をもたらすことになる。つまり諸教会はこれ以降、それぞれの地方の状況や行政官の不機嫌などによって生じる権威主義的な処置に曝《さら》されるようになったのである。パレスチナの諸教会はユダヤ戦争によって荒廃し、エルサレム教会はキリスト教共同体全体に対する影響力を失って、こうしてキリスト教共同体には全体的秩序がなくなってしまった。

しかし小規模なキリスト教の集団が被った動揺は、ユダヤ教が受けた動揺に比べるならば、無に等しいと言ってよいほどである。神殿の破壊は、犠牲祭および巡礼の終焉をもたらし、これはイスラエルの歴史の中の最悪の惨事であると言ってよいほどの破綻であった。ユダヤの宗教の平衡状態が全体的に揺らぎ、シナゴーグを基本とする分散が決定的なことになる危機が現実となったのである。キリスト教の諸教会のほとんど全てはまだ、シナゴーグに依存していたのであり、キリスト教側にとってはこれもまた一つの危機となったのだが、しかしこのことは、後に検討するように、もしかするとイエスのメシア性についてユダヤ人たちを更に納得させるための好機であったのかもしれない。

ユダヤ教は神殿を失って分解の危機に立たされていたが、この危機はエルサレムのファリサイ派の老いたラビであるヨハナン・ベン・ザッカイの指導の下に速やかに乗り越えられる。この人物の生涯は、ユダヤ教の歴史における彼の役割が重要であったことから生じたさまざまな伝説に取り囲まれている。エルサレムで長く活動した後、彼はローマ軍によって包囲されているエルサレムの町に閉じ込められていた。ただし彼個人としてはローマに対する武装蜂起にはまったく反対であった。彼は死んだ振りをして、棺の中に入って町から逃げ出す。ローマ側の陣地にたどり着いて彼は、世俗当局への服従をかなり重要視している自分の教義を教えるために、占領地にラビの学校を作る特別の許可を願う。彼はヤムニアというエルサレムの西四十キロメートルほどのところにある沿岸平野の町に落ち着くことを許される。彼の学校は大成功を収め、暫く後に新しいユダヤ人議会サンヘドリンを創立し、そして嘗てエルサレムの大祭司によって握られていた権限の幾つか――特に暦の決定権――を要求し、こうしてユダヤ教に宗教的中心地を提供しようと努力した。(2) ヨハナン・ベン・ザッカイはファリサイ派であったので、こうした経路を通じてシナゴーグに提案されたのはファリサイ派的な考え方であり、この考え方は四半世紀の間、次第に肯定的に迎えられるようになる。パレスチナのユダヤ教のその他の流れ（サドカイ派、ゼロテ党、エッセネ派）はユダヤ戦争によって滅ぼされてしまったので、ユダヤ教のファリサイ派的形態がいたる所で支配的となった。こうした事態を証するものとしてもっとも適切なのは、一世紀の末のヤムニアのユダヤ人議会サンヘドリンを指導していたガマリエル二世の活動のあり方で、彼はユダヤ教全体を代表する会議を召集し、聖書正典に属すべき文書のリストを決定し、更にシナゴーグで唱えられていた十八の祝福の十二番目に「ミニム」（＝異端者たち）を呪う文句、そしてそれに加えておそらくナザレ派を呪う文句を付け加えさせることができたのである。このために、シナゴーグのメンバーとして残っていたキリスト教徒たちは、シナゴーグを去ることを余儀なくされ、また第四福音書に信を置くならば、シナゴーグの方でもイエス・キリストの信奉者たちを締め出し始めていたのである（ヨハ九・二二、一二・四二）。

ユダヤ教とキリスト教の断絶はこうした決定によって避け得ないものとなったが、(3) この点については後に再び取り上げることにする。しかしここで言えることは、このようにユダヤ教に提供されたファリサイ派的改革が、周辺世界に分解してしまう危機からユダヤ教を救ったことは疑いない、ということである。ただしこのことによって一定の貧困化が生じたことも確かである。七〇年代のパレスチナおよびディアスポラにおいて見られたユダヤ教の豊かな多様性は、一つの「オーソドクシー」（正統）と呼ぶべきもののために、かなり素早く退けられてしまったのである。ただしこの「オーソドクシー」という言い方には、ユダヤ教においては、キリスト教におけるような知的な意味はないということに注意しなければならない。神殿の破壊によって生じた危機はたいへん深刻だったので、ユダヤの宗教を救うためには、こうした手段を取らねばならなかったのである。このことはその後の歴史の展開においても確認されていることである。なぜなら、ミシュナからタルムードまでになされている選択は、一世紀の最後の三十年間にわたってヤムニアの勢力においてなされた選択であり、これがラビ的なユダヤ教の組織の基礎となっているのであり、それが現在においても存在し続けているのである。

10　キリスト教の反撃

ファリサイ派的な考え方や実践のあり方を中心としてまとめられたユダヤ教が次第に作り上げられるために一世代以上の期間が必要であったのだから、七〇年から一〇〇年にかけてのキリスト教共同体が、まったく分散状態にありながら、それぞれの土地のシナゴーグとどこでも同じような関係にあって、同じような問題をもっていたと考えるとするならば、これはどこかナイーヴなところがあるということになるであろう。

パウロ起源の共同体は、ユダヤ教の組織からは既に完全に独立していたので、考慮に入れる必要はないであろう。各地の他の教会は多少ともシナゴーグの内部にとどまっていて、「ミニム」と呼ばれていた他のグループと同様の位置付けがなされていた。最寄りのシナゴーグで支配的だった傾向や、そのシナゴーグがヤムニアの指導者たちによって推し進められていた改革にどのように従っていくのかによって、それらの諸教会が置かれていた状況はかなり多様なものとなっていた。しかも各教会の神学的な色合いによっても、更に多様性が増していた。したがってこうした多様な現実について、しかも資料が少ないためにあまり多くのことは知られていないという状況にあって、全体をまとめるような叙述を行うことはたいへん困難である。

しかしこうした現実のあり様を伝えている数少ないテキストを用いて、幾つかの具体的な場合について分析し、ローマからユーフラテス、そしてポントスからエジプトにわたる地域の、七〇年から一〇〇年にかけての世代のキリスト教徒たちがユダヤ人とどのような関係をもっていたのかについて、全体的なイメージを作り出すことは不可能ではない。自分たちを襲った惨事を前にしてユダヤ人たちは深い狼狽《ろうばい》の状態に陥っており、そのために多くのユダヤ人たちにとって、自分たちの伝統的な信仰を守ろうとする力がたいへん弱いものとなってしまっていた。キリスト教の主張に対する抵抗力が、ユダヤ人たちの大多数において弱まっていたのである。当然ながら一部のキリスト教徒たちがこうした状況に気がついて、それまで拒否していた者たちが福音を認めるようになるだろうと期待することができた。ユダヤ人たちが確信していた多くの点が動揺していることを利用して、それまでは乗り越え難かった障害を回避しながら、キリスト教の主張をいくらか新しい言い方で弁護しさえすればよかったのである。

ヤコブ書は、こうした問題についての対処のあり方にどのようなものがあるのかの一例となっている。[1] この短い文書は良質なギリシア語で執筆されており、主の兄弟ヤコブがギリシア語をこれほどまでによく理解していたと考えられる根拠は何もないので、彼がこの文書を著わしたのでないことは確かである。この文書の成立年代は紀元八〇年頃とするのが、もっとも現実的な仮説であろう。執筆場所については何も知られていないが、カイサリアとかティベリアスといったパレスチナのヘレニズム的な町が執筆場所として具体的に考えられたりしている。著者は「神と主イエス・キリストの僕であるヤコブ」と名乗っており、これは当り障りのない表現のようだが、六二年までエルサレム教会のリーダーであった「主の兄弟」のことを考えざるを得ないような権威をもって、彼は自分の意見を述べている。したがってこの著作は、ヤコブという偉大な人物の名によって書かれた偽名の文書であって、ヤコブは死の後もすべてのユダヤ人キリスト教徒たちにとっての最高権威であり続けていたのである。書簡の名宛人は「ディアスポラにおいて生活している十二部族」という表現によって指定されており、ユダヤ人、あるいは少なくともユダヤ人キリスト教徒が名宛人であるということが直ちに脳裡に浮かぶ。ただしこの「名宛人」という言い方は、この文書が対象としている読者を示すためには適切ではない。この文書はどちらかというと、ユダヤ人キリスト教徒たちを含んだところのディアスポラのユダヤ人全体に対する回状であって、モーセ律法に対する敬虔と忠実さの故に高名な人物であるヤコブの権威を借りたキリスト教の著作家によって書かれたものである。著者は自分の読者を「兄弟たち」と呼んでいるが、これは自分自身がまず良きユダヤ人であって、そして自分は彼らに近しい関係にあると考えている、という印象を与える。したがってこの書簡はユダヤ教の文書であって、「主イエス・キリスト」という表現が二度使われている（一・一および二・一）という点でしかキリスト教的でない、と言われることさえある。こうした立場は行き過ぎである。なぜならばこの文書がキリスト教的なものであるということを示す兆候が幾つも存在するからである。たとえば、信仰による救いなのか業による救いなのかについての論議が存在していて（二・一四―二六）、この論議では使徒パウロの考え方についてのある程度の知識が前提となっている。しかしキリスト教的な立場を表明していると言っても、それはたいへん控え目であって、あたかもスキャンダルを引き起こすことを避けているかのようである。

このヤコブの書簡には全体的にしっかりとした構成が欠けているということが、しばしば指摘されている。これはヘレニズムの勧告文のモデルに従ったもので、わざと無秩序に書かれているのであって、それぞれの忠告や注意がそれ自体として受け取られるためであって、もっと広い議論や全体の中の一つの要素として受け取らないようにするためである。確かにこの文書のスタイルは、ヘレニズム的な勧告文の魅力豊かな無秩序の状態に近いものである。しかしこの書簡の中央部分、すなわち二・一から三・一八には幾つもの忠告が集められていて、一つの纏まりを構成している。二・一四―二六の部分においては信仰による救いというパウロ的な教義が攻撃されている、と指摘されることが多い。しかしより正確に言うならば、著者が非難しているのは、パウロの考え方を骨抜きにした形態、すなわち霊のもたらす実への要請が信仰による救いの主張の次に存在しているということを無視するあり方である。ヤコブ書の著者はパウロの書簡を直接扱っておらず、そもそも彼はパウロの書簡を読んでいない。彼が問題にしているのは、パウロのメッセージを継承している諸教会における実践のあり方であって、彼自身が外部から観察できたと思われたところのイメージである。これらの教会はシナゴーグから断絶しており、モーセ律法からは完全に切り離されている。そしてこれらの教会は、ヤコブ書の著者が見るところでは、宗教的信仰と道徳的生活との関係がきちんと設定されていないさまざまな神秘宗教が存在するヘレニズム世界の環境の中で途方に暮れているのである。こうした非難は、少なくとも幾つかの箇所においては不当なものではないかもしれない。パウロの活動によって生まれ、シナゴーグから独立した共同体として組織されているキリスト教少数集団に対するこうした攻撃はなぜなされているのだろうか。おそらくユダヤ人たちを福音の側に引き入れようとする際に、その邪魔になるある種の兄弟たちを切り離すためであろう。

今検討した部分（二・一―一三および三・一―一八）を挟んでいる文章を見るならば、こうした分析の正しいことが確認される。ここで著者は、シナゴーグの集会から切り離された礼拝に結び付いた教会的実践を、激しく非難している。幾つかの共同体において金持ちたちが尊ばれていることについての激しい非難が、そこに展開されている非難の最初のものである。著者が富と富をもつ者たちに対して深い警戒の念を抱いていることは明らかである。金持ちに特権的な地位を与えている共同体を厳しく弾劾し、モーセ律法に依拠することによって倫理的に一層誠実になるようにと呼びかけている。こうした攻撃もまた、パウロの伝道活動によって生じた異端の諸教会に向けられているのではないかと考えてみることができる。確かにパウロは、シナゴーグに対する独立を獲得しようとして、社会的に上層にあり、大規模な活動を行える能力をもつ者に好んで依りすがっていった。なぜならばこうした者たちは、キリスト教徒の集会を迎え入れるために広大な邸宅を提供できるし、生まれたばかりの共同体を財政的に支えることができるからである。金持ちの機嫌をとり、教会の経営を容易にするために彼らの資力を利用するという傾向は、使徒パウロがいなくなった後もおそらく維持されていたであろう。この傾向は、パウロ的共同体を見分けるための特徴の一つになっていたに違いない。著者は、富を警戒しなければならないということを示そうとして（参照、ヤコ四・一三―一七、五・一―六）、金持ちに対する寛大な態度によって有名となっているような兄弟たちに対しては、距離を保つようにと強調する。この点においてもヤコブ書の著者は、ディアスポラのユダヤ人全体に対して自分の考えを有効に示して行くために、パウロ的教会からは一線を画している。

ヤコブ三・一―一八においても意図は同じである。この箇所が、三・一に表明されている考え、すなわち、集会においてすべての者が教えを述べようとするのは不可能だという考えを展開させたものであるということは、常に指摘されている訳ではない。著者はシナゴーグでの掟に慣れ親しんでおり、兄弟たちに教えをもたらそうとして誰もかれもが発言することは耐え難いことであり、また危険でもあると考えている。カリスマ的な集会における無秩序は、彼には耐え難いものであり、霊感を受けた者たちの言うことは玉石混交であって、制御できないような逸脱に彼らが陥ることを彼は警戒している。知恵に到達した兄弟たちだけが発言を許されるべきであり、彼らだけが、共同体の中に全体的な平和をもたらすことができるのである。著者がここで非難しているのは、パウロとそのグループの活動によって生まれた共同体であって、そこでは第一コリントス一四章に見られるように礼拝が無秩序に展開していて、ユダヤ人やユダヤ人キリスト教徒たちが驚愕し憤慨してしまうような事態が生じていたのである。

したがってヤコブの書簡の二章と三章は、文書の中央部分にあって、パウロ的起源の諸教会の実践のあり方や教義を批判するものとなっている。パウロ的起源の諸教会はシナゴーグから大きく離れてしまっており、最初に身につけた習慣に幾らか固定されてしまっていて、こうしたあり方を知っているユダヤ人たちが福音を受け入れるにあたっての越え難い障害となっていた。書簡の著者は、これらの共同体はアウトサイダー的なものであって、キリスト教の大多数はこれらの共同体とは無関係であるということを示そうとしている。

したがって彼が伝えようとしているメッセージは、道から外れたようなこれらの一部の兄弟たちの誤りに左右されるようなところはなく、ディアスポラのすべてのユダヤ人に、何の障害もなく訴えかけることができるものである。このメッセージにおいては、キリスト論にはごく限定された場所しか割り当てられていない。神の教義は、幾つもの箇所で触れられている（特に一・一三―一八、二七、二・五、四・四―一〇）。よく練られた表現が幾つかこれらの箇所には見られるが、特に独創的な点は認められない。問題とされている神の概念は、完全にユダヤ的なものである。聖霊はまったく扱われていない。ユダヤ人読者にとってたいへん親しみ易いこうした枠組の内部で、著者は何よりもまず、道徳的かつ霊的な忠告や勧めを与えることに意を用いていて、そのために時として律法に依拠したり（参照、二・八―一三）、またイエスの言葉に依拠したりしている（山上の垂訓への示唆は数多く認められる）。この倫理的な教えのもっとも際立った特徴は、既に述べたように、金持ちに対する厳しい態度であり、「貧しさ」を優先させる態度である。

こうした検討の結果から、ヤコブの書簡は、ユダヤ教をもっとも完璧に完成したものとしてのキリスト教的メッセージを示そうとした一つの試みであって、ギリシア語を話すディアスポラのユダヤ人たちを対象としたものであり、この試みがなされたのは、ファリサイ派的な改革がまだそれほど進展しておらず、シナゴーグにおいては、神殿での礼拝も巡礼もない状況の中で、自分たちの信仰を生きていくことができるような道が模索されていたような時であったと考えても、それほど冒険的ではないであろう。こうした試みが実際にいくらかでも積極的な反響を生じさせたと考えてよい根拠は何もない。しかしこのたいへんに興味深い文書であるヤコブの手紙は、神殿破壊に続く十年から十五年間におけるキリスト教主流の態度が勢力拡大を目指してかなり野心的なものになっていたことを我々に示していると思われる。

ヤムニアの一派が最終的勝利を収める前にギリシア語圏のシナゴーグをキリスト教の使信の側に引き入れようとするための、キリスト教主流の戦いのあり方を示すもう一つの証しとなっているのは、マタイ福音書である。(2) ヤコブ書簡の場合と同じように、この福音書の執筆場所については、はっきりしたことは分からない。シリアやフェニキアが考えられることが多く、これらの地方にはユダヤ人が数多く住んでいて、特に都市部ではギリシア語が広まっていた。しかしこの文書は、地方的問題に答えるべく書かれたものではない。マタイ福音書が目標とした読者として考えられているのは、ギリシア語圏のディアスポラの全体である。そこにはキリスト教の使信を既に受け入れた者もいるであろうし、それに反抗し続けている者もあったであろう。執筆時期として一般的に認められているのは、紀元後九〇年から九五年頃である。著者は、ファリサイ派の改革者たちによって次第に掌握されつつあるシナゴーグを前にしている。しかし彼はまだ、これらのシナゴーグのメンバーのうちのかなりの数の者たち、特に新しいオーソドクシーを不愉快に思っている者たちを福音に引き入れることができるだろうという希望を抱いている。ヤコブ書の著者の場合と同様に彼も、キリスト教は神殿が消滅した時期におけるユダヤ教のもっとも完成した形態であると彼らに示そうとしている。しかし彼はキリスト論に関して、ヤコブ書の著者とはまったく断絶している。ユダヤ人が否定的な反応を起こしてしまうのを避けるためにキリスト論をほとんど完全に消滅させてしまうのではなく、マタイ福音書の著者は、キリスト論を著作の全体において強調している。彼の立場から見るならばキリスト論は、本物のユダヤ教の核心であって、シナゴーグの誠実なメンバーがキリスト教に加わる上での障害とはなり得ないのである。

しかしながらファリサイ派的改革はかなり進展していて、そのためにユダヤ人信者の大衆に対する呼びかけには、シナゴーグの新しい指導者に対する激しい論争が含まれざるを得なくなっている。よく知られているようにマタイ福音書は、「偽善的な書記たちとファリサイ派の者たち」に対してたいへん厳しい立場を示している。特に二三章は、改革の担い手であるこれらのグループに対するこの上なく激しい攻撃の例を集めたものとなっている。福音書記者が特に攻撃しているのは、彼らのたいへん厳格な教えと、不名誉きわまりない妥協を辞さない彼らの行動のあり方とを分けている溝に対してである。しかしこうした激しい論争を越えたところに、キリスト教徒と、それから書記たち・ファリサイ派の者たちの間に一つの根本的な相違点が存在する。さまざまな掟を通常の生活に字義通り適応させることを可能にするような妥協的な解釈のあり方の代わりに、福音書記者は、同じ掟についての根本的な解釈を強く勧めている。これらの生活の掟は神の意志の表現であるので、それらは絶対的な意味において理解されるべきであり、そうした意味だけが神の存在にふさわしいのである。マタイ福音書に引用されている十戒の掟について福音書記者が行っている解釈によって（五・一七―四八）、社会生活を組織するためのこれらの掟が、個人的な英雄主義への呼びかけとなっており、この個人的な英雄主義は、信じる者が自分の神の前に立っているような時のみに適切であるようなものである。ファリサイ派的運動は、あらゆる具体的な状況に適応するために律法を十分に具体的ではっきりしたものにすることに専心しているが、これに対してマタイのイエスは、神へと至る道に沿った道標の役割をこの同じ律法に与えている。言い替えるならば、枠組がしっかりし内部的にもよく組織されたシナゴーグに対峙させられているのは、もう一つのより一層堅固な社会集団ではなくて、野心的な伝道計画と（一〇章）、愛と相互の赦しに捧げられた聖なる共同体（一八章）である。敵意に満ちた世界の中で生き延びるために、自分たちの教師の周りに集まっているユダヤ人たちに対して、この世界の征服と、あらゆる上下関係の拒否とを、福音書記者は提案している（二三・八―一二）。このような選択のリスクについて不安に思う者たちに対しては、山上の説教における八福と（五・三―一二）、繰り返し喚起される最後の審判のモチーフ（特に二五章）とによって答えようとしており、最後の審判においては、この世で奪われている諸権利が、それらの諸権利を奪われていた者たちに返還されることになる。そしてこれほどまでに野心的な計画の実現に対して自分たちはあまりに弱いのではないかと心配する者たちに対しては、復活者が、自分は常に現臨して常に全能である、と約束したとされている（二八・一八―二〇）。

ヤコブの手紙について指摘したのと同様に、マタイ福音書において目標とされていた者たちが、目につくほどに大量にキリスト教信仰に引き入れられたと主張できるような根拠は何もない。しかし全く反響がなかったと結論してよい根拠もない。いずれにしても大多数のユダヤ人は、ファリサイ派的な改革の側についたのであって、したがってキリスト教側からの反撃は、目的を達成しなかったということになる。一世紀の末頃、キリスト教はまだ数万人ほどを集める程度の小さな運動であったが、ユダヤ教はさまざまな災難に出会ったにもかかわらず、依然として数百万を擁しており、ローマ帝国の領域内ばかりでなく、その東方の国境を越えた地域にも広がっていた。ローマ帝国におけるユダヤ人の地位の保護を受けられなくなってしまった小さなキリスト教集団は、どうなってしまうのだろうか。当時は、キリスト教集団が存続できるかどうかすら不確かであるように思われた。なぜならば、自分たちの考え方にユダヤ人の大半を引き入れようという試みは成功しなかったのであり、異教世界の中にあってはいたって慎ましい勢力しかもっていなかったからである。救いは、このキリスト教グループの中のパウロ的小集団から到来する。

11　パウロの後継者たちの目覚め

エルサレムでヤコブとその側近たちから荒々しい拒絶を受け、またパウロが逮捕されて拘禁された後、異邦人の使徒によって創立された共同体の代表者たちは、打ちしおれて自分たちの教会に帰って行った。彼らが仲間たちを勇気付けることができるようなメッセージをもたらせなかったことは確かである。母教会との和解は不可能であることがはっきりした。またキリスト教諸教会の多数派は、パウロの後継者たちをキリスト教徒全体を危険に曝す無責任な者たちと考え続けている。そして影響力のあった使徒パウロの声も、これ以降聞くことができなくなる。パウロが亡くなり、キリスト教徒がユダヤ人とは異なっているると示すことは危険であるということがネロの大迫害によって明らかになると、事態は更に悪化する。七〇年にユダヤ教が大きな打撃を受け、途方に暮れたユダヤ人たちを、シナゴーグに近い立場にあったキリスト教徒たちがキリストの側に獲得しようと企てるようになると、パウロの後継者たちの状況は更に困ったものとなった。彼らは仲間を危険に巻き込む恐れのある者たちであって、ユダヤ人たちの賛同を得る可能性を高めるために否認されることもあったのである（参照、ヤコ二・一から三・一八）。

したがって七〇年から八〇年にかけて、パウロの伝道活動によって生まれた諸教会がこの上なく控え目な態度をとっていたということは、容易に理解できる。兄弟たちのほとんどがシナゴーグへ帰って行こうとする流れが生じたが、これはたいへん強いもので、彼らはこれに抗することができなかった。しかし八〇年代の初めになるとパウロ的な諸教会の声が再び聞かれるようになる。最初は遠慮がちであったが、その後は次第に大胆になる。

ルカ文書（ルカ福音書と使徒行伝）の執筆は、八〇年から八五年頃と考えられるが、そこではまだ遠慮がちな態度が支配的である。確かにルカ文書はたいへん野心的な著作であって、マルコが既に執筆したような福音書に長い導入部分が付加され、更にローマへのパウロの到着までの長い続編が付加されている。この時までにキリスト教が生み出していたものを遥かに越えるような、これほど際立った著作を作り出す意志と能力とがこの小さな教会グループに存在したということは意義あることである。しかしこの著作に見られる護教的な調子は、些か驚かされるところがあり、この点については検討してみる価値がある。

ルカ文書の物語では、神の意志が異邦人の伝道において成就されており、それが神の意志の最終的なあり方であるという主張が物語の結末となっている。しかし逆説的なことだが、この綿密な物語は同時に、キリスト教運動の根源がユダヤ的なものであることを示すための物語にもなっている。二つの伝承――一つは洗礼者ヨハネの誕生に関する伝承、もう一つはイエスの誕生に関する伝承――が巧妙に結び付けられていて、このことによってエルサレムの神殿で、そしてユダヤ人のもっとも熱心な敬虔主義的グループの枠内で、物語が開始するように設定することが可能になっている。また福音書の四章で始まるイエスの公活動についての話では異邦人が活動の対象となることがほのめかされているが（四・二四―二七）、マルコ福音書において異邦人の土地が舞台になっている場面のほとんどすべてが、ルカ福音書においては削除されている。確かにイエスの奇跡の幾つかは異邦人のために実現されており（ルカ七・一―一〇、八・二六―三七、一七・一一―一九）、イエスの譬のうちの一つではサマリア人が模範的な者として示されている（一〇・二九―三七）。しかしガリラヤからエルサレムへ行くためにサマリアを通過する場面を除けば（九・五一―五六、一七・一一）、ルカのイエスはパレスチナのユダヤ人の領域を決して離れることがない。こうした書き方を見ると、イエスがユダヤ的であることについて敵対者から疑いが表明されていて、そのためにイエスがユダヤ的であることが再確認されねばならないかのようである。マルコ福音書ではイエスが律法のあり方を問題視している箇所が二箇所存在するが（マコ七・一七―二三および一〇・二―九）、この二箇所ともルカ福音書では消滅しており、これも同じ理由によるものである。

したがってルカ文書は、ユダヤ人キリスト教徒によって執筆された著作であると考えることができるかもしれない。ただし使徒行伝のあり方がこの仮説に矛盾しない限りにおいてである。使徒行伝の中心テーマとなっているのは、福音がユダヤ人から異邦人に移る話であり、その主人公は使徒パウロである。この点はたいへん際立っているので、ルカ文書のような著作が生まれ得る環境として考えられるのは、パウロによって創立された諸教会だけだと言わざるを得ない。しかしルカ福音書に見られるのと同じ護教論が、使徒行伝にも存在している。エルサレムの原始教会も完全にユダヤ的であり、ペンテコステの日でさえも宣教の対象となっているのはユダヤ人だけである（参照、使徒二・五）。神殿を否認することにおいてはたいへん大胆なヘレニストたちも、宣教の対象としているのはユダヤ教のアウトサイダー的な者たちだけであり（使徒八章）、異邦人が彼らの宣教の対象となるのはペトロが使徒行伝の一〇章において道を拓いて後のことで、アンティオキアでギリシア人にも語りかけるようになったのである（使徒一一・一九―二一）。また異邦人への伝道は、単純にペトロが口火を切ったのではない。ペトロの行動は神自身によって綿密に準備され、奨励されていたのであり（使徒一〇章）、神自身が人間たちの頑固な躊躇を乗り越えているのである。パウロは異邦人の使徒となる前に神の召命を受けており、バルナバの助手となり、常にまずシナゴーグで宣教を行い、そこで抵抗にあったためにシナゴーグから出るのであって、異邦人の方に彼が向かうのは最終的な場合でしかない（使徒九章から二八章)。このパウロは歴史上の実際のパウロよりも、かなり順応主義的で、実際よりもかなりユダヤ的であると指摘されることが多い。学者の中には歴史的パウロを非ユダヤ化し過ぎる者もいるが、それにしてもこの指摘は誤りではない。異邦人の使徒の熱心な賛美者であるところのユダヤ教を決して否認したことはなく、彼はペトロが開拓した道を進んだに過ぎず、常にペトロの模範に従ったということであり、こうしたことにルカ文書の著者が意を用いている様子を見ることはたいへんに興味深い。こうしてパウロの「破廉恥さ」は実はたいしたことではなかったということになり、パウロ的諸教会はシナゴーグから独立しているという点を除けば、他の教会と比べて変わったところのほとんどないものとなってしまう。つまりパウロ的キリスト教徒たちは、その起源においても、教義においても、また行動のあり方においても、ペトロやバルナバやその他の伝道者たちによって創立された教会の兄弟たちと変わるところがないのである。したがってパウロ的キリスト教徒たちを排除しようとすることは不当である。文学的な著作という形で、たいへん巧妙にそして感動的に実現されているこうした弁護は、いまだに遠慮がちなところがあるとはいえ、エーゲ海周辺に集まっているパウロ的諸教会がキリスト教諸教会の交わりの中に自分たちの場所を再び確保しようとした最初の試みであって、それはキリスト教会の主流がまだたいへんユダヤ的で、シナゴーグのメンバーから仲間を獲得しようと努力していた時期のことである。(1)

この最初の試みにはまだ幾らかの劣等感が片隅に残っているが、これよりも野心的な別の試みがこれに続いている。八五年から九〇年頃、パウロ的諸教会は、共同体組織の整備を助けるための実践的な忠告や模範を他のキリスト教共同体に対して示すことができると考えるようになっており、それはファリサイ派的改革が進展するにつれてキリスト教共同体がシナゴーグから追い出されようとしている時期であった。これが所謂「牧会書簡」(一テモテおよび二テモテ、テトス)の起源であって、これらの書簡の著者はパウロであるとされているが、他のパウロの書簡と比べてスタイルも思想もかなり異なっており、使徒パウロの弟子たちの著作であると考えるべきである。この使徒パウロの弟子たちは、パウロ自身の本物の手紙の幾つかを再利用しているのかもしれないが、基本的にはパウロの名において自分たちの主張を述べている。漸く容認されるような人物となったパウロの権威の下に彼らが示している牧会上の忠告は、多くの場合かなり凡俗なものである。まだ組織のあり方に関して模索の状態にある共同体の指導者たちに対して、パウロが自分自身の権威をもって自分自身の経験の内容を伝えている、という設定になっている。こうした文学上のフィクションにおいては、異邦人の使徒の側近であった二人の協力者、すなわちテモテ(参照、使徒一六・一、一七・一四―一五、一八・五、一九・二二、二〇・四、ロマ一六・二一、一コリ四・一七、一六・一〇、二コリ一・一、一九、フィリ一・一、二・一九、コロ一・一、一テサ一・一、三・二、六、二テサ一・一、フィレ一)とテトス(二コリ二・一三、七・六、一

三、一四、八・六、一六、二三、一二・一八、ガラ二・一、三）に対して、パウロが忠告と警告を与えているとされているが、パウロからのこうした援助を実際に享受する者が誰なのかということ、すなわちまだあまり経験のない指導者たちがパウロからのこうした援助を享受するのであるということを、うまく隠しきれてはいない。ここで問題となっているのは、創立されて間もない教会なのかもしれないが、既にある程度長い歴史をもった共同体で、しかし独立した共同体として組織化を進めねばならなくなったのは幾らか後になってからであるような教会なのかもしれない。それはシナゴーグにおけるファリサイ派的な改革が進行して、シナゴーグが提供していたたいへん都合のよい枠組が消えてしまったからであろう。したがってこれらの教会には、共同体としての生活において必要となるあらゆる面について対応するようなミニストリーが必要となる。すなわち、監督者（一テモ三・一―七、テト一・七―九）、長老（一テモ五・一七―二一、テト一・五―六）、奉仕者（一テモ三・八―一三）、相互援助の係となる寡婦たち（一テモ五・三―一〇）、である。こうしたさまざまな役割の内容は、はっきりと定義されている訳ではない。しかしこれらの役割が、独立した共同体が必要を感じるような機能、つまり、教え、規律、物質的援助、牧会といった機能に対応するものであることは明らかである。テモテとテトスに託されているミニストリーについては名前が付けられていないが、彼らのミニストリーが使徒パウロのミニストリーを継承するものであることは明らかである。すなわち、伝道、教え、さまざまなミニストリーの組織化、幾つもの共同体における役職者の活動の監督である。役職者にも信者にも適用し得るような規律もまた素描されている（一テモ二・八―一五、五・一一―一六、六・一―二、一七―一九、テト二・一―一〇、三・一―二）。また教会の組織化の仕事に関しては、教義上の次元も存在する。ユダヤ的傾向の教義は退けられねばならない。律法に関する教義（テト三・九）、ユダヤ的な伝説や寓話を通して伝えられている教義（一テモ一・四、テト一・一四）、ある種の食物についての禁止に関する教義（一テモ四・三）である。また誤った教義を避けねばならない。たとえば復活は既に生じたという主張であって（二テモ二・一八）、そうした主張をする者たちからは断固として遠ざからねばならない（一テモ一・七、一〇）。伝統的な教義に忠実であるようにと勧められているが、その伝統的な教義の内容は具体的に述べられていない（参照、一テモ四・六―七）。つまり共同体生活において大切なのは、復活のキリストへの敬虔を支えるものとしての、秩序とブルジョワ的な道徳の実践である。こうしたことはどれも、パウロの使信と両立しなくはないが、パウロの使信と比べるならばひどく色合いの失せたものでしかない(2)。

したがってパウロ的諸教会が弁護の態度に終始する状態を脱して、パウロの権威の下に教会組織のあり方の模範を他のキリスト教徒たちに提案するようになった時には、歴史的なパウロの言葉にそのまま語らせ、使徒パウロの徹底した福音を示す大胆さをもつことができなかったのである。しかし同じように八五年から九〇年頃に執筆されたエフェソス書は、こうした状況を脱して、キリストの体についてのパウロの考え方を延長したところの遥かに根本的な教会論を提案しようとしている。

エフェソス書では、冒頭からパウロの著作であることが主張されている。しかしこの書簡は、コロサイ書以外の使徒パウロの書簡とは大きく異なっている。その一方でコロサイ書とは数多くの並行箇所が存在し、このためにこの二つのテキストの間には文学的関係の問題が生じている。しかし根本的なレベルにおいて幾つもの相違が存在していて、この二つのテキストが同一の著者によって書かれたと考えることは困難である。したがって、名宛人が具体的には誰なのかあまりはっきりしない一種の回状である（参照、一・一）ところのこのエフェソス書は、パウロの弟子の一人が著わしたものであって、彼はコロサイ書を手本として用いたのだと考えられるようになっている。またエフェソス書は牧会書簡と同時代の著作であって、シナゴーグから次第に排除されつつあるキリスト教徒たちの求めるところに応じて、独立した教会の形成を正当化する教義上の諸要素をパウロの名の下に提供しようとしたものだと考えられる。牧会書簡の場合と違って、エフェソス書で扱われているのは実際的な忠告ではなく、根本的な正当化の問題である。最初の部分（一章から三章）においては、ユダヤ人と異邦人の両者を含み込む教会の形成は神の業の帰結するところであり、この神の業の執行を担う者であったのがパウロである、という考え方が展開されている。第二の部分（四章から六章）では、信者たちがキリストの体のメンバーとして自分の召命に従って行動することが勧められている。牧会書簡とは反対に、ミニストリーの問題はほんの少し触れられているだけで（エフェ四・一一―一三）、全体として強調されているのは、共同体のメンバーに必要とされる道徳的な態度の問題である。これらはパウロの思想に近いものとなっているが、異邦人の使徒が各地の個別教会の生活のあり方を強調していたのに対して、エフェソス書では普遍的な教会のテーマが強調されているという点において両者は異なっている(3)。

したがってパウロの後継者たちは、シナゴーグの枠組の外に組織を固めざるを得なくなった各地の教会の組織についての模範を提供するということだけに満足しているのではない。彼らは、教会の存在そのものとキリスト教徒の道徳とを基礎付けるべき原則を表明しており、非パウロ的な共同体の兄弟たちもまたそこに自分たちの独立したあり方の基礎を見出すことが期待されている。

こうしたパウロの後継者たちが一世紀末のキリスト教のあり方に関して本格的な貢献を実現するためには、更にもう一つの最後の段階を越えねばならない。すなわちパウロの真正のテキストを、まだそれを知らない者たちも手に入れることができるようにするという事業である。紀元九五年頃までは、こうしたことは彼らには到底できることではなかった。なぜなら彼らが全てを負っているパウロは、離脱者であり異端者であって、諸教会の大部分においてはスキャンダルの対象であったのであり、しかもパウロの著作の中には調子が激し過ぎて具合が悪いものもあったからである。たとえばガラテヤ書のことを考えるだけでも、このことは十分に理解されるであろう。ところがシナゴーグでの改革が進展し、ユダヤ教とキリスト教とを分かつ溝が深まるにつれて、このように躊躇し続けることに意味がなくなってくる。牧会書簡とエフェソス書を世に出すことによって、パウロという名の人物は既に語り始めているのである。とするならば、パウロ自身に語らせるということを控える理由はもはやないのではないだろうか。

既に見たようにパウロは、独立した伝道者として活動していた十年ほどの間、自分が創立した諸教会を勇気づけ、教え、叱り、助言するために、テキストを記すという手段を用いた。したがって彼の書簡は、自分の協力者の誰彼を派遣したり、自分自身が赴いたりすることと並ぶ、彼の活動の手段の一つだったのである。彼がこうしてどれだけの数の書簡を書いたのか、我々には分からない。それらの一部はおそらく短い通信のようなものであって、その多くは失われてしまったであろう。その他の書簡で、新約聖書に収められている書簡の中で言及されているものは、失われてしまったか、或いは正典に収められることになった書簡のどれかの中に組み込まれてしまったのである（参照、一コリ五・九、二コリ二・三―四）。更に他の書簡で、新約聖書の中に収められているが、それらがどのように切断されたり付加されたりしているのか、あるいは他の書簡と融合させられているのかといったことがはっきりしないようなものもある。こうした不確かな状態がどうして生じることになったかを説明するのは容易である。各地の教会がパウロからの手紙を受け取ると、教会では礼拝の集会の時にそれが、おそらく何度かにわたって、朗読された。それから状況が変わると、教会ではこの貴重な文書を古文書の中に入れてしまうが、大抵の場合その管理はたいへんにずさんなものであった。多くの教会を襲ったさまざまな困難や、水害や火災や虫喰いなどによって生じた被害によってテキストの多くが消滅したり損傷したりしたであろう。しかもこれらのテキストは品質の悪いパピルスに手早く書かれたものに過ぎなかったのである。

一度か二度の試みは既にあったのかもしれないが、その後で、九五年の僅か前に、教会の指導者がパウロの書簡を集めようと思いついたのだが、この仕事は困難なものであった。半ダースほどの数の教会の古文書の中から残っているテキストを収集すればよいというだけでなく、その上に、手書きテキストの欠損箇所を補い、不完全な断片となってしまっているものを結び合わせ、同一の名宛人に送られたと思われるがばらばらになっているテキストを繋ぎ合わせるなどの作業があったのである。場合によっては、たとえばローマ書の場合のように、同じテキストが二つ以上存在する場合もあって、そうした場合にはそれらを比較しなければならず、そしておそらくそれらを組み合わせる作業も必要であった。ここではこうした作業を具体的に見極めるために提案されているさまざまな仮説の迷路に入って行くことは問題外である。重要なのは、こうした大作業の結果がどのようなものかである。

九五年頃に現れたパウロの書簡集は十三の書簡から成るもので、そのうちの四つの書簡（牧会書簡とエフェソス書）は、パウロの死後から一世代経った後に使徒パウロの弟子たちが書いたものであることが確かである。この書簡集の内部の順番は一定していない。量的には、新約聖書の文書集の四分の一弱の量になっている。新約聖書の中でもっとも大きな纏まりとなっているのはルカ文書だが、パウロ書簡集はルカ文書全体よりも若干短い。そこに含まれているそれぞれの書簡の長さは、もっとも短いものを一とするならば、もっとも長いものは十六である。しかしそれらすべてが、一人ないし数人の協力者に伴われた使徒パウロが出した書簡という体裁になっている。十三の書簡のうち四つは、一人の人物に宛てられており、その他の書簡の名宛人は、特定の町のキリスト教徒か、あるいはガラテヤ書の場合には一つの地方州のキリスト教徒である。パウロ書簡集はあまり長いものではないが、こうした類の書簡集はギリシア・ローマ文化の中でよく知られた文学ジャンルである。したがってパウロ書簡集は、教会員の間ばかりでなく、ローマ帝国の知識人の間でも、書き写され、回覧されたと思われる。(4)事実、ローマ帝国の知識人の間では、キリスト教に対する好奇心がある程度生じ始めていた。

と言っても、書簡の内容を見るならば、こうした書簡集の主要な読者はやはりキリスト教徒であったと考えざるを得ないであろう。へつらったスタイル、活気のない思想に親しんでいた者たちがこれらのテキストを読んだ際に、どのようなショックを受けたかを想像することは容易である。紀元一二五年頃に第二ペトロ書の著者によってなされた指摘を見れば、パウロ書簡集（コルプス・パウリヌム）との接触によってどのような反応があったのかということについて具体的に想像するきっかけになるであろう。

「この意味で、私たちの兄弟であり友であるパウロが、彼に与えられた知恵に従って、あなた方に書いたのである。これはまた、彼がこれらの主題を扱ったすべての手紙で述べていることでもある。そこには難しい箇所があり、無知な人々や訓練のない人々が、他の文書についても行っているように、意味を曲げ、そして自分たちの滅びに至っている」（二ペト三・一五―一六）。

ここには敬意と困惑と警戒とが混ざり合った態度がこの上なくうまく表明されており、こうした気持ちは、パウロ書簡集が普及した際にキリスト教徒の大多数が感じたものであったに違いない。主流のキリスト教徒たちは一世紀の半ば以来パウロを謂わば「煉獄」に押し込めていたのだが、異邦人の使徒は、彼の後継者たちの執拗さのお蔭で、この「煉獄」から出てきたのである。しかしパウロはいまだに非難の対象となり得る存在であって、彼の文書も困った形で利用され易かったであろう。二世紀のキリスト教著作家たちにおいてパウロが言及されることがたいへん少なく、また彼の用語がほとんど用いられなかったのは、おそらくこのためであろう。パウロを真面目に取り上げたのはマルキオン（八五―

一六〇年頃）だけであり、牧会書簡を取り除いた後のパウロの書簡集が、旧約聖書に代わるものとして作られたマルキオン独自の聖なる書物の本質的な部分として採用されたのである。パウロに本来の位置を与えるための行動を敢えて起こしたのが、この分裂者であり、しかも異端の者であったということは、全くの偶然ではないであろう。教会の主流は、異邦人の使徒に対して慎重な態度を崩さない。こうした態度は、二世紀の初めにルカ福音書から切り離された使徒行伝が、たいへん長い間にわたって権威のない文書の範疇に追いやられていたという事実が示す通りである。使徒行伝が一世紀近くの間退けられていたのは、この文書の中でパウロが特権的役割を演じていることが原因であるのは明らかである。

したがってパウロの後継者たちは、最初は自分たちの師が消え去ってしまったために紀元八〇年頃までは沈黙を守っていたが、二十年も経たないうちに自信を取り戻して、シナゴーグに近い立場にあった兄弟たちに、自分たちの諸教会の小さなグループの間に保存されている伝統の財産を伝えようという勇気を取り戻したのである。彼らはこの活動を次第に大胆に行うようになり、そこには際立った文学的才能も発揮された。キリスト教の主流は、ユダヤ教との繋がりが完全に断ち切られていた時であったが、このキリスト教の主流をパウロ主義に何の制限もなく賛同させるまでには至らなかった。この謂わば「半分の失敗」は、二世紀におけるキリスト教の歴史を特徴付けている激しい論争の原因の一つとなったのであるが、それ以降の数世紀の間に少しずつ解消され、そしてアウグスティヌスが、パウロとその思想に対して、この偉大な神学者にふさわしい名誉ある地位を与えた時に完全に解消する。

12　大人として成熟したキリスト教に向けて

紀元百年頃になると、キリスト教の諸教会をシナゴーグに結び付けていた絆は、ほとんどいたる所で断ち切られるようになる。九五年にはドミティアヌス帝が、側近の一部に対して弾圧を行い、たとえばフラウィウス・クレメンスという者が無神論とユダヤ的習慣で告発されたが、この弾圧においてはまだユダヤ教への回心者とキリスト教への加入者の間がはっきりと区別されていない（ディオ・カシウス『ローマ史』六七の一四・一およびスエトニウス『ドミチアヌス』一五）。しかし一〇七年から一〇八年にはアンティオキアの監督者であったイグナチウスが、ローマでキリスト教徒として殉教する。また一一二年頃にはビチニアのキリスト教徒たちに対する迫害が生じたが、この迫害はキリストの弟子たちにだけ関わるもので、このキリストの弟子たちがユダヤ人たちと混同されることはもはやなかった（小プリニウス『書簡』一〇・九六―九七）。そしてこの頃になるとキリスト教徒たちも、自分たちがユダヤ人とはまったく違うということを認識するようになる。

一世紀の終りおよび二世紀の初めのキリスト教の歴史において生じた出来事については、これらの幾つかの迫害のエピソードを除けば、我々はほとんど何も知らない。[1] すぐ前の時代の場合と同じように、この時期のキリスト教徒たちが置かれた状況と彼らの考え方を理解するためには、当時の文学的な著作を分析することだけで満足しなければならない。幸いにして当時の文学的著作は比較的豊富であって、したがって比較的具体的で正確な情報を得ることができる。こうしたテキストの最初のグループとすべきものは、たいへん多様で、その重要度も一様ではない。それらは教会生活に関するもので、道徳的な勧めも含まれているような文書である。それからヘブル書はたいへん特殊なテキストなので、これだけ独立して検討しなければならない。この文書では、一つのたいへん強力なキリスト論的思索が展開されている。そして最後に、第二ヨハネ書と第三ヨハネ書を除いたところのヨハネ文書が第三のグループとなっており、そこでは独創的で力強い神学思想が特徴となっている。そしてこの神学思想は一つの流れの表現となっており、またユダヤ教から解放されて開花した一つの神学の姿でもある。一世紀末のキリスト教文書のこのような分類は、地理的な基準やきちんと定義されたさまざまな傾向の分類に従ったものではなく、それぞれの文書の機能と現実における展開のあり方による分類である。

最初のグループに属する文書としてまず取り上げるのは『ディダケー』(『教え』)で、

この小さなテキストは十二使徒の著作という体裁になっており、執筆時期はまず確実に一世紀が終る直前である。この文書がシリア起源であることは、すべての学者たちが認めるところである。この文書は善の道と悪の道という二つの道のテーマに関する道徳的な教えから始まっており（一章から六章）、クムランの『共同体規則』を想い起こさせるが、『ディダケー』では共観福音書に見られるイエスの言葉が数多く言及されている。第二部は（七章から一〇章）、洗礼・断食・祈り・聖餐に関する典礼上の指示である。第三部は、特に教会の役職者に関わる規律についての表明で（一一章から一五章）、巡回している使徒や預言者について示されている際立った警戒の態度が特徴となっている。巡回している使徒や預言者を完全に拒むまでには至っていないが、共同体のメンバーから選ばれた監督者や奉仕者の方が好ましいとされている。この文書の結末部分となっている最後の章（一六章）の全体は、主の再臨のテーマに捧げられている。このテキストの規模は慎ましいもので、教義上のテーマはまったく触れられていない。したがってこのテキストは、よい行動をすることを心がけているが、神学上の大問題によって煩わされることなどほとんどない田舎の教会に宛てられたものであろう。第一部には〔旧約〕聖書へのほのめかしが数多く見られ、ユダヤ起源の道徳上の図式が用いられているが、それにもかかわらずユダヤ教の問題が著者の考慮にはまったく入っていないことは確かであって、このことは大きな特徴となっている。この文書を通して我々が関わっているキリスト教共同体は、シナゴーグと

はもはや何の関係ももっていない。(2)

第二ヨハネ書・第三ヨハネ書は「長老」(二ヨハ一および三ヨハ一)によって書かれた通信の体裁になっており、この後で検討することになる第一ヨハネ書とスタイルおよび思想において密接な類似点が認められる。しかし第二ヨハネ書・第三ヨハネ書には、第一ヨハネ書のような内容の豊かさや野心的な面は見られない。執筆場所としては、ローマ帝国の区分によるアジア州が考えられる。しかし執筆時期は不確かであり、ただし一世紀の終りよりは前である可能性が大きいかもしれない。この二つの通信では、『ディダケー』とは言葉遣いが異なるとはいえ、『ディダケー』の一一章から一五章と同じテーマが扱われている。すなわち各地の共同体と巡回者のミニストリーとの関係である。第二ヨハネ書においては、キリスト論において多少とも異端的なこの訪問者たちに対して教会が警戒するべきことが指示されており(二ヨハ七―一一節)、第三ヨハネ書においては「長老」が派遣した者たちをディオトレフォスという共同体の指導者が拒んだことについて反発している(三ヨハ九―一〇節)。この二つの文書においてはユダヤ教との関係はまったく問題にされていない。そして我々がこの二つの文書において見出すのは、自己充足的な状態にある共同体であり、地方レベルでの役割を担った著者が、これらの共同体を自分の権威の下に確保しようとしている姿である。(3)

ローマのクレメンスによるコリントスの者への手紙は、九五年前後に執筆されたと一般的には考えられている。この文書は、上で扱った諸文書よりも遥かに重要な文書である。著者は自分自身が誰であるか名乗っていないが、ローマ教会の名において意見を述べている。さまざまな兆候が一致して示すところによれば、九〇年から一〇〇年頃ローマの監督者の一人であったクレメンスが著者であるとすることが可能である。これはコリントスの教会に宛てられた本格的な書簡であって、公式な手紙にふさわしい一定の壮重さが支配している。書簡上の礼儀の規則に適ったかなり装飾的なスタイルを持つ長い前言が表明された後、著者は四五章から本題に入る。気高い調子を崩さずに彼は、コリントスの者たちの間に生じている分裂を非難し、そして彼らが免職にした監督者たちや長老たちに元の職能を返還するように呼びかける。それから長い祈りを始め（五九・二―から六一章）、危機以前の状況が回復されるようにと最後にもう一度呼びかけて、書簡を終えている（六二章から六五章）。スタイルの相違はあるが、ここには、既に検討したさまざまなテキストに認められたのと同じ精神が見出される。すなわちキリスト教教会は、たとえばユダヤ教の文書を数多く用いるということがあるにしても、自分自身の組織をもたねばならず、完全に独立した運営を行うべきであるという考え方である。また嘗てパウロによって創立されたコリントスの教会が、こうした考え方を完全に身につけているのだということを指摘しておこう。しかしコリントスの教会には、より一層安定すべきであり、そして自らの組織を忠実に守るべきであるという勧めがなされねばならない。ローマの教会がこうした呼びかけを行っているということは、三十年から四十年ほど前には、一つの教会を作るためにお互いが纏まるということさえできなかった首都のキリスト教徒たちが、恒常性の高い組織への道を歩んでいるということを示している。ここにおいても、シナゴーグとの絆が断たれたことが、教会の構造の強化に帰結している。(4)

アンティオキアのイグナチウスの複数の手紙は、ローマ人によって死刑を宣告されたシリアのアンティオキアの監督者の著作である。これらの手紙は、アジア州の幾つかの教会、および帝国の首都の教会に宛てて書かれたもので、執筆年代はおそらく一〇七年から一〇八年にかけてであり、それは処刑が行われるローマに向けて彼が護送されている時であった。彼はたいへん率直な人物で、イエスに倣って、そしてあの世でイエスに再会するために、苦しみと死から自分は逃げないという意志を示す様子は、魅力的でそして感動的である（彼の『ローマの者への手紙』を参照せよ）。イグナチウスは自分の書簡のあちこちで、キリスト論についてたいへん大胆な表現を用いており、これは将来において古典的な教義となるものを既にある程度表現したものとなっている（『エフェソスの者への手紙』七・二、『マグネシアの者への手紙』八・二、『トラレイスの者への手紙』九・一―二、『スミルナの者への手紙』一・一―二）。キリストの受肉と死の現実を否定する異端者たちを、力をこめて告発している（参照、たとえば『トラレイスの者への手紙』六・一―二）。またユダヤ教およびその実践のあり方と袂を分かっており、そのことを彼は強調している（『マグネシアの者への手紙』一〇・一―三、『フィラデルフィアの者への手紙』六・一)。彼は「キリスト教」という用語を用いた最初の著作家であって(『マグネシアの者への手紙』一〇・一―三、『ローマの者への手紙』三・三、『フィラデルフィアの者への手紙』六・一)、この語を「ユダヤ教」という語と対立させている。二つの宗教の間の断絶は、今や完璧なものとなっている。またイグナチウスは、監督者をたいへんに重要なものとしている。彼にとって監督者とは各地の教会における唯一のリーダーであり、神を各地で代表するものである(『エフェソスの者への手紙』一・三、三・二、五・一―三、六・一、『マグネシアの者への手紙』二―四、六・一から七・一、一三・一―二、『トラレイスの者への手紙』二・一、三・一―二、七・一―二、『フィラデルフィアの者への手紙』一・一から四章、八・一から九・一、一二・二、『スミルナの者への手紙』八・一から九・一、『ポリュカルポスへの手紙』一・一から三・二、五・二―三)。彼が我々に示すところによれば、アンティオキアの教会とアジア州の諸教会とは、二世紀の初めには既に、単頭の監督制を選択しており、しかし同じ時期に、ローマの共同体とコリントスの共同体を含む他の共同体の多くは、いまだに監督と長老とを混同していた。またイグナチウスは、この唯一の監督者と共に、長老集団を重要視しており(『エフェソスの者への手紙』四・一、『マグネシアの者への手紙』二、三・一、六・一から七・一、一三・一、『トラレイスの者への手紙』二・二、三・一、七・一、『フィラデルフィアの者への手紙』四、八・一、一〇・二、『スミルナの者への手紙』八・一、一二・二、『ポリュカルポスへの手紙』

六・一)、この長老集団を、使徒集団および奉仕者集団に匹敵するものとし(『マグネシアの者への手紙』二、六・一、一三・一、『トラレイスの者への手紙』二・三、三・一、七・二、『フィラデルフィアの者への手紙』四、一〇・二、『スミルナの者への手紙』一二・二、『ポリュカルポスへの手紙』六・一)、彼らをイエス・キリストのように敬わねばならないとさえ述べている。つまりイグナチウスが証ししているのは、ユダヤ教とはまったく無関係になり、一人の監督者とその他の役職者たちを中心としてかなり堅固に組織化された教会が存在していたということである。(5)

スミルナの監督者ポリュカルポスによるフィリピの者への手紙は、もっと長い手紙であったものの一部が失われてしまったもので、上で検討したイグナチウスの手紙の何年か後に、同じテーマを取り上げている。すなわち、伝統的な神学とキリスト論(二・一、七・一―二、一二・二)、長老と奉仕者という二つのミニストリーの問題(五・二―三、六・一、一一・一―四)、道徳上の勧めで、共同体全体に対するもの(三・三、四・一、五・一、六・二、九章および一〇章、一二・一―三)、また女性・寡婦・若者・処女といった特定のグループに対するもの(四・二、四・三、五・三)、である。中心的な相違点は、ポリュカルポスが語りかけているのが、おそらく長老と監督者とが混ざっている教会でありながら、監督者のミニストリーについては触れられていないことである。つまりこの著者によって証しされているのは、各地の教会はまったく独立して組織されており、その組織のあり方はかなり多様であって、何よりも組織内部のあり方が各教会それぞれの重大な関心事になっているということである。世俗当局との関係は、彼らのためのとりなしの祈りで問題になるだけであって(一二・三)、彼らの出方によって苦難が生じるかもしれないという問題には暗示的にしか触れられていない(八・二から九・二)。またポリュカルポスは、旧約聖書の諸文書を自分はほとんど知らないと認めており(一二・一)、実際彼は旧約聖書からは稀にしか引用していない(二・一、六・一、一〇・三、一一・二、一二・一)。一方彼は積極的に、マタイ福音書・ルカ福音書・使徒行伝、そして何よりもパウロの諸書簡、ヘブライ書・第一ペトロ書・第一ヨハネ書に言及している。これらの文書はまだ彼の目にも聖書ではないが、しかし彼にとっては大きな権威をもつものであり、こうした状況はアンティオキアのイグナチウスの手紙においても同様である[6](一三・二)。

その場その時の問題に応じて書かれたこうした小さな文書とまったく違っているのは、「ヘブル人への手紙」と呼ぶ習慣となっているキリスト論の論文である。この文書は匿名で、書簡としての特徴は何も見当たらない。ただし最後の四つの節は別だが(ヘブ一三・二二—二五)、これらはおそらく後から付け加えられたものであって、そこには当時の書簡に普通に見られるようなものに似た幾つかの消息と、幾つかの挨拶と、一つの祝禱とが記されている。執筆時期は紀元後九五年以前である。ローマのクレメンスの者たちへの手紙においてこの文書が引用されているからである。しかし、一部の学者たちの議論にもかかわらず、九五年からあまり離れた時期ではないであろう。なぜなら、確かに著者は旧約聖書からのテキストを数多く用いているが、ヘブル書で前提とされている状況ではユダヤ教とキリスト教との分離が完全に実現してしまっていると思われるからである。名宛人の問題だが、この神秘的な「ヘブル人」については、テキストでは一切語られておらず、具体的に彼らが誰であるかを決める手段はまったくない。この文書がパウロの書簡集に加えられたのはたいへん早い時期だったので、その時に、その他の書簡の体裁と見合うようにするために、書簡風の末尾とタイトルとが付け加えられたと考えてよいであろう。「ヘブル人」という語句は、典礼的な雰囲気のある文書の内容からヒントを得て思いつかれたのであろう。

些か神秘的なこの文書は、たいへん独創的なものである。かなりエレガントなギリシア語で書かれており、また新約聖書の文書の中でもっとも積極的に旧約聖書を引用して注釈を加えている文書でもある。そこに見られる旧約聖書の解釈は、クムランの解釈と類比的なところがないわけではなく、またアレキサンドリアのフィロンとの類比もなくはない。しかしそのどちらかと一致してしまうのではない。著者には論証したいテーゼがあり、そのために聖書を用いているのである。そして彼はこの目的を、気兼ねせず、巧妙に達成している。文書の末尾には道徳的な勧めが記されており、指導者たちを敬わねばならない

（一三・七、一七）、集会に参加しなければならない（一〇・二五）、対立を耐え忍ばねばならない（一〇・三二—三四、一二・四—八）といった教会生活の現実に関わるものとなっている。しかし文書の大部分は、独創的なキリスト論的思索にあてられており、共観福音書伝承やパウロやヨハネ主義のキリスト論とはっきりと異なったもので、絶えず聖書に依拠しながら議論が行われている。ヘブル書の著者は、ユダヤ教への依存関係から解放されて、キリストに関する自分の教義の根拠を聖書に見出すために聖書を自分なりに読み直してももはや何の拘束も受けることがないと感じている。さまざまな犠牲や食物に関する律法の掟は（参照、一三・九—一五）、彼にとってはキリストの責務の予表でありキリスト教生活のアレゴリーに過ぎない。キリスト教徒たちがユダヤ教の内部に留まっていた時には、パウロが行っていたように、一部の兄弟たちに対する律法の掟の拘束力について告発しなければならなかったが、ヘブル書の著者はこうしたことが必要であるとは全く感じていない。キリスト教とユダヤ教は既に実際に分裂してしまったのであって、律法の掟を字義通り解釈することは考えも及ばないようなこととなっているのである。

律法の字義通りの意味からこうして解放されたお蔭でヘブル書の著者は、祭司および大祭司としてのキリストについての自分のテーゼを自由に展開している。出身においても、活動のあり方においても、苦難や死においても、イエスは祭司的性格を全くもっていないのだが、ヘブル書においては祭司と大祭司の称号がキリストを指す名称の中心的なものとなっている。苦難と栄光化、そして人々のための神への絶えざるとりなしによって、キリストは「偉大な大祭司」(ヘブ四・一四)であって、そしてキリストがこの地位についているのは、「メルキゼデクと同じように」(参照、創一四・一七―二〇および詩一一〇・四)というあり方においてであり、すなわちアロンの子孫である祭司たちよりも優れた正当性をもった上での地位においてである。キリストは自分自身の命を唯一の供え物として捧げたのであり(ヘブ一〇・一―一八)、このことは律法で定められているさまざまな犠牲を無効にしてしまっている。したがってこれ以降、キリストは、人間たちに対して神に近づく道を開いていることになる(一二・二二―二四)。信者たちが選民に属しているかどうかということは、三十年から四十年ほど前にはたいへんな議論の対象となっていたが、ここではもはや問題にさえなっていない。またパウロにおいて頻繁に用いられていた「割礼」「非割礼」という用語が、ヘブル書では完全に消えてしまっている。一世紀の末にユダヤ教とキリスト教の間にできていた距離がどのようなものであったかをこれほどよく示しているものはない(7)。

伝統においてヨハネという人物の下に纏められている三つの文書が、一世紀末におけるキリスト教の独立と成熟とを証しする文書の第三のグループである。「ヨハネの」とされている第二ヨハネ書と第三ヨハネ書は、その場その時の問題に応じて書かれた小規模な文書であって、既に扱ったので、第一ヨハネ書とある程度の近接性があるのかもしれないが、ここでは再び取り上げない。ここで我々が検討する三つのテキストは、互いにたいへん異なっている。すなわち、新約聖書では四番目の福音書となっているところの、匿名の福音書。匿名の著者が「私の小さな子たちよ」という表現を繰り返し使っているということ以外には、書簡という文学ジャンルには何の繋がりもない一つの「書簡」。それから一つの黙示録で、そこではこの世の終りの様子がたいへん衝撃的に描き出されており、この描写はヨハネという名の者によるものだということにされている。スタイルと語彙にある程度の類似性があること、伝統において福音書と書簡はヨハネに帰されていること、地理的および年代的に接近している可能性があること、こうしたことから、これらの三つのテキストをまとめて扱うことが正当化されているが、これらの三つのテキストを混同してしまうことは慎むべきであり、それぞれは独立して検討されねばならない。

ヨハネ黙示録が、旧約と新約の中間時代のユダヤ文学においてよく知られていた黙示録というジャンルに属するものであることについては、まったく問題がない。神秘的な言葉遣い、歴史を年代的に分割する傾向、幻を多用する傾向、劇的な性格、天上の場面を好んで描くこと、こうしたことが黙示録というジャンルの特徴となっているが、ヨハネ黙示録にもこうした点は認められる。しかしヨハネ黙示録以外の黙示録のほとんど全てにおいては過去の有名な人物が著者とされているのだが、ヨハネ黙示録はそうではない。またヨハネ黙示録は、ローマ帝国の区分によるアジア州を本拠地としており、つまり聖なる土地ではまったくないところを本拠地としていることになる。もっとも現実的と思われる最終的な執筆時期はドミチアヌス帝の在位の末期、すなわち九五年頃であろう。著作の内容はたいへん複雑で、構成要素となっているものの一部はおそらくより早い時期に執筆されたものであろう。しかしここで我々が関心を抱いているのは、著作の最終的な状態である。

ヨハネ黙示録は、危機と脅威の時に執筆された。著者は「神の言葉とイエスの証しの故に」（黙示一・九）パトモス島に避難して来ている。当時はアジア州の諸教会にとって恐怖の時期であって、これらの教会はドミティアヌス帝の支配の時の皇帝崇拝の発展によって脅かされていたのである。彼はパトモス島で天の幻を受け、エフェソス、スミルナ、ペルガモン、ティアティラ、サルディス、フィラデルフィア、ラオディキアにある、アジア州の七つの教会にその話を語っている。彼は、これらの共同体のそれぞれに対して、復活のキリストが語ることを記すという体裁において手紙を書くことから始める（二・一〇から三・二二）。それぞれの手紙では、七つの教会の具体的状況が取り上げられている。迫害を既に受けた共同体があり、またこれから迫害を受けようとしている共同体がある（スミルナ、ペルガモン、フィラデルフィア）。二つの共同体（スミルナ、フィラデルフィア）は、土地のシナゴーグと対立しているが、対立相手となっているシナゴーグを著者は「サタンのシナゴーグ」と呼んでいる。三つの共同体（スミルナ、ペルガモン、フィラデルフィア）では、程度の差こそあれ、最初の熱心さが放棄されてしまっている。幾つかの共同体では、異端運動の問題が生じていて、どの共同体もこうした運動を退けている。これらの異端運動はどれも、キリスト教徒が偶像崇拝への参加を受け入れていることが特徴となっているように思われる（エフェソス、ペルガモン、ティアティラ）。つまりこれらの共同体は、ユダヤ教からは独立していて、少なくともそれらのうちの幾つかは、周辺の社会やそこでの宗教に取り込まれてしまうという危機に直面している。復活者は、それぞれが置かれている状況に応じて、これらの共同体に対して奨励を行っている。そしてすべての教会に対して彼は、自分の訪れを告知し、そして「勝利者たち」に対して素晴しい約束を与えている。

第四章の冒頭からこの幻視者は、自分の幻について語り始めるが、そこではイメージとシンボルとが並外れて豊富に用いられており、それらのイメージとシンボルは旧約聖書と旧約と新約の中間時代の文学からたいへん広く取り入れられており、シナゴーグおよびそのシナゴーグでの集会の典礼の外部で組織されていたキリスト教の礼拝のあり方が、ここで展開されている天上の礼拝の描写に多くの材料を提供したであろうことが窺える。テキストに記されている多くのイメージやエピソードは、故意に神秘的なものとなっており、意味解読が困難だが、これは黙示録というジャンルに本来的なあり方である。たとえば、一一章の「二人の証人」が誰であるのか、彼らが殉教する場所である「大きな町」（一一・八）とは何なのか、こうしたことをはっきりと知ることはほとんど不可能である。同様に、一二章における「女」と「竜」のドラマの解釈は、この上なく困難である。一方、著者がローマに対して激しい敵意を抱いていることは明らかである（参照、特に一七章および一八章）。ローマのまったき破壊は、小羊の勝利の前兆である（一九章）。復活した殉教者たちに取り囲まれたメシアによる千年の支配は、嫌悪されているローマ帝国に取って替わるものと定められている。しかし終末的なパースペクティヴはこれを更に乗り越えて、新しい地の中心に存在するために天から降りてくる新しいエルサレムの方へ向かって行く。神が自分に属する者たちと共に住んでいるこの奇跡的な町には、神殿はもはや不必要である（二一―二二章）。なぜなら、贖われた人類とその神との交わりは、そこでは全きものだからである。終末的成就についてこのような描写を行うことによって、キリスト教徒とユダヤ人との間の溝を越えられないようなものにすることが目論まれていると考えることができる。なぜならユダヤ人たちは、時の終りにエルサレムの神殿が再建されるという希望をもち続けていたからである。(8)

ヨハネ福音書、それから伝統的にヨハネという同じ名の下に位置付けられている第一書簡に、黙示録の派手な描写と何らかの関係があったとしても、それはかなり遠い関係でしかない。たとえこれらの三つの文書に幾らかの類似性があることを認めるにしても、このことに変わりはない。書簡も福音書も、語彙が貧しく、文章がぎこちなく、繰り返しの多いスタイルになっていることが特徴となっているが、このことは著者にとってギリシア語が母国語でないことを示唆するものである。この二つの文書については、文書成立以前の経緯が複雑なものであったことが想像されるが、この問題についてはここで細かく検討しない。ただしこうした経緯のために、パレスチナのセクト的なユダヤ教に関連するさまざまな要素がこれらの文書に含まれていることになったのは確実であろう。二つの文書の最終的な執筆場所は、エフェソスの地方であると考えることができるかもしれないが、こうした説についてしっかりとした証拠が存在する訳ではない。福音書と書簡とが最終的な形において執筆されたのはどのような順番であったのかについては、学者たちの意見は分かれている。どちらかというと、書簡が先であると考える者たちの方が多く、書簡の執筆は九〇年前後、福音書は一〇〇年から一一〇年頃であろう。第一ヨハネ書の著者の具体的な名前は、テキストには一度も記されていない。彼は、イエス・キリストの地上でのミニストリーの証人グループの代弁者であるかのように、一人称複数で語ることが多い（一・一—五、二・二五、四・六、一四）。しかし一人称単数で語ることもあり（二・一、七—八、一二—一四、二一、二六、五・一三、一六）、それは彼が「愛している」ところの兄弟たちに呼びかける場合であって（二・七、三・二、二一、四・一、七、一一）、この兄弟たちはまた彼の霊的な子でもある（二・一、一二、一八、二八、三・七、一八、四・四、五・二一）。また著者は彼らと密接に結びついていて、彼らのことを語る時に「私たち」という言い方も頻繁に用いている（一・六—一〇、二・一—三、五、一八—一九、二八、三・一—二、一一、一四、

一六、一八―二四、四・七、九―一三、一六―一七、一九、二一、五・二―三、九、一一、一四―一五、一八―一九)。つまり著者は彼らに対して、共同体生活に参加している霊的な父として語りかけている。しかし著者は彼らに「あなた達」と言う場合もあるし、三人称単数でキリスト教的な態度について述べることもある。

たいへん強調されているのは、兄弟たちを結び付ける相互の愛である(二・七―一一、三・一一―二三、四・七―一二、一九―二一)。ここで問題になっている共同体は内部の結束が固く、外部社会は嫌悪の対象となっている(二・一五―一七、三・一―一三、四・四―五、五・四―五、一九)。共同体はイエス・キリストによってもたらされた罪の赦しの上に基礎付けられており、イエス・キリストの犠牲が共同体を浄めている(一・七―一〇、二・二―一二、三・五、四・九―一〇)。共同体はイエス・キリストから、光(一・五―七、二・八―一〇)、愛の掟(二・七―八、三・二三、五・一―四)、神の知識(二・一三―一四、二〇―二一、二七、四・六―七、五・一五、一八―二〇)、聖霊(三・二四、四・一―六、一三、五・六―八)、永遠の生命(一・一―二、二・二五、三・一四―一五、五・一一―一三、一六、二〇)を受けており、これに対してこの世は、闇の中にとどまっていて、隣人への憎しみを実践しており、神を知らず、悪の霊によって動かされていて、死に向かって進んでいる。ここに見られる聖なる共同体と罪に閉じ込められたこの世との対立は、同じような対立が問題となっているクムランの場合のように、たいへんにラディカルである。この書簡が生み出されたヨハネ的共同体にエッセネ派の影響があったということは、否定できないであろう。しかしこの影響はおそらく古いものである。第一ヨハネ書の最終的テキストには、シナゴーグの活動についてまったく言及がなく、またユダヤ教の文書へのほのめかしが少ないことが際立っている。この文書を生み出した教会は、ユダヤ教からたいへん離れている。一方、この書簡では、人間の罪の状態の否定（一・八、一〇）、イエスのメシア性の否定（二・二二―二三、四・三）、愛の命令の拒否（二・四、九、一一、三・八、一〇、一四―一五、一七、四・二〇）といったさまざまな異端的傾向の問題に関心が示されており、その危険はたいへん大きいものだと著者には思われている。こうした点との関連で、グノーシス主義の流れのことが問題にされている。いずれにしても、ここで問題となっているのは、組織立ったキリスト教共同体の強化に対立して、神についての思弁を重視する個人主義的傾向であるように思われる。グノーシス主義のグループが形成されたり、彼らに見られるようなエリート主義的な知識主義が成立してしまうような状況は遠くない。しかし書簡の著者は、パウロの場合と同様に、シナゴーグから独立し、シナゴーグよりも堅固に組織化された共同体の形成に執着している。(9)

第四福音書は、成熟したキリスト教のもっとも完成された表現と見做すことができる。既に指摘したように、この福音書は複雑な文書で、紀元後四〇年から五〇年頃のパレスチナのキリスト教にまで遡る複雑な経緯が背後に存在している。おそらくゼベタイの子ヨハネの周りに弟子たちのグループが成立したが、彼らはエルサレム教会においてはマージナルな集団であった。このグループは、おそらく多数派よりも積極的に、セクト的なユダヤ教、特にエッセネ派に蓄えられていた考え方の多くを、イエス・キリストの存在と業について思索するために採用した。このグループは六六―七〇年のユダヤ戦争の時にパレスチナから逃げ出して、少なくともその一部はアジア州に避難したであろう。アジア州での避難先は、より具体的にはエフェソスで、二世紀の伝統ではここに使徒ヨハネが定着したとされている。十年ほど前にパウロが設立したエフェソス教会との関係においても、このグループはマージナルな位置にとどまっていた。しかし使徒パウロはエフェソス到着の三カ月後にはシナゴーグを去ったが（使一九・九）、このグループのメンバーはエフェソスのシナゴーグとの関係を保っていたと考えられる。シナゴーグの枠内でのグループとしての活動においては、組織の問題は全く生じることがなく、したがって彼らの活動領域は瞑想的なものに限られ、その他には典礼的な面があったかもしれない。

彼らがエフェソスに落ち着いて四半世紀が経った頃、シナゴーグの指導者たちがファリサイ派的改革を受け入れるようになって、これまで容認されていたマージナルなさまざまなグループは邪魔な存在となり、集会から追い出されてしまう。こうしたグループの中には小さな「ヨハネ的」共同体が存在した。この「ヨハネ的」共同体は、この事件以後数年経っても、自分たちがシナゴーグから排除されたという苦々しい思い出を忘れておらず、おそらくその時には幾らか乱暴な場面もあったのではないかと思われる（ヨハ九・二二、一二・四二、一六・二）。この時に、マージナルなユダヤ人の別のグループも同じような扱いを受けた可能性がある。それは洗礼者ヨハネの弟子たちからなるグループで、彼らはパウロがエフェソスに到着する以前から、この地方にいた（参照、使徒一九・一―七）。そうだとすれば、第四福音書の最初の方に洗礼者ヨハネとその弟子たちに関するかなりの数のテキストが存在して、そのうちの幾つかは論争的な調子になっていることに納得が行くだろう（ヨハ一・一五―三九、三・二二―三〇、四・一、五・三一―三五、など）。洗礼者ヨハネによるイエスの洗礼後七十年から八十年経った後にこのような対立が生じるのは驚くべきことかもしれないが、これはシナゴーグから追い出された二つのグループがどちらも非ユダヤ人の間に放り出されて、突如としてお互いがライバルの関係に置かれるようになったからだと理解するのがもっとも順当であろう。二つの共同体にとってのこうした新しい状況については、後に再び検討する。

エフェソスのシナゴーグから追い出され、洗礼者の弟子たちと競合関係に置かれるようになり、パウロの活動から生まれた共同体に接近することが不可避になったこと、こうしたこと全てが動機となって第四福音書が執筆されたのであり、これは一〇〇―一一〇年頃のことであったであろう。ゼベタイの子ヨハネの弟子たちは、半世紀以上も遡る独特の伝承を伝えて来ており、自分たちの信仰や共同体組織について神学的思索を深める必要に迫られていた。ゼベタイの子ヨハネがたいへん長生きしたという情報は伝説的なものになってしまっているが、いずれにしろ彼は、自分の弟子たちに絶えず強い影響を与えていた。そこで弟子たちは自分たちのキリスト論と自分たちの考え方とを、大規模な文学作品において表明しようとしたのである。ヘブライ書のような神学論文という形やパウロのローマ書のような書簡という形を選ばずに、彼らは福音書という文学ジャンルを選択した。このことについてはさまざまなことが言えるかもしれないが、いずれにしても彼らがマルコ福音書とルカ福音書を知っていたことは確かである。これらの文書を隷属的なほどに模倣するようなことはしなかったが、イエスという存在について伝記的で神学的な表現を行うという考え方は、これらの文書から由来している。福音書というジャンルは、信者たちや伝道の対象となっていた者たちの間で大きな成功を収めていた。物語と議論とが興味深く混じっているお蔭で、この福音書というジャンルは、神学論文や書簡よりも遥かに多くの者に訴えかけることができたのである。こうして我々が第四福音書と呼んでいる傑作が出来上がったのである。いくつもの兆候を合わせて判断できるところでは、この作品はキリスト教教会において急速に普及し、また初期グノーシスのグループといったマージナルな者たちの間にも広まっていった。

この文書は、マルコ福音書よりも幾らか長く、マタイ福音書・ルカ福音書よりも幾らか短い。そしてこれらの先行する三つの福音書と同一のモデルの上に構築されている。すなわち、プロローグの後に、イエスの公活動の物語があり、そして受難物語と復活したイエスのさまざまな顕現の物語が続いている。受難物語を初めとする幾つかのエピソードがヨハネ福音書とその他の三つの福音書との間に共通に認められるが、しかし両者の相違点も多い。これらの相違点をすべて列挙することはしない。そのうちの幾つかを指摘するだけで十分であろう。エルサレムで展開する場面を受難物語の直前にまとめて記す代わりに、第四福音書では、それらが幾つかのグループに分けられていて(二・一三から三・三〇、五章、七・一四から一〇・三九、一二・一二―五〇)、このことによってエルサレムでの場面の重要性が大きいものとなっており、更に一三章から一七章までの別れの演説がそれに加わっているために、この効果は一層高められている。奇跡のエピソードは、共観福音書のものよりも数が少なくなっているが、しかし遥かに劇的なものとなっている。イエスの教えも、共観福音書に記されているような警句や譬ではなくなり、長い演説となっている。ただしその内部の構成はあまりはっきりしないことが多い。こうした相違点があるにもかかわらず、第四福音書は、先行の福音書の場合と同様に、少なくとも幾つかの要素は、パレスチナ起源の伝承に基づいて作成されていると思われる。しかしこれらの伝承は、共観福音書伝承とは別のもので、キリスト論的な瞑想に専念していたグループの中での独創的な伝達のプロセスの影響が刻印されている。

イエスの対話者ないし敵対者を指すために「ユダヤ人」という語が頻繁に用いられてい

ることは、第四福音書におけるもっとも際立った特徴の一つである（他の福音書のそれぞれにおいては五回か六回であるのに対して、第四福音書では七十一回）。著者の立場においては、この「ユダヤ人」という語で示されているグループは、そこからキリスト教徒たちが追い出されたのであるにしても、現在はキリスト教徒たちがもはや属していないグループである。これはユダヤ教の外部にある者の言葉遣いである。「ファリサイ派の者たち」という語は、共観福音書の場合以上に頻繁には用いられてはおらず、その用法はマタイ福音書のものに近い。マタイ福音書の場合と同様に、ヨハネ福音書においても、ヤムニアの一派の改革者たちによるシナゴーグの掌握という事態が反映されており、このグループがキリスト教の中心的な敵対勢力であると確信されていることが認められる（参照、ヨハ九・二二―四一、一二・四二）。この点においても第四福音書の著者は、思想的起源がユダヤ的なものであるにもかかわらず、その立場が当時のユダヤ教の外にあるということが認められる。そして彼は、福音書記者マタイの場合とは逆に、ユダヤ教をキリストの側につけることをもはや期待していない。また彼のイエスは、確かにユダヤ人ではあるが、受肉した神の言葉であって（一・一四）、マタイ福音書・ルカ福音書の場合と違って、ユダヤ的な系図をもっていない。そしてこのイエスのミニストリーは、清浄についてのユダヤ的実践のあり方を変更する業と（二・一―一二）、エルサレム神殿の非神聖化の業（二・一三―二二）によって開始されており、つまりユダヤ教を超越することの準備の行為によって開始されている。

このようにキリスト教の非ユダヤ教化の兆候が幾つも認められるにもかかわらず、第四福音書においては、ユダヤ教とキリスト教の分裂の意味についての困難な問題が全体を覆っており、この分裂は単純な偶然の出来事であるという解釈を著者は避けようとしている。福音書記者マタイの場合と同様に彼も、この対立をイエスの時代にまで遡らせており、このことによって神の計画の実現をキリストの任務に結び付けることが可能となっている。しかし分裂の責任を「偽善的な書記たちとファリサイ派の者たち」（参照、マタ二三章）に帰するのではなく、第四福音書の著者は、ユダヤ人たちがイエスを信じる場合でも、全ての「ユダヤ人」（二・一三―二五、五・一―四六、七・一一―五二、八・一二―五九、九・三五―四一、一〇・二二―三九、一二・三七―五〇）に挑みかかる攻撃的なイエスを登場させている。この天的な存在に真の信仰を置くことは、人間にとっては、それがたとえユダヤ人であっても、自分自身の力だけに限定されている場合には、不可能だからである。これが可能となるのは、神のもとへキリストが挙げられた後であって、弟子たちに聖霊が与えられることによってである（七・三七―三九、一四・一六―一七、二六、一五・二六、一六・一三―一五）。

したがって本質的な根拠となっているのは、イエスの神的な性質である。ユダヤ人たちが自分たちのところに到来した者に与することがどうして不可能なのかが、このことによって十分に説明されることになる。人間的メシアならば、ごく当然のこととして彼と同じ民族の多くの者たちの支持を獲得することができたであろう。ヨハネが描くイエス自身の場合にも、彼の行動と言葉によってユダヤ人たちの間に個人的・集団的な熱狂が生じた。しかし彼は、こうした熱狂に信頼を置くことを拒み、熱狂する者たちを思い止まらせるために為すべきことを為している。なぜなら彼らの信仰は、イエスがどのような者なのかに関する致命的な誤解に基づいているからである（二・二三―二五、三・一―一二、五・三七―四七、六・一四―一五、二四―五〇、六〇―六六、七・三―九、一四―三六、四〇―五二、八・一二―二〇、三一―五九、一〇・二二―三九、一二・三七―五〇）。イエスの活動期間中にイエスの側につく者として受け入れられ得るのは、彼の奇跡を享受した幾らかの者たち（四・四六―五三、九・一―三九）、ユダヤ教のマージナルな者たち（四・五―四二、一二・二〇―二六）、そして洗礼者ヨハネの手によって直接間接に弟子となった幾らかの者たちである（一・三五―五一）。洗礼者ヨハネは、イエスの神性について証言することを神によって委ねられた預言者である（一・一五―三四、三・二七―三六）。洗礼者によって準備されたこれらの弟子たちは、父である神によってイエスに与えられ、イエスによって保護されている者として描かれている（一七・一―一二、六―一九）。そして彼らによって、この世に伝道が行われることになる。

洗礼者ヨハネの弟子たちに対する論争が見出されるのは、この点においてである。洗礼者ヨハネの弟子たちは、キリスト教伝道者たちの手強い競争相手で、自分たちの師であるヨハネはメシアであるとして、イエスは彼の多少とも不忠実な弟子に過ぎなかったというのが彼らのメッセージであったようである。シナゴーグから締め出されたばかりのこの二つのグループは、ユダヤ教の共鳴者でファリサイ派的改革を不愉快に思う者や異教徒たちに対して働きかけることを余儀なくされていたが、この両者の間にはかなり激しい競争があったことが第四福音書の幾つかの箇所において示唆されている。イエスの旅に関する文章を導入するためのものでしかないような四・一―二の記述は、この観点からは意味深長である。しかもここでは弟子たちの役割が強調されている。三・二二―二六の小さなエピソードは、これよりも更に意義深い。ここでは、イエスの宣教によって生じた大衆的な成功について洗礼者の弟子たちがくやしさを感じているということが、記されているからである。四・三五―三八の小さな譬では、洗礼者の弟子たちにサマリアの開拓伝道の役割が帰されているが、同じサマリアでの収穫の役割はイエスの弟子たちに帰されている。このことは、同じような状況が別の場所でも生じていたことを示唆するものだと考えることができる。そして洗礼者のグループの立場から語る者たちを沈黙させるために、第四福音書の著者はこの上なく有効な武器を選択している。すなわち彼は、洗礼者ヨハネには、イエスの優越性についての証人の役割しか与えない。共観福音書の記者たちも既にこうした立場を採用しており、特にマルコにおいてこのことははっきり認められる。しかし第四福音書の著者は、これを遥かに徹底させる。彼は洗礼者を中傷するようなことはまったく行わず、プロローグにおいては彼の召命がたいへん力強い言葉遣いで述べられている（一・六―一三）。しかし彼については「洗礼者」という形容句が除かれてしまっており、そして彼の宣教者および洗礼者としての活動についても、たいへん暗示的にしか触れられていない（一・二五―二八、三一、三三、三・二三）。そして、洗礼者ヨハネによるイエスの洗礼の物語は削除されていて、その代わりにぼんやりしたほのめかしがなされているだけである（一・三〇―三三）。そして神の赦しは、イエス・キリストの業によって与えられるのであって、ヨハネの洗礼によっては与えられないということが示唆されており（一・二九）、しかもヨハネの洗礼にはイエスの啓示を可能にするという目的しかない（一・三一―三四）。しかも第四福音書の著者は、洗礼者ヨハネに、自分のメシア性を激しく否定する言葉を言わせている（一・一九―二七、三・二七―二八）。一方、先駆者であるヨハネがイエスについて行う証しは、たいへんに強調されており（一・一五―一八、二六―二七、二九―三六、三・二九―三六、五・三二―三五）、イエスの神的起源および救済をもたらすという彼の任務を強調するラディカルな表現に満ちている。つまり、洗礼者ヨハネの信奉者たちが彼について述べていることに、第四福音書の洗礼者ヨハネが逐一反論を加えているのである。洗礼者ヨハネの信奉者たちはイエスを自分たちと同じ人間的でしかないレベルに引き戻そうとしているが、第四福音書の洗礼者ヨハネはそのイエスを支援しているのである。

こうして邪魔になるライバルから免れたイエスの弟子たちは、自分たちの師の活動の当初から弟子として召された者たちである（一・三五―五一）。彼らは、命のパンについての言葉によって意気阻喪した者たちが去り（六・六〇―六九）、裏切り者ユダが去ることによって（六・七〇―七一、一三・二一―三〇）純化され、そして足を洗うという象徴的な行為を享受し（一三・一―二〇）、受難の前にイエスが与えた教えを受ける（一三・三一から一七・二六）。彼らは聖霊の約束を受け、聖霊によって彼らに超自然的な力が与えられる。この力によって彼らは、復活のイエスおよび父なる神との完全な交わりの中にあって、人々に自分たちのメッセージを聞かせることができるようになる。あらゆる迫害や抵抗にもかかわらず、彼らは「世を恐縮させ」（一六・八）、多くの者たちを信仰に獲得する（一七・二〇―二三）ことができるようになる。復活者の最初の顕現の時に聖霊が彼らに与えられ（二〇・二二―二三）、同時に彼らは、罪の赦しについての超自然的な権威をもって世に送られる（二〇・二一―二三）。「教会」という語は第四福音書の語彙には現れないが、ここで告知されているのは、イエスの最初の弟子たちが継承したことに固く結ばれている教会である。したがってシナゴーグから追い出された共同体は、多かれ少なかれ途方に暮れてしまったようなグループではなく、初期の宣教の直接の継承者たちであって、彼らの正当性はもっとも古い起源にまで遡るものである。彼らの組織や日常生活のあり方については何も述べられていないが、役職者たちが使徒たちの継承者として存在しており、聖餐（六・

五一―五八）と洗礼（三・三―八、四・二、一三―一四）が行われている。共同体生活の基礎にあるのは相互の愛の掟であって（一三・三四―三五）、この相互愛の命令が共同体内部および共同体間のまとまりを実現している（一七・二一―二三）。第四福音書の著者は、当時のキリスト教の諸グループの間に存在する分裂を意識しており、「エキュメニカル」な願望を表明していて、その具体的な実現が、キリストによって、一七章の祭司的な祈りにおいて、神に求められている。(10)

こうして紀元一〇〇年前後になるとキリスト教徒たちは、シナゴーグに対して論争することを止め、また自分たちこそが真のユダヤ人であると示そうとすることを放棄する。彼らは、自分たちが広い世界の中に放り出されているということを悟っている。自分たちの根源がユダヤ教の聖書およびイエスの短い地上での任務活動に存していることを受け入れた上で、この新しい状況について考えようと努力している。彼らのキリスト論および教会論の最終的な形は整えられた。キリスト教にとっての大人の時代が近づいているのだが、しかし一連の新しい問題も生じてくる。

13　強化とヘレニズム化

一世紀の末に生じたユダヤ教とキリスト教の分裂は、取り返しのつかないものであった。諸教会において常に大多数を占めていた異邦人出身のキリスト教徒たちは、共同体がシナゴーグに密接に依存して存在していたつい最近までの状態について何の郷愁も感じていなかった。ユダヤ人たちに対しては、ファリサイ派のラビたちが彼らのアイデンティティについてはっきりした意識をもたせていて、こうしたユダヤ人たちはもはや自分たちの周りの異教世界にあまり関心を抱かなくなる。直前の時期には豊富に作られた護教的な文学や伝道の文学が消えてしまったことが、こうした変化についてのもっとも優れた証しとなっている。しかも一連の劇的な出来事が、ユダヤ人とキリスト教徒との間の溝を更に深めることになる。一一五年から一一七年にかけてユダヤ人たちは、キプロス、エジプト、キュレナイカ、およびパルチア帝国からローマが獲得したばかりのメソポタミアにおいて、ローマ支配に反対して蜂起した。六六年から七〇年の時の態度であったろうとおそらく考えられるあり方とは違って、この時にキリスト教徒はどこでもこの蜂起に与することがなかった。このことによって、当局がキリスト教徒とユダヤ人をはっきり区別するべきだと更に明確に考えるようになったことはほぼ間違いないであろう。こうして一二四年から一二五年に、ハドリアヌス帝が、アジアの地方総督であるガイウス・ミヌキウス・フンダヌスに、証拠なくキリスト教徒を告発させてはならないとする「皇帝答書」を送ることになる（一三五年頃、殉教者ユスティノスはこのテキストを彼の『第一護教論』の末尾で引用している）。周知の通り、ハドリアヌス帝はユダヤ教に対して個人的に敵意をもっており、主にパレスチナにおいてバル・コクバという者の指導の下に一三二年から一三五年に生じたユダヤ人の新しい反乱を、たいへん手厳しく弾圧した。エルサレムは全壊し、アエリア・カピトリナと名前が変更され、ユダヤ人の立ち入りは禁止される。これが、ローマとユダヤ人たちとの最後の対決の結果として生じた状態の一つである。キリスト教徒たちはこの蜂起にも与せず、これ以降ローマ帝国に対して一層忠実な態度を示すようになる。しかしパレスチナのユダヤ教が破壊され、バビロニアのユダヤ教がそれに取って代わったことは、パレスチナにおけるキリスト教の運命にも影響を及ぼした。パレスチナのキリスト教は完璧に混乱してしまい、影響力をまったく失ってしまったのである。こうしてローマ帝国の内部においてユダヤ教との関係を保っていた最後のキリスト教徒たちのグループの一つが消滅してしまう。

ユダヤ教とキリスト教との間の溝が深まるにつれて、キリスト教徒たちはギリシア・ローマ文明に溶け込む必要を一層強く感じるようになる。これは少なくともローマ帝国で生活するキリスト教徒たちには当てはまることであり、こうした者たちがこれ以降のキリスト教徒の大多数を占めることになる。彼らが周りの状況に同化する様子や彼らの願望の姿が日々の生活において表現されていたことは確かだが、こうしたことについての情報は当時の文学的作品において伝えられているだけである。その証言は間接的なものだが、作品の種類が多様なので、それらから得られる情報はしっかりしたものであると考えてよいであろう。資料は、幾つかのカテゴリーに分けることができる。シリアのテキストであるトマス福音書。エジプトのアレキサンドリア起源の二つのテキスト(第二ペトロ書、偽バルナバの手紙)。ローマの二つのテキスト(ヘルマスの『牧者』、第二クレメンス書と呼ばれることの多い奨励)。そして初期の護教家たちの作品である。

トマス福音書は、幾つかのギリシア語の断片と、コプト語版のテキストが残っているだけであり、本書での我々の探究には役立つところはあまりない。まずこの文書は、成立時期の確定がたいへん困難である。文書には全体としてイエスの言葉が記されているが、これらの言葉は独立した伝承によって伝えられたもので、紀元後一世紀のかなり古い時期にまで遡るものである。この伝承は、アラム語からギリシア語へ移り、そして口承の状態から書き記された状態に移ってきたもので、イエスのメッセージの再構成のためにはたいへん役立つ。しかし正典福音書と同じテキスト形成をたどったのではないために、二世紀前半のキリスト教については何の情報も得られない。ただしトマス福音書に記されているイエスの言葉においては、神の支配の定義が非終末論的であることを指摘しておこう（たとえば、言葉三、一〇九、一一三）。これは終末論を拒んで受け入れないギリシア的思考態度によって影響されたのかもしれない。また断食・祈り・施しといったユダヤ教的敬虔の実践形態は完全に拒否されており（たとえば、言葉六、一四）、割礼についても同様である（言葉五三）。安息日遵守は、旧約聖書の規則についてのたいへん自由な解釈に従うべきものとされている（言葉二七）。こうしてユダヤ教的実践の多くがキリスト教徒たちの間で消滅しており、このことはキリスト教がギリシア・ローマ教会に同化する傾向を示唆するものである。(1)

おそらくエジプトのアレキサンドリア起源であると思われる二つのテキストにも、同じ方向性が認められる。第二ペトロ書の執筆時期は、紀元後一三〇年前後とされるのが一般的であり、新約聖書の中でもっとも新しい文書である。この文書が新約聖書正典の中に認められたのはかなり後になってからであり、このことは、一・一の記述があるにもかかわらず、使徒ペトロを著者とする立場が問題のないものとは見做されていなかったことを示している。この第二ペトロ書は、語彙およびスタイルにおいて、新約聖書全体の中でもっともエレガントな文書である。著者はヘレニズム文化の知識人であり、教養のある者たちに語りかけている。彼はユダヤ教の聖書の諸文書および旧約と新約の中間時代の文書を多量に引用しているが、キリストの帰還についての伝統的な概念を精力的に弁護している。しかしキリストの「パルシア」（再臨）についての弁護をこのようにせざるを得ないということは、この小さな文の読者として想定されている者たちがこの教義を放棄しようとしていたということであり、それはおそらく彼らのヘレニズム化がたいへん進展していたからであろう。二章および三章で著者が激しく攻撃している異端者たちもまた、ヘレニズム化されている者たちである。ユダヤ人の聖書は頻繁に用いられているが、ユダヤ人そのものの問題はまったく取り上げられていない。この問題は既に、時代遅れとなってしまっているのである。(2)

偽バルナバの手紙も、おそらくエジプトのアレキサンドリア起源である。ただし学者の中には、シリア・パレスチナ地方が起源であると考える者もいる。二世紀の三〇年代から四〇年代前後が執筆時期であるとされるのが、一般的である。この作品はさまざまな影響が交差するところに位置しており、それらのさまざまな影響の中にはエッセネ派からの影響も含まれている。このエッセネ派からの影響は、一六章、および一八章から二一章に特に感じられるもので、そこにはクムランにおけるテキスト（1QS三・一三から四・二六）とは幾らか違う形の「二つの道についての手引き」が記されている。キリスト教はユダヤ教から完全に離れてしまっており、しかしキリスト教の組織はまだ萌芽的なものでしかない。しかし、こうしたキリスト教の組織のあり方について著者は特別な関心をもっていない。著者が意を用いているのは、聖書の位置付けと権威とを保護することである。ただし聖書とは、彼にとってはまだ旧約聖書の諸文書のことでしかない。この目的を達成するために彼は、これらの文書についてのアレゴリックな解釈を提案する。このアレゴリックな解釈には、たとえばフィロンに見られるようなユダヤ的な流れの影響があったのかもしれない。しかしこの解釈は、何よりもまず、古い文学の読解のためのヘレニズム的な解釈方法を適用したものである。つまりこの文書において認められるのは、ユダヤ教から継承したものの価値がキリスト教によって熱心に主張されている領域において、ヘレニズム化が特に進んでいるということである。ユダヤ人たちは聖書を理解していないのであり、聖書においては神の意志に対してユダヤ人たちの絶えざる反抗が告発されている。この聖書についてのアレゴリックな解釈を一貫して適用することによって、聖書がキリスト教徒たちの所有物となっているのである。こうしたアレゴリックな解釈が可能となるのは、キリスト教がギリシア文化の範疇の中に入り込んでいるからである。(3) 偽バルナバ書の調子が排他的なものとなっているのは、こうした逆説的な態度のためである。そして、こうした雰囲気の中で、キリスト教徒の中に、旧約聖書を破棄することを選択する者がいたり（グノーシス主義の多くの者たち、マルキオン）、旧約聖書に収められている文書から「偽のペリコーペ」を取り除くことを選択する者が出てくる（ユダヤ的キリスト教徒たちのグループにおいて生み出された偽クレメンス文書）のも、理解できるであろう。

ローマ起源のキリスト教文書としてまず現れるのは、一四〇年頃のヘルマスの『牧者』である。この長い文書の目的は、悔い改めが実り豊かであると主張することである。悔い改めによって信者は、神の下の恵みの領域に立ち戻ることができるのである。著者ヘルマスは、他の文書ではまったく言及されていない。彼は、自分は幻視者・預言者であると述べている。彼は旧約聖書の預言書の影響を受けているが、それだけでなく、特にユダヤ教の黙示文学の影響も受けている。しかしこの作品には世俗のギリシア文学から採り入れた要素も多く、伝記文学から借入したものや、牧歌的な装飾に満ちた繊細な心理的描写の借入などがある。偽バルナバ書の場合と同様に、この作品の著者は、聖書に優先的に依拠するあり方が、よく吸収消化されたヘレニズム文化にどのように溶け込むことができるのかを、彼独特の流儀において示しているのである。こうした統合を目指す努力は、ここでは感傷的な道徳主義に行き着いている。こうしたあり方が、キリスト教的な「全く別の存在」の番人であるところのグノーシス主義者たちやマルキオンの憤慨を招くことになる。[4]

ローマのクレメンスの第二書簡と呼ばれることの多い奨励文は、おそらくヘルマスの『牧者』の同時代か、或いはわずかに遅れた時期のものである。この文書でもまた、悔い改めが感動的に勧められている。著者は、数多くの引用に基づきながら、自分の議論を展開している。これらの引用の幾つかは、ユダヤ教の聖書の預言書、特にイザヤ書から採られたものである。残る引用の大部分は、パウロの書簡集からのものであったり、また主イエスの言葉であったりするが、この主イエスの言葉は、正典福音書の枠を大きく越えてしまう伝承によって伝えられて来たものである。この文書においては、イエス・キリストの神性を認めるというたいへん高邁なキリスト論が記されているばかりでなく（一・二）、教会の古さについての驚くべき考え方がなされていることが特徴となっている。教会は太陽と月よりも前に創られたのであり、キリストの体の中において可視のものとなったのである（一四・一、三）。したがってユダヤ教は、救済史の中の、既に乗り越えられてしまった一種の周辺領域に押しやられてしまっている（二・三）。異教世界は獲得されねばならず、宣教と、そして愛敵の絶えざる実践がその手段である（一三・一—四）。信者たちには、この世から出て、今の時代との繋がりを断つことが求められている（五・一、六・三—七）。したがってここには、ギリシア・ローマ文化に溶け込もうという願望は見られないが、この世にとどまることが強く勧められており、キリスト教徒たちが肉体から離れて非人間的となった霊的状態に引込むことは禁じられている(5)。

初期の護教家たちの文書となると、これとは別の雰囲気が支配している。アテネのクァドラトゥスは、一二五年頃、ハドリアヌス帝に一つの公開書簡を執筆した。この書簡のテキストで今も残っているのは、カイサリアのエウセビオスが『教会史』のⅣの三の中で公表した抜粋部分だけである。その部分で著者は、イエスの奇跡は彼がこの世の救済者であることの証拠であるとしている。この書簡の残りの部分ではおそらくローマ当局に対するキリスト教徒の弁護がなされていたであろう。

一四五年頃に世に出たアリステイデスの『アポロギア』は、初期の護教家たちの文書で本文全体が保存されているものとしてはもっとも古いものである。そこでは異教のさまざまな礼拝が厳しく断罪されており、またユダヤ人に対しては、神そのものではなく天使たちを崇めていることが非難されている。キリスト教徒たちだけが神に対して適切な崇拝をしている。彼らが真の神を崇拝していることの何よりの証拠は、彼らの道徳的な行動のあり方で、それは社会が望むようなあらゆる点に対応したものである。彼らは寡婦と孤児を助け、断食によって節約した食物によって乏しい者たちに助けの手をのべている。これはディアスポラのシナゴーグによって既に勧められていた行為であるが、キリスト教徒たちはそれらの行為をより組織的にそして広範に実践している。つまり彼らは完璧な市民として行動しており、したがってそのような完璧な市民として扱われるべきである。

殉教者ユスティノス、サルディスのメリトン、アテナゴラス、ディオグネトスへの手紙の匿名の著者など、後になって現れる護教家たちはこれと同じ方向性を継承しており、ギリシア・ローマ社会におけるキリスト教についての否定的なあらゆる誤解を晴らそうと力を傾けている。教義・道徳・礼拝といった側面において、彼らは皆、世論とローマ当局にとってキリスト教が受け入れられ得るものであるようにしたいという願いに、強く動かされている。この礼拝の問題について異教徒たちの間に広まっていた中傷を反駁しようとする願いから、ユスティノスの『第一護教論』の六五、六六、六七章のテキストが書かれているが（一五〇年頃）、このテキストによって洗礼と聖餐、そしてキリスト教共同体の毎週の典礼行為の様子についての報告が、我々に残されることになった。然るべき秩序、聖書の一節に関わる説教をはじめとするシナゴーグでの集会の特徴の多くが、そこに見出される。(6)パウロによって創立された諸教会での礼拝が無秩序な熱狂状態であった状況からは、遠くかけ離れたものとなっている。キリスト教は、尊敬すべき宗教になったのであり、そのようなキリスト教についてギリシア人やローマ人が異議を唱える理由は何もないことになる。使徒職および伝道の任務が全て消滅したことも、同じ方向への動きの表われである。福音は、もはや攻撃的な宗教宣伝としてではなく、穏当な共同体信仰として理解されている。

周辺の社会から尊敬を受けるようになりたい、認められたいという願いをもつことは、すべてのキリスト教徒の好みに合う訳ではなかった。互いに関係のない三つの傾向が一三〇―一五〇年頃に立ち現れ、ギリシア・ローマ文明への文化的同化の度合を教会主流が次第に強めていく状態に抗して、キリスト教の独自性を守ろうとした。すなわち、エビオン派福音書・ヘブル人福音書・『ケリュグマ・ペトル』（ペトロの宣教）において考え方が表明されているユダヤ的キリスト教徒の一部の者たち、バシリデスによって特に代表されるような初期グノーシス主義の思想家たち、そしてマルキオンの分裂、である。これらの反順応主義のキリスト教徒たちによって作り出されたテキストは、残念ながら、彼らの敵対者たちが語っていることを通してしか知られておらず、しかもそれらの報告はあまり整合性がなく、時として矛盾することもある。

ペトロの宣教は、『ストロマティス』の第四分冊におけるアレキサンドリアのクレメンスの引用で知られているだけであり、エビオン派福音書・ヘブル人福音書は後世のさまざまな著作家の引用で知られているだけである。ペトロの宣教とヘブル人福音書はおそらく、アレキサンドリア起源であろう。エビオン派福音書は、ヨルダン起源と思われる。これらの文書に認められる教義上の幾つかの要素を検討することによって浮かび上がってくるキリスト教は、ユダヤ教から受け継いだものに堅固に根を降ろしており、そこで主張されている唯一神論は、教会主流のキリスト論と両立させるのが難しいものであり、またグノーシス主義の影響の跡も幾らか認められる。ペトロの宣教においては、キリスト教徒はユダヤ人およびギリシア人と区別されたところの「第三の人種」であるという言い方が初めて見出される。つまりギリシア語を話すこれらのユダヤ的キリスト教徒たちは、ギリシア・ローマ文明に溶け込もうという願望をまったくもっていない(7)。おそらく多数いたであろうアラム語を話す彼らの兄弟たちの状況も、同じようであったことは確かだと思われるが、当時の彼らの状況についての直接の情報は我々の手元には何もない。

バシリデスは、グノーシス主義の偉大な教師たちの最初の人物であって、一二五年から一五五年頃が活動時期であった。彼が聖書について二十四の注解書を書いたことは知られているが、しかし彼の考えについての情報は、イレナエウス（一三〇頃—二〇〇頃）、ヒッポリュトス（一六〇頃—二三六）、アレキサンドリアのクレメンス（活動時期は一八〇—二〇三）、エピファニオス（三一五頃—四〇三）といった著作家たちの批評を通して得られるだけで、しかもこれらの批評は、ほとんどの場合に否定的である。彼の思想は、息子で弟子であるイシドロスに継承され、それから一つの神学的流れとなった。バシリデスは、神は絶対的に超越していると教える。そしてこの神から、まず「思惟」が、そして「言葉」、そして「慎重」「知恵」「力」が流出した。そこから第一天を構成する天使たちと諸力とが出てきたのであり、更に三百六十五の天が出てきて、この三百六十五の天が、神ともっとも貧弱な天使たちの集団とを隔てている。ヤーヴェはイスラエルの天使であって、戦いを好み、権威的な存在であり、無秩序を撒き散らし、彼の民は常に攻撃的であった。そこで神の介入が必要となり、神はこの世に彼の「思惟」をキリストとして送ったのである。人間たちはこのキリストとしての「思惟」を十字架に付けることによって厄介払いをしたと信じたが、キリストの姿で実際に処刑されたのはキレナイカのシモンであった。そしてキリストは、彼のユダヤ人敵対者たちを嘲弄する。この巨大な神話的構築物は、おそらくキリスト教以前のグノーシス主義的神話の影響を受けたものである。特徴となっているのは、最高のレベル以外の他の全てのレベルにおいて無知が支配していることで、このために中間的存在のそれぞれが自分自身を最高神であると考えている。救いは、キリスト、および霊を受けた教師たちによって啓示される「知識」(グノーシス)によって、もたらされる。このグノーシス説によって、悪が乗り越えられることになる。なぜなら悪は、悪者であるヤーヴェの業に過ぎないからである。残るのは、義しい者たちの苦しみの問題だが、バシリデスは、これはヤーヴェの活動によるものだとしており、信者各人の罪に対する贖いとして生きていかねばならない問題である。

この雄大なシステムは、結果として、同時代のユダヤ教との完璧な断絶を招き、またユダヤ教から継承されるようなものとも断絶が生じることになる。ただし聖書は例外で、聖書の意味はアレゴリーを適切に用いることによって見出されることになる。これはヘレニズムから借用した方法だが、だからといってバシリデスは、ギリシア・ローマ文明の側にキリスト教が与することに同意しているのではない。キリスト教徒は、苦しみ、そして殉教しなければならないという立場の故に、既存の道徳との妥協はあり得ないことになる。キリスト教徒であることは、この世において受け入れられたり、認められたりしようとすることではなく、この世との距離を保つことである。それは愚かにも楽観的なモラルに陥らないためであって、それは信じる者の存在の内容となっている悲劇的なものが無にされ

てしまわないためである。(8)

マルキオン（八五―一六〇年頃）には、グノーシス主義の教師たちのような知的野心はない。しかしキリスト教世界に彼が与えた影響は、おそらく彼らの場合よりも深いであろう。マルキオンは、黒海のアナトリア側沿岸にあるシノペの、キリスト教徒の家に生まれた。船主で仲買人であった彼は、仕事のためにあちこちへと旅をし、宗教的問題について積極的に発言したために、スミルナの監督者ポリュカルポスとの有名な対立事件が生じてしまう。一三五年頃、彼はローマに来て、教会のメンバーになり、その教会に莫大な献金をしたために首都のキリスト教徒たちの間で大きな影響力をもつようになる。数年の後、彼は『アンティテセイス』と題する神学の著作を世に出す。そこで彼は、旧約聖書のヤーヴェは、無知で、暴力的で、物質主義的な神的存在であって、イエスの神とは無関係であると教えている。イエス自身は、ユダヤ民族の地上的解放者として預言者たちによって告知されたメシアではなく、使徒行伝一七・二三でパウロによって言及されている「知られざる神」の子である。したがって恵みがすべての人々に対して全く新しく供給されていること、これが福音である。この比類のない啓示を証ししている書物は、ユダヤ教の聖書ではなく、新しい文書集であって、それは、ルカ福音書で、最初の二章と復活者の顕現の物語を除いたもの、それからパウロ書簡集で、旧約聖書に依拠する部分を取り除き、そして牧会書簡を含まないもの、この両者によって新しく構成されたものである。マルキオンは一四四年にローマ教会から追放されるが、その後、たいへん活発な伝道活動を開始し、数多くの教会を創立した。そこでは、性的関係と家族生活の放棄を含むたいへん厳しい道徳が実践され、殉教をも厭わない態度の準備がなされていた。物質世界と悪の拒否が、ここではギリシア・ローマ文化との妥協を絶対的に放棄する態度となって表われており、またこれはユダヤ教から継承されるものからの完全な断絶でもあった(9)。

周辺の世界に溶け込むことを拒否するこれらの三つの流れは、キリスト教世界の多数派に受け入れられるまでには到らなかった。しかしキリスト教の展開にとってこれらの流れの存在が与えた影響は大きく、教会の主流は、組織を整え、自らの信仰の定義を改善して信仰の守りを固め、また教会にとって聖書がどのような意味をもつのかを一層はっきりさせる必要に迫られることになる。よく指摘されるように、上で検討したようなさまざまな反抗勢力の存在が大きく与って、教会主流において単頭制の監督制度が一般化し、集団的指導体制が消滅し、使徒信条が最終的に完成されて普及され、また最初の神学的著作も書かれて普及するようになり（ユスティノス、イレナエウス、アレキサンドリアのクレメンス）、そして旧約と新約の両方を含む聖書文書の正典が構成されることになる。ただし聖書正典については、この二部構成の書物に正確には何が含まれることになるかは、古代の末まではっきりしなかった。つまり紀元後一〇〇年前後に自らのアイデンティティを発見したキリスト教は、自らの定着先として大多数が選んだ社会に溶け込もうとして、その目的を達成するための方法について内部での広範な議論を開始したのである。したがってキリスト教は、生みの親であるユダヤ教から解放されたと見做されてよいことになり、一五〇年までには、成熟した大人の時代に突入して、自分の運命を自分で決定して行かねばならなくなる。

結論

キリスト教史の最初の一世紀は、長い安定を誇る宗教組織であるところの教会の、単純な開始の時期として紹介されることが多い。しかしこの時期は、実際は、幾つもの転回点のあった時代であり、それらの転回点は、不意に訪れ、そして決定的な意味をもつものであった。すなわち、イエスの早過ぎた死、復活者の度重なる顕現、弟子たちのエルサレムへの定着、ヘレニストによって生じた動揺、教会主流とのパウロの断絶、六〇年代の凄まじい嵐、ヨハナン・ベン・ザッカイとその弟子たちによるユダヤ教の再興、九〇―一〇〇年頃のシナゴーグからの「ミニム」の追放、二世紀初めのギリシア・ローマ社会への同化についての大議論の開始、である。キリスト教徒たちの集団的意識は、最初の頃は、復活者への結び付きの意識に限定されていたが、さまざまな衝撃を経ながら、少しずつ組織化が進み、豊かなものとなっていった。我々が本書で示したいと願ったのは、こうしたキリスト教徒たちの様子である。当初、彼らはメシア信仰をもつユダヤ人であったが、ユダヤ教との関連における自分たちの独自性に次第に気が付くようになる。最初はアラム語圏だけに属していたが、ギリシア文化を発見し、大多数がこの新しい環境を選び取る。彼らはパルチア帝国とローマ帝国の間の境界に位置していたが、多くの者がローマ帝国の方に向かい、メソポタミアに多数いたユダヤ人入植者たちの存在が提供していたさまざまな可能性を無視してしまう。こうして、幾らか活気の劣る東方のキリスト教と、ダイナミックではあるが東方に対しては閉じているところの西方のキリスト教との間に溝を作り出してしまう。(1)

自分たちの生まれたところの世界の枠から長い間抜け出さなかったこのグループは、周辺のさまざまな状況に促されながら、自分たちに独立独歩の個性があることについての理解をだんだんと深めて、自分の翼で飛び立とうと企てるようになる。その飛躍の方向に待っているのが、ローマ帝国の宗教となり、そしてヨーロッパの宗教となるという驚くべき運命であった。一二五—一五〇年頃には、こうした華々しい未来を予測できるような確固たる兆候は何もない。しかし決定的選択は既になされたのであり、キリスト教は、三世代から四世代の間、ユダヤ教という保護の枠内で成長したあと、この枠から出て、それ以降は、自分の周りの世界に単独で立ち向かうことになる。キリスト教は、成熟した大人としての自覚を十分にもつようになった。ただしキリスト教はまだ、護教家たちのあり方や、あらゆる妥協を拒む告白者たちの頑固さに認められるような若い大人の傲慢さをもっている。しかし子供時代は終ったのである。今やキリスト教は、成熟期の嵐に立ち向かう準備ができたのであり、この嵐は厳しいものとなるようである。

註

【第1章】

（1）この章で扱った内容についてのより詳細な情報は、Charles Guignebert, *Le Monde juif vers le temps de Jésus*, Paris, 1935; 2e éd. 1969（coll. «L'évolution de l'humanité», t. 28 bis）; Marcel Simon, *Les Sectes juives au temps de Jésus*, Paris, 1960（coll. «Mythes et Religions»）; André Paul, *Le Monde des Juifs à l'heure de Jésus, histoire politique*, Paris, 1981（coll. «Petite bibliothèque des sciences bibliques, Nouveau Testament», t. I）といった著作に見出される。

【第2章】

（1）エフラエム『調和福音書注解』（*Evangeliorum Concordantiae Expositio*）。マンダ教というセクトの『ギンツァ』の古い幾つかのテキスト。

（2）洗礼者ヨハネとその集団、またイエスに対する彼の態度については、Maurice Goguel, *Au seuil de l'Évangile, Jean-Baptiste*, Paris, 1928（coll. «Bibliothèque historique»）; Jean Daniélou, *Jean-Baptiste, témoin de l'Agneau*, Paris, 1964; Charles H. Scobie, *John the Baptist*, London,

1964; Laurent Guyénot, *Le Roi sans Prophète, l'enquête historique sur la relation entre Jésus et Jean-Baptiste*, s.l., 1996を参考にせよ。

（3）アルベール・シュヴァイツァーは一九〇六年に、「イエスの生涯」を巡る論争についての洞察力に富んだ紹介を行った（『イエス伝研究史』*Geschichte der Leben-Jesu-Forschung*、その第一版は『ライマルスからヴレーデまで』*Von Reimarus Zu Wrede* という題であった）。それ以降も、さまざまな対立が続いている。

（4）Étienne Trocmé, *Jésus de Nazareth vu par les témoins de sa vie*, Neuchâtel, Delachaux et Niestlé, 1971を参照せよ。残念なことに、市場に出回る数多くの「イエス伝」では、良識ある判断よりも、表面的に目立つ言明が優先している。

（5）トマス福音書についてのたいへん個人的な解釈に基づいたフィリップ・ドランの、イエスはエジプト人だったという説には（Philippe d'Aulan, *La Parole de Jésus*, traduit du copte avec études et commentaires, Saint-Michel de Boulogne, 1996）、歴史的な真実味がまったくない。

（6）受難物語についてのこの分析はÉtienne Trocmé, *The Passion as Liturgy*, London, 1983において展開されている。たとえばSimon Légasse, *Le Procès de Jésus*, Paris, 2 vol., 1994-1995（coll. «Lectio divina» 156 et série «Commentaires» 3）のような受難物語についての書物を書いている者たちに、こうした分析はまだよく知られていない。

【第3章】

(1) これは、Étienne Trocmé, *Le «Livre des Actes» et l'histoire*, Paris, 1957, pp. 175-179 において明らかにした〔田川建三訳『使徒行伝と歴史』一九六九年〕。

(2) 参照、Christian Grappe, *D'un Temple à l'autre. Pierre et l'Église primitive de Jérusalem*, Paris, 1992, pp. 51-73.

(3) Charles H. Dodd, *Conformément aux Écritures*, Paris, 1968〔原本は英語〕。

(4) Rudolf Bultmann, *L'histoire de la tradition synoptique*, Paris, 1973〔原本は独語〕。

(5) Marcel Simon, *Saint Stephen and the Hellenists in the Primitive Church*, London, 1958. Martin H. Scharlemann, *Stephen, a Singular Saint*, Rome, 1968 (coll. «Analecta Biblica», 34).

(6) Oscar Cullmann, *Le Milieu johannique, étude sur l'origine de l'évangile de Jean*, Neuchâtel-Paris, 1976 (coll. «Le monde de la Bible»). *La Communauté johannique et son histoire, la trajectoire de l'évangile de Jean aux deux premiers siècles*, éd. par J. D. Kaestli, J. M. Poffet, et J. Zumstein, Genève, 1990 (coll. «Le monde de la Bible»).

(7) ペトロに関する最良の研究は、依然としてOscar Cullmann, *Saint Pierre, disciple, apôtre, martyr*, Neuchâtel-Paris, 1952〔荒井献訳『ペテロ――弟子・使徒・殉教者』一九六五年〕。また Christian Grappe, *op. cit.*, pp. 139-286 も参照。

(8) ヤコブについては、Pierre-Antoine Bernheim, *Jacques, frère de Jésus*, Paris, 1996 の優れた研究を見よ。

(9) エウセビオス『教会史』IIの一・二でアレキサンドリアのクレメンスが引用されている箇所、ヒエロニムス『著名者列伝』II、など。

（10）参照、M. Simon, «De l'observance rituell à l'ascèse, recherches sur le Décret apostolique», dans *Revue de l'histoire des religions*, CXCIII, 1, Paris, 1978, pp. 27–104; repris dans *Le Christianisme antique et son contexte religieux, Scripta varia*, Tübingen, 1981, t. II, pp. 752–802.

（訳注）今の日本語では「教会」という訳語が定着してしまっているが、これは誤解を招くおそれの大きな表現だ、ということになる。特に「教」という字が含まれていて、教師が他の者たちに「教え」「権威ある情報」を伝える集会・集団であるかのような印象を与えるが、このような「教えの伝達」の意味合いはない。明治以来、この語についてはさまざまな訳語が提案され、用いられて来ている。たとえば「公会」という訳語は、問題がはるかに少ないと思われる。しかし「公会」は、一部で用いられているだけになっている。

【第4章】

（1）使徒一一・二〇―二一。この箇所には「ヘレナス」という読みに対して、かなりの数の古い写本に「ヘレニタス」という異文が存在する。しかし「ヘレナス」の方を優先させるべきで、この読みの写本も有力である。

（2）一ペト五・一三。この箇所の解釈については、O. Cullmann, *op. cit.*, pp. 72–75 を参照せよ。

（3）この論点に関して我々なりの見解は Étienne Trocmé, *La Formation de l'Évangile selon Marc*, Paris, 1963、特に pp. 169–203 において示されており、この説はまだ乗り越えられていないと思われる。

（4）マコ一〇・四二―四四。このことは、田川建三の *Miracle et Évangile*, Paris, 1966（coll.

«Études d'histoire et de philosophie religieuses»）において、もっともうまく論証されている。

【第5章】

（1）パウロについての伝記的研究は無数に存在する。ごく最近のものの中から、Jürgen Becker, *Paulus, der Apostel der Völker*, Tübingen, 1989; Marie-Françoise Baslez, *Saint Paul*, Paris, 1991; Simon Légasse, *Paul apôtre, essai de biographie critique*, Paris, 1991 だけを指摘しておくことにする。

（2）ダマスカスの道の出来事の三つの話について、この分析の詳しい論証は Étienne Trocmé, *Le «Livre des Actes» et l'histoire, op. cit.*, pp. 174-178 に記されている。

（3）これは M. F. Baslez, *Saint Paul*, pp. 125-127 の説である。

（4）パウロの生涯の正確な年代の問題はたいへん複雑で、この問題だけを扱った研究書が数多く存在する。特に Robert Jewett, *Dating Paul's Life*, London, 1979; Gerd Lüdemann, *Paulus, der Heidenapostel*, t. I: *Studien zur Chronologie*, Göttingen, 1980（Coll. «F.R.L.A.N.T.», t. 123）を参考にされたい。

【第6章】

（1）この説は学者たちの間では、かなりの少数意見だが、この説を擁護する者の中には有力な者もおり、そのうちでももっとも有名なのはルナン（E. Renan）である。Pierre Bonnard, *L'Épître de Saint Paul aux Galates*（Neuchâtel, 1re ed. 1953; 2e éd. 1972）で纏められているさまざまな反対意見にもかかわらず、この説が支持されるべきである。

（2）この点は、我々の *Le «Livre des Actes» et l'histoire, op. cit.*, pp. 122-144 において論証済みである。

（3）参照、Bertil Gärtner, *The Areopagus Speech and Natural Revelation*, Uppsala, 1955（coll. «Acta Seminarii Neotestamentici Upsaliensis», t. XXI).

【第7章】

（1）この点については、Gerd Theissen の研究、特に «*Soziale Schichtung in der korinthischen Gemeinde...*» dans *Zeitschrift für die neutestamentliche Wissenschaft*, t. 65, 1974, pp. 233-272 を参考にされたい。

（2）たとえば論文集 *La Résurrection du Christ et l'exégèse moderne*, Paris, 1969（coll. «Lectio divina», t. 50) に収められている二つの論文 Pierre Grelot, «La Résurrection de Jésus et son arrière-plan biblique et juif» (pp. 17-53); Maurice Carrez, «L'herméneutique paulinienne de la résurrection» (pp. 55-73) を参考にされたい。

（3）この領域におけるパウロの考え方についてのもっとも優れた研究は、Max-Alain Chevallier, *Souffle de Dieu, le Saint-Esprit dans le Nouveau Testament*, t. II, Paris, 1990, pp. 265-407 である。

（訳注）　この語は元のギリシア語の表現では「エピスコポス」であり元々は「監督者」の意である。これがフランス語では「évêques」という用語になり、日本語では「主教」とか「司教」

などという、一定の教会組織を前提とした上での特殊な用語で訳されることがある。

【第8章】

(1) 参照、スエトニウス『クラウディウス』二五・四。この箇所では、「クレストゥスによって煽動されて」(impulsore Chresto) とされているところのローマのユダヤ人の間での争いのことが語られている。

(2) パウロがローマのキリスト教徒たちに手紙を書いた動機についての若干異なった分析として興味深いのは、Alexander J. M. Wedderburn, *The Reasons for Romans*, Edinburgh, 1988 (coll. «Studies of the New Testament and its World») である。

(3) ローマ書に表明された思想について数多く存在する研究書のうち、ここでは Franz J. Leenhardt, *L'Épître de saint Paul aux Romains*, 1re éd. Neuchâtel, 1957; 2e éd., Genève, 1981 (coll. «Commentaire du Nouveau Testament», VI) および Halvor Moxnes, *Theology in Conflicts, Studies in Paul's Understanding of God in Romans*, Leiden, 1980 (coll. «Supplements to Novum Testamentum» t. LIII) を挙げておく。

(4) パウロの思想についての研究は無数に存在する。我々としては次の二つの研究書が示唆に富んでいると思われる。J. Christiaan Beker, *Paul the Apostle: the Triumph of God in Life and Thought*, Edinburgh, 1980; Daniel Patte, *Paul, sa foi et la puissance de l'Évangile*, Paris, 1985 (coll. «Initiations», 著者による英文からの仏訳)。

(5) M. F. Baslez, *Saint Paul*, *op. cit.*, pp. 277-296 におけるたいへん慎重な再構成の試みでさ

え、いくらか冒険的であると思われる。

【第9章】

（1）参照、O. Cullmann, *Saint Pierre disciple, apôtre, martyr*, op. cit., 1952, pp. 61-137.

（2）参照、Jacob Neusner, *A Life of Johanan ben Zakkai*, Leiden, 1970.

（3）ヤムニアの集団の出した結論がどのような影響を及ぼしたのかの正確なところについては、論争が行われている。いずれにしても、この結論が重大なものであったことは確かである。たとえば Peter Schäfer, *Histoire des Juifs dans l'Antiquité*, Paris, 1989, pp. 166-168（原著は独語）を参照せよ。

【第10章】

（1）この書簡については、François Vouga, *L'Épître de saint Jacques*, Genève, 1984 (coll. «Commentaire du Nouveau Testament», 2e série, XIII A)を参照せよ。

（2）マタイ福音書についての多くの研究のうち、フランス語で書かれた次の幾つかの研究書を挙げておこう。Pierre Bonnard, *L'Évangile selon saint Matthieu*, Neuchâtel, 1963; 2e éd. 1970 (coll. «Commentaire du Nouveau Testament» I); Akira Ogawa, *L'Histoire de Jésus chez Matthieu*, Frankfurt-Bern-Las Vegas, 1979; Jean Zumstein, *La Condition du croyant dans l'Évangile selon Matthieu*, Freiburg-Göttingen, 1977; Daniel Marguerat, *Le Jugement dans l'Évangile de Matthieu*, Genève, 1981.

【第11章】

(1) こうした弁護についての分析は、ルカ文書の研究の中であまり行われていない。しかしこのテーマに触れる研究の題名を François Bovon, *Luc le théologien, vingt-cinq ans de recherches (1950–1975)*, Neuchâtel, 1978, pp. 342–362 の中に見出すことができる。また P. G. Müller, «Die jüdische Entscheidung gegen Jesus nach der Apostelgeschichte», dans J. Kremer (éd.), *Les Actes des Apôtres*, Gembloux et Louvain, 1979, pp. 523–531 (coll. «Bibliotheca Ephemeridum Theologicarum Lovaniensium») も参考にされたい。

(2) Maurice Goguel, *Introduction au Nouveau Testament*, t. IV/2, Paris, 1926, pp. 476–561 および Ceslas Spicq, *Saint Paul: les épîtres pastorales*, Paris, 1947 (coll. «Etudes bibliques») 以来、牧会書簡についての研究は、ほとんど進展していない。

(3) Michel Bouttier, *L'Épître de saint Paul aux Éphésiens*, Genève, 1991 (coll. «Commentaire du Nouveau Testament», 2e série, t. IXb) はエフェソス書についての優れた注釈である。

(4) Robert M. Grant, *La Formation du Nouveau Testament*, Paris, 1969, pp. 24–27 (原著英語) および David E. Aune, *The New Testament and its Literary Environment*, Cambridge, 1988, pp. 204ss に、パウロ書簡集の形成についての興味深い指摘が幾つか記されている。

【第12章】

(1) ユーフラテス河の向こうのオスロエネおよびアディアレネへのキリスト教の普及も、この頃のことと思われるが、伝説が存在するだけで、何も分かっていない（エウセビオス『教会史』Iの一三で報告されている伝説を見よ）。

（2）『ディダケー』については Willy Rordorf et André Tuiller, *La Doctrine des Douze Apôtres*, Paris, 1978（coll. «Sources chrétiennes», t. 248）による優れた校訂本を参照されたい。

（3）参照、Pierre Bonnard, *Les Épîtres johanniques*, Genève, 1983, pp. 119–138（coll. «Commentaire du Nouveau Testament», 2e série, t. XIV）.

（4）参照、Annie Jaubert, *Clément de Rome, Épître aux Corinthiens*, Paris, 1971（coll. « Sources chrétiennes », t. 167）.

（5）Th. Camelot, *Ignace d'Antioche, Lettres*, Paris, 4e éd. 1969（coll. «Sources chrétiennes», t. 10）の校訂本を参照せよ。.

（6）ポリュカルポスの手紙は、«Sources chrétiennes» の叢書で、イグナチウスの手紙がおさめられているのと同じ本に収録されている。

（7）ヘブル人への手紙についてはいくつかの重要な研究が現れているが、依然として Ceslas Spicq, *L'Épître aux Hébreux*, Paris, 2 vols. 1952–53（coll. «Études bibliques»）を参照するべきである。

（8）Pierre Prigent, *L'Apocalypse de saint Jean*, Genève, 1re èd. 1981; 2e ed. 1988（coll. « Commentaire du Nouveau Testament », 2e série, t. XIV）の麗しい注釈を参照されたい。

（9）参照、注3で引用した Pierre Bonnard の注釈書の一八〇頁の注一一。この注釈書の四分の三は当該書簡に充てられている。

(10) 第四福音書についての膨大な数の研究書のうちここでは次の二つを指摘しておく。Oscar Cullmann, *Le Milieu johannique, Étude sur l'origine de l'Évangile de Jean*, Neuchâtel-Paris, 1976; *La Communauté johannique et son histoire, la trajectoire de l'évangile de Jean aux deux premiers siècles*, éd. par J. D. Kaestli, J. M. Poffet et J. Zumstein, Genève, 1990 (coll. «Le monde de la Bible»).

【第13章】

(1) 一九四五年のエジプトのナグ・ハマディでグノーシス主義の諸文書が発見され、そこには特にそれまで断片しか知られていなかったトマス福音書全編のテキストが含まれていた。この諸文書についての数多くの研究のうち、次の二点だけ指摘しておくことにする。*L'Évangile selon Thomas*, traduction, présentation et commentaires de Philippe de Suarez, Montélimar, 1974; *Nag Hammadi, Évangile selon Thomas*... présenté par Raymond Kuntzmann et Jean-Daniel Dubois, Paris, 1987 (coll. «Supplément aux Cahiers Évangile», no. 58).

(2) Eric Fuchs et Pierre Reymond, *La Deuxième Épître de saint Pierre. L'Épître de saint Jude*, Neuchâtel-Paris, 1980 (coll. «Commentaire du Nouveau Testament», 2e série t. XIIIb).

(3) *Épître de Barnabé*, introduction, traduction et notes par Pierre Prigent, texte grec établi et présenté par Robert A. Kraft, Paris, 1971 (coll. «Sources chrétiennes», no. 172).

(4) Hermas, *Le Pasteur*, éd. par R. Joly, Paris, 2e ed. revue, 1986 (coll. «Sources chrétiennes», no. 53 bis).

(5) 参照、H. Hemmer et A. Picard, *Les Pères apostoliques*, t. II, Paris, 1909. この古い校訂本の序論部分は、その後に出版された*Les écrits des Pères apostoliques*, introduction de Dominique Bertrand, 1991, pp. 123-145 のような出版物によって訂正されねばならない。

(6) 参照、Justin, *Apologies, texte grec, traduction française, introduction et index*, Paris, 1904 (coll. «Textes et documents pour l'étude historique du christianisme...»).

(7) Edgar Hennecke, *Neutestamentliche Apokryphen in deutscher Übersetzung*, 3e éd. par Wilhelm Schneemelcher (2 vol., Tübingen, 1959-64), t. I, pp. 100-108 et t. II, pp. 58-63.

(8) Basilide, *Fragments cited in Clement of Alexandria, Stromata*, éd. O. Stählin et L. Früchtel (coll. «Die griechischen christlichen Schriftsteller», 15, 17), Berlin, 1960.

(9) マルキオンについては、古典的とも言える次の二つの研究を参照されたい。A. von Harnack, *Marcion, das Evangelium vom fremden Gott*, 2e éd., Leipzig, 1921; E. C. Blackman, *Marcion and his Influence*, New York-London, 1950.

【結論】

(1) 運命を決定付けたこの転機がどのように生じたのかは、最近、加藤隆が *La Pensée sociale de Luc-Actes*, Paris, 1997 の中で才能豊かに示したところである。

訳者あとがき

本書はÉtienne Trocmé, *L'enfance du christianisme*, Noêsis, Paris, 1997. 3 の全訳である。原本はトロクメ先生の母語であるフランス語で書かれている。イエスによって始められた運動が、紀元後二世紀初めにその母胎であったユダヤ教から分かれてキリスト教となって自立するまでの歴史が、資料の問題を検討しながら批判的に叙述されている。新約聖書や初期キリスト教史の専門家では必ずしもなくても、キリスト教の成立の経緯や意義について真面目な関心を抱いている者なら興味深く読み進んでいけるように書かれているが、一つ一つの言明の背後に、資料についての本来の意味での「批判的」な検討の膨大な蓄積があり、そこには鋭い洞察と、神学的・人間的・社会的・歴史的な現実についてのごまかしのない分析の目の存在が感じられ、新約聖書・初期キリスト教史の専門家ならばなおのこと本書の高い価値を認めざるを得ないであろう。

訳者がトロクメ先生から直接伺ったところでは、初期キリスト教の歴史について叙述されている真面目な書物は、特に一九五〇年代にイギリス・ドイツで出たものが幾つか存在するが、フランス語のものは存在しなかった、その空白を埋める試みとして本書を執筆したとのことである。本書が出版されたのは上記の通り一九九七年三月だが、最初の三千部は七月に売り切れ、次の三千部も九七年九月の時点でほぼその半分が売れたとのことである。初期キリスト教史についてのフランス語の書物としては例外的な売れ行きであるということになる。これには、数年来フランス語圏で生じているいわゆる「イエス伝ブーム」の影響も与っているかもしれないが、しかし大衆への受けをねらったセンセーショナルな早筆の書物ではない本書のような真面目な書物が、「本離れ」が嘆かれるようになって久しいフランス語圏でこのように歓迎されていることは、本書の高い価値の傍証となっているであろう。本書は英訳がロンドンのSCM Pressから、*The Childhood of Christianity*という題で一九九七年に出版されており、日本語訳は第二の外国語訳である。

＊　＊　＊

トロクメ先生は一九二四年十一月にパリで生まれ、現在も御健在である（二〇〇二年に逝去——文庫版追記）。École Nationale des Chartes（パリ古文書学校）、École Pratique des Hautes Études（パリ高等研究院）、パリ・プロテスタント神学大学、バーゼル大学神学部、ストラスブール大学プロテスタント神学部で学ばれた。当初は近世のフランスの歴史の研究者になることを目指されていたが、諸般の事情から新約聖書学を選ばれ、パリ、バーゼル、ストラスブールで特に二十世紀前半のフランス語圏の新約聖書学を代表するクルマン Oscar Cullmann とゴゲル Maurice Goguel から学ばれた。一九五一年にストラスブール大学プロテスタント神学部で聖書のギリシア語およびヘブライ語を教え始め、ケンブリッジ大学をはじめとする諸大学からの招きにもかかわらず、一九九五年まで一貫して当学部で研究・教育に携わられた。フランスの大学は基本的には全て国立大学で、神学部のある大学は現在のところストラスブール大学だけである（ストラスブール大学にはプロテスタント神学部とカトリック神学部が存在する）。プロテスタントの神学を学ぶことのできるところとしては、この他にパリとモンペリエに所謂「自由大学」(Faculté libre) があるが、これらの施設には博士課程が存在しない。したがってフランスにおいてプロテスタント系の神学を本格的に学ぶことができるのはストラスブール大学のプロテスタント神学部だけであり、ここで新約聖書学教授の地位にあることは、フランスにおける新約聖書学を代表し、そして指導していかねばならない重責を担うことになるが、トロクメ先生はこの大切な役割を長きにわたって十二分に果たしてこられ、多くの修士論文・博士論文の指導をしてこられた。ちなみに先生が新約聖書学の博士論文のために指導された日本人は三人で、訳者はその三人目になる幸運を得ることができた。

以下にトロクメ先生の主要な著作を挙げておく。

Le commerce rochelais de la fin du XVe siècle au début du XVIIe, ouvrage publié en collaboration avec Marcel Delafosse, A. Colin, Paris, 1952

Le «Livre des Actes» et l'histoire, Presses Universitaires de France, Paris, 1957（日本語訳『使徒行伝と歴史』新教出版社、一九七〇）

La formation de l'évangile selon Marc, Paris, Presses Universitaires de France, 1963（英訳 1975）

Jésus de Nazareth vu par les témoins de sa vie, Delachaux et Niestlé, Neuchâtel, 1972（日本語訳『ナザレのイエス――その生涯の諸証言から』ヨルダン社、一九七五、英訳 1973、米訳 1973、西訳 1974、伊訳 1975）

"Le christianisme des origines au Concile de Nicée", dans *Encyclopédie de la Pléiade, Histoire des religions*, tome II, Gallimard, Paris, 1973

The Passion as Liturgy, A Study in the Origin of the Passion Narratives in the Four Gospels, SCM Press, London, 1983（日本語訳『受難物語の起源』教文館、一九九八）

（以下はこの「訳者あとがき」を記した後に出版された著書である。――文庫版追記）

L'Evangileselon Saint Marc, (Commentaire du Nouveau Testament II), Labor et

Fides, 2000

Quatre Évangiles, une seule foi, Les Bergers et les Mages, Paris, 2000（日本語訳『四つの福音書、ただ一つの信仰』新教出版社、二〇〇二）

Saint Paul, Que sais-je? 3662, Presses Universitaires de France, Paris, 2003（日本語訳『聖パウロ』白水社文庫クセジュ、二〇〇四）

この中の *La formation de l'évangile selon Marc* は先生がストラスブール大学プロテスタント神学部でプロテスタント神学博士（Docteur en théologie protestante）の学位を得られた際に提出された論文で、口頭諮問（soutenance）は一九六〇年十二月二十三日に行われた。先生についての学問的な高い評価は国際的なものであり、ケンブリッジ大学・オックスフォード大学をはじめとする世界各地の大学で講義・講演を行われ、特にグラスゴー大学から名誉神学博士号、日本の東洋大学から名誉文学博士号が贈られている。また多くの学会の会員で、殊に Studiorum Novi Testamenti Societas（国際新約聖書学会）の会長を務められた。

またトロクメ先生は大学の内外で、行政上のさまざまな重要な役割を担って来られた。その全てについてここで報告することはできないが、その幾つかについて言及しておく。ストラスブール大学プロテスタント神学部の学部長（doyen）を二度（一九七一―三年、一九八二―四年）務められた。一九六七―七四年には同学部の学術誌である *Revue d'Histoire et de Philosophie Religieuses*（ＲＨＰＲ）の主席編集者（rédacteur en chef）であった。一九七九年からは同誌の二人の編集長（directeurs）のうちの一人である。ＲＨＰＲと並行関係にある Études d'Histoire et de Philosophie Religieuses という叢書の主宰者でもある。またストラスブール人文科学大学（Université des Sciences Humaines de Strasbourg）の学長を二度（一九七三―八年、一九八三―八年）務められた。

この機会にストラスブール大学について若干解説をしておくと、ストラスブール大学は三つの大学（Strasbourg I, Strasbourg II, Strasbourg III）からなっており、ストラスブール第一大学はルイ・パストゥール（Louis Pasteur）大学とも呼ばれ、医学をはじめとする自然科学系の分野が集められており、ストラスブール第三大学はロベール・シューマン（Robert Schuman）大学と呼ばれ、法律・経済などの分野が中心となっている（ロベール・シューマンはヨーロッパ共同体の実現に尽くしたフランスの政治家）。ストラスブール人文科学大学はストラスブール第二大学で、文学・人文科学・神学などの分野が中心である。またトロクメ先生はこのストラスブール人文科学大学の学長であられた時に La Conférence des Présidents d'Université（フランス大学学長会議）の副会長を務められた。この Conférence の会長は高等教育大臣（Ministre des Éducations Supérieures）が自動的になることになっているので、副会長は政府に対してフランスの全大学を代表する地位である。

また日本の読者にはあまり知られていないことかと思われるが、トロクメ先生は政治家としても活動しておられる。一九七一年と七七年に社会党からの候補者としてストラスブール市長の選挙に出られたが、当選することはできなかった。その後ストラスブール市長選挙の社会党からの候補者はトロクメ先生の教え子でもあるカトリーヌ・トロットマン（Catherine Trautmann）氏になり、彼女は当選する。ただし彼女は文化大臣（Ministre de la Culture）に任命された際に、市長の席をロラン・リース（Roland Ries）氏に譲っている。この間トロクメ先生には、国会議員として活動するようにとの誘いもあったが、先生は熟慮の末に選挙に出ることをお断りになったとのことである。訳者が先生と御一緒する機会には、聖書学のことや大学関係のことが話題になることが多く、政治に関連することをお聞きすることはあまりないが、それでもたとえば現在の欧州連合（ＥＵ）の前身である欧州共同体（ＥＣ）の委員長であったドロール氏などがメンバーである定期的な勉強会の Président に選ばれたとか、現在のフランスの社会党政権の首相であるジョスパン氏との会話の中でどちらの家族も元々はサンカンタン（St-Quentin）の出身であることが分かって意気投合したといったお話を伺うことがある。

上記のＲＨＰＲの一九九五年第一号・第七十五巻がトロクメ先生を記念する特集号となっており、この年までのトロクメ先生の詳しい業績はそこに記されている。また世界版の

Who's Who にも毎年トロクメ先生のプロフィールが紹介されているので、参照されたい。

* * *

上に記したトロクメ先生の主要著作に、プレイアッド叢書の『宗教史』の中に収められている「起源からニケーア会議までのキリスト教」とでも訳すべき題の論文がある。このテキストもたいへんに濃密な内容の高い価値のもので、訳者は何年か前にこのテキストの日本語訳の出版をトロクメ先生に申し出たのだが、ガリマール書店が『宗教史』全三巻の全訳（さまざまな宗教についての歴史を網羅的に扱ったもので、全部でおよそ千五百頁ほど）をするのでなくては翻訳の許可はできないという立場なので、残念ながら邦訳は出版されていない。今回翻訳したこの『キリスト教の揺籃期』（旧版での本書表題。文庫収録にあたっては『キリスト教の幼年期』とあらためた。――文庫版追記）は二世紀初めまでのキリスト教の歴史を扱ったもので、プレイアッド版のものよりも説明が丁寧で、また新たな考察も諸処に加えられている。ニケーア会議までのキリスト教史を通観する上でのプレイアッド版のテキストの価値がこのために損なわれるのではないが、今回訳出した書物の内容と較べてみるならば、この二十五年程の間の研究の成果が豊かなものであったことを感じることができる。

このプレイアッド版のテキストは四世紀前半までのキリスト教を扱っているのだから、

今回の『キリスト教の揺籃期』の続編が書かれるべきではないかと期待するのは訳者だけではないようである。フランス語原本の版元であるノエシス社などからもそのような提案が先生に対してなされているようだが、先生は当面は、かなり以前からの課題であったマルコ福音書の注解の執筆に専念したいとのことである。先生は九五年にストラスブール大学プロテスタント神学部の名誉教授になられて、日常的に講義などの仕事をする義務からは解放されたが、引退前にどのようにしてその他の仕事をこなしていたのか不思議だと洩らされる程に、今も毎日研究その他の活動に忙しい日々を送っておられる。トロクメ先生は、昨年（一九九七年）の秋に、一カ月余りの間、日本を訪問され、関東地方で計十一回の講演やゼミを行われた。さまざまな手段を通じてトロクメ先生の御予定が多くの人に伝えられたにもかかわらず、残念ながら盛況と言えるような状態ではなく、毎回せいぜい二十人から三十人ほどの聴衆しか集まらず、先生の講演やゼミの全てに出席してお話を伺ったのは結局のところ訳者だけであった。

* * *

トロクメ先生は本書の冒頭で、自分が今の自分になったのは自分一人でなったのではなく、自分は自分が属している集団の代弁者であるといったことを書いておられる。トロクメ先生ほどの優れた方でさえこのような感想をもたれるのである。訳者のような者が本書の翻訳の作業を行うことにおいては当然ながら、訳者がそこで訓練され、そこで生きてきた集団の与えてくれたものによって仕事をさせていただいたということは、どんなに強調しても強調し過ぎることはない。神学部の一年生から勉強を始めたストラスブールでの十一年間の訓練がなければ、この翻訳の仕事はあり得なかったであろう。特にトロクメ先生には一年生の時の新約聖書の授業に参加して以来、いろいろとたいへんお世話になっている。また日本に帰国してこうして仕事が続けられる上でも多くの方たちのお世話になっている。この翻訳書の出版に関しては、特に新教出版社の小林望氏が熱心にお世話下さっている。こうしたすべての方たちに、またその背後にある集団や組織に、この場を借りて深く感謝の意を表したい。

一九九八年二月

訳者　加藤　隆

ちくま学芸文庫版への訳者あとがき

本書は Étienne Trocmé, *L'enfance du christianisme*, Noêsis, Paris, 1997. 3 の全訳である。本書については、やはり私（加藤）が翻訳した日本語版が、エチエンヌ・トロクメ『キリスト教の揺籃期』（新教出版社、一九九八年）として出版されていた。今回、筑摩書房から文庫版として刊行するにあたって、訳文の全体を見直し、固有名詞の日本語表記などの訂正を少なからず行った。また、本の表題を、いろいろと思案した末に『キリスト教の幼年期』と改めた。しかしフランス語原本の意味をできる限り忠実に伝えられる訳文を工夫したことは、前回の翻訳版の場合と同様である。前回の翻訳版の末尾に記した「訳者あとがき」は、今回の版でも基本的にそのまま収録した。

トロクメ先生は、二〇〇二年にお亡くなりになった。八月十二日のことである。亡くなられてから、すでに二十年近くが経っている（本稿を執筆しているのは、二〇二一年）。夏のバカンスの時期で、別荘に滞在中、近くを散歩していた際、突然に倒れられ、そのまま亡くなられた。トロクメ先生がお生まれになったのは、一九二四年十一月八日。したがって、亡くなられた時には、七十七歳だった。

トロクメ先生について私がまず言うべきことは、先生は、私がこれまでいくらか親しくさせていただいた方々の中で、まったく欠陥というべきものがなかった数少ない人のひとりだった、ということである。

私は、神学者としてトレーニングを受けた。フランス語的に言うなら、私の formation は「神学者 théologienne」としてのものである。だから、どうしても、その観点からいろいろと考え、判断してしまう。私は最終的な審判者ではない。私の判断はあくまで便宜的なもので、自分の行動のためのとりあえずの位置づけである。仮置きのこうした判断を重ねることは、日々を生きていく上では、避けられないことである。

若い頃は、この判断には、直観的なところがかなりあった。今のように、私が高齢となって、いろいろと経験が重なってくると、どのような基準での判断なのか、いくらか明言できる。私の側からの判断というのは、その人が「神のことを思い図っているのか、人のことを思い図っているのか」という基準になっていると言うことができる。ここで「思い図る」としたのは、古代ギリシア語の「フロネオ phroneo」に対応する訳語のつもりである。

トロクメ先生も神学者であり、私も神学者である。神学者の研究の対象は「神」である。

しかし「神」を研究の対象とするのは、なかなかデリケートである。専門家であっても、人が「神」だけを考察の対象にするということは、事実上不可能である。「人」「社会」「世（宇宙）」といった要素が混じってしまう。しかし、神学者であるならば、常に「神」を優先して考えを進めねばならない。これは、なかなか難しいことである。神学者ということになっている人でも、神を話題にしながら、実は、「人」や「社会」のために「神」をいかに利用するかを考えている場合があまりに多い。「ああ、この人は、神学者としては失格だな」と私は思ってしまう。「〈神〉を優先させている」という振りをすれば、自分や他人、またグループや社会に気に入られるからそうしている、などというのは、もちろん失格である。私は、トロクメ先生から勉強や研究の指導を受け、また、それ以外にもかなり親しくお付き合いさせていただいた。しかし、先生について「〈神〉を優先させていない」と私に思われたことは一度もない。きわめて稀有なことである。

トロクメ先生が亡くなられたことは、日本にいた私に、トロクメ夫人が電話で報せてくださった。先生の葬儀そのものには、間に合わなかったが、ストラスブール大学で九月二十一日に行われたCommémoration（「大学葬」と訳すべきか？）に参加し、短い挨拶を述べることができた。この挨拶は、ストラスブール大学プロテスタント神学部の同窓会誌に掲載されている（*Bulletin*, no 26, Université Marc Bloch, Sosiété des amis et anciens etudiants de la Faculuté de Théologie Protestante, Avril 2003, p.17）。ストラスブール大学の学長、プロテスタント神学部の学部長をはじめとする同僚の研究者たち、またトロクメ先生のかつての教え子だった人たち（特に、元ストラスブール市長、元文化大臣のCatherine Trautmann女史）などが参加していた。しかし、トロクメ先生は、多くの学生を指導したと思われるのに、フランス以外からの「かつての教え子」でこの会に参加したのは私だけだった。何やら寂しい想いをしたのを、覚えている。

トロクメ先生に関して、いくつかのエピソード。書く機会は他にはないだろうと思われるので、ここに記しておく。

私は、神学を、まったく初歩から、すべてストラスブール大学のプロテスタント神学部で勉強した。チュニジアで通訳のアルバイトをしていた時に、チュニスのフランス領事館でいろいろと手続きをし、大学で勉強するレベルのフランス語が習得できているかの試験や人文系の教養を試す試験を受けたりして、結局は、ストラスブール大学のプロテスタント神学部に入学の登録をすることになった。私はすでに日本の大学を卒業していた。しかし、聖書の言語が神学の勉強に不可欠で、ヘブライ語と古代ギリシア語を習得していないということで、学部の一年生に入学した。日本の大学の単位がいくつか認められたこともあって、学士号（licence）は、二年間で取得した。学士号取得には、論文提出は必要でなかった。次の修士（maîtrise）からは論文を提出しなければならず、新約聖書学をやることになって、トロクメ先生に指導教官になっていただいた。

当時の修士課程は一年間だった。論文について、先生と相談したり、書き上げた論文を批評していただいたりする機会が何度もあったが、それは、いつも、大学にある教官室だった。かなり殺風景な部屋である。論文が合格となり、修士号を取得して、今度は博士課程の学生になった。論文指導を、続けて、トロクメ先生にお願いした。ところが、博士課程の学生になると、待遇が違う。

先生の自宅は、プロテスタント神学部の建物にかなり近いところにあった。論文についての話し合いは、大学の教官室でなく、先生の自宅のサロンで行われた。先生から、日時を指定した手紙がくる。私は学生であって、都合が悪いということはほとんどないので、指定された日時に先生宅に伺う。先生の家の玄関の門は、地面から少し高いところ、何段か階段を上がったところにある。呼び鈴を押すと、しばらくして、ドアの内側で鍵をはずす音がして、扉が開き、先生の笑顔の姿が現れる。先生は、高身長で、しかも高いところから私を見下ろす位置になる。玄関前の小さな階段の下に私はいて、見上げる姿勢で挨拶しながら、手を伸ばして、握手をする。

数年間の奮闘の末、とにかくも博士論文を完成させた。論文の口頭試問は、朝から始まって、その日の夕方まで続く。審査委員（jury）は、トロクメ先生の他は、ブノワ教授（ストラスブール大学プロテスタント神学部教授、教父学、特にアウグスティヌス）、カレス教授（パリのプロテスタント神学院の新約聖書学教授）、ボボン教授（スイス、ジュネーブ大学の新約聖書学教授、後にハーバード大学教授になられた)、計四名である。学士のレベルまで、レポートなどは、手書きだった。修士論文の時に、古代ギリシア語も打つことができる電動タイプライターを購入して、それで執筆した。

博士論文の時はパソコンが普及してきていた。フロッピーディスク(5・25インチ、黒い四角のペラペラのもの)の時代である。フランス語については、不完全ながらスペルチェックができて、かなり重宝した。全部で千ページほど、分厚い二巻に製本したものが博士論文だった。口頭試問は、朝から夕方までの長丁場である。体力を保つことも重要である。日本にいる母に「救心」をわざわざ送ってもらい、それを服用して口頭試問に臨んだ。休憩時間の時に、ブノワ教授が「あなたは頑丈だね Vous êtes robuste」と声をかけてこられた。「〈救心〉を飲んでますから」とも言えないので、「Merci」とだけ答えたのを覚えている。

夕方、議論が終わり、審査員が別室に移る。しばらくして、四名の先生方が戻ってきて、それぞれの椅子にすわる。審査委員長であるトロクメ先生が、審査の結果を述べる。「合格」だった。しかも、論文は、すぐに出版されることになった。この後、立食の小さなパーティがある。私が準備したものである。私が町のレストランに料理を注文した。紙のコップやお皿、プラスチックのナイフやフォーク、紙のテーブルクロスなど、買った。友人たちに頼んで、それらをパーティの部屋に並べてもらった。そのパーティで、先生方や友人たちと、打ち解けて話をしたりした。

　博士論文の審査が終わり、博士号を取得すると、学生でなくなるので、フランスに滞在する理由が消えてしまう。滞在許可の期限がすぐになくなるのではないが、来年度以降どうするか、対処しなければならない。博士論文が不合格だった場合にどうするかは、いろいろな可能性を考えていたが、合格したらどうするかについては、具体的なことは分からなかった。そうこうするうちに、トロクメ先生から手紙がきて、自宅での食事に招待してくださった。博士論文の打合せのために、トロクメ先生のご自宅には何度もうかがったが、いつも、サロンのテーブルをはさんで話をするだけだった。食事に招待されるのは、初めてである。しかも、手紙に変化があった。これまでの手紙では、宛名が「Monsieur Takashi Kato」となっていた。宛名の書き方として、ごく普通のものである。トロクメ先生は私からは目上であるから、「加藤隆君」とでも訳すべきか。ところがこの時の、食事への招待の手紙の封筒には、「Cher Monsieur Takashi Kato」と記されているのである。「Cher」がついている。この時だけでなく、これ以降、先生からいただく手紙には、「Cher」がついている。「親愛なる加藤隆君」となっているのである。「Cher」がつくか、つかないか。食事をご一緒させていただけるかどうか。博士になるということは、このようなことなのである。小さなことかもしれない。しかし、やはり、大きなことである。

　このように書くと、博士号をもつ先生方、大学の教授の先生方は、皆が礼節をこころえた、立派な方々ばかりであるかのように思われるかもしれない。しかし現実は、なかなかそのようではない。嫉妬や権力争い、その他、理由もよく分からないような、礼を欠いた大小の行為が渦巻く、嵐のような世界でもある。ある時、トロクメ先生が、打ち明け話をしてくださった。トロクメ先生にも若い時があった。オスカー・キュルマン（Oscar Cullmann 1902–1999）という、フランス語圏の有名な新約聖書学の先生がおられる。トロクメ先生も若い時に指導を受けたことがある。トロクメ先生より、二十歳以上の年上である。私も、キュルマン先生の九十歳の記念式典の際にお会いして、握手して、Tous mes voeux という言葉をいただいた。Cullmann という名は、フランス語読みなら「キュルマン」、ドイツ語読みなら「クルマン」で、私たちはフランス語圏にいたので、「ムッシュ・キュルマン」と呼んでいた。本人も、自分の苗字の発音については「お好きなように comme vous voulez」と言っていたそうである。したがって、ここでは「キュルマン先生」ということにする。キュルマン先生には、ペトロについての著書がある。本書の中でも、触れられている（二七九頁）。この研究書は、まずドイツ語で書かれた。それを、トロクメ先生が、キュルマン先生からの命で、フランス語に訳した。それが出版されたのだが、そのフランス語版の書物には、訳者であるトロクメ先生の名前がどこにも記されていない。「Je me sentais navré」と、トロクメ先生は言っておられた。この「navré ナヴレ」というのは、訳しにくい。英語なら「sorry」にあたるだろうか。「悲しい、残念だ」

トロクメ先生（左から２人目）と訳者（右端）

といった意味だが、少し怒っているといった意味合いもある。

もう一つ、小さな側面。トロクメ先生は、機械類が苦手である。タイプライターを打てなかったと思われる。だから、手紙はすべて手書きである。私が日本に帰ってからも、トロクメ先生からは、手書きでの手紙の連絡が来ていた。パソコンが普及してくると、書物の執筆は、トロクメ先生の手書き原稿を夫人がタイプしていた。自動車の運転免許も、持っておられなかった。フランスでは、自動車がないと、日常生活に支障を来すような面がある。しかし、必要な場合には、夫人が運転をしておられた。機械類が苦手ではあるけれど、機械類が嫌いなのではない。私が日本に帰って、日本からストラスブールに行くような時に、トロクメ先生のご自宅に泊まらせていただいたことが何度もある。朝食をいただく時に、皆で手分けして準備する。トロクメ宅では、パンは、バゲットよりも、イギリス風の pain de mie（パン・ド・ミ、日本の「食パン」のよう）が主流である。それを、自動の電気トースターで焼く。「ポップアップ型」のトースターである。「縦置き式の箱型でスライスした食パンが収まる幅と深さの溝があり、そこに食パンを挿し電源スイッチを兼ねたレバーを押し下げると、食パンは一〜三分で焼け自動的に迫り上がってくる」（日本語ウィキペディアの説明から）。トロクメ先生は、この「ポップアップ型トースター」を、たいへん気に入っておられた。レバーを押す時、また、パンが焼けて飛び出してくる時、何だか異様に嬉しそうである。しかも、毎回、嬉しそうなのである。だから、この作業には、トロクメ先生以外の人は、関わらない。私の勝手な想像だが、子供の時、「ポップアップ型トースター」にたいへん感激したのではないかと思われる。あるいは、「ポップアップ型トースター」の動きに結びついた何か楽しい思い出があるのかもしれない。「ポップアップ型トースター」は、トロクメ先生にとっての「紅茶に浸したマドレーヌの味」なのかもしれない。

新約聖書学の専門家としてのトロクメ先生の業績は、何だったのだろうか。トロクメ先生が、きわめて優れた能力をもつ研究者だったことは確かである。本書は、一般向けのものではあるが、それにしても、キリスト教の成立期について、資料の知識、資料の扱い、複雑な問題を探求し、それらを総合する能力、これらが超人的であると言っても過言でないことは、感得されると思われる。しかし、新約聖書の諸文書、またキリスト教成立期の諸資料の扱いについて、まったく新しい方法や視点が提案されているのではない。蓄積されてきていた知見を、総合して、精密で広範囲の理解のあり方を示すことができていると いうところに、トロクメ先生の仕事の意義がある。これは、トロクメ先生といえども、神学や聖書学についての西洋的な研究者である限界は乗り越えられていないことを意味すると、私には思われる。

何が問題なのか。ストラスブール大学で私が神学の勉強を始めたのは、前世紀の八〇年代の半ば(一九八三年)だった。このころ、キリスト教やキリスト教神学の世界は、まだ自信に満ちていた。問題があるとすれば、キリスト教世界や神学の世界が、昔からの経緯で分断されていることだった。余計な対立は解消して、キリスト教世界は統一されるべきである、という動きが鼓舞されていた。いわゆる「エキュメニズム œcuménisme」の運動である。あえて訳すなら「ひとつの家にしよう」という運動である。価値ある世界は、キリスト教の世界であり、そこを整備すれば、世界を整備することになる、という前提での活動になっていた。キリスト教は、普遍的である。キリスト教が優位にあるという考え方は、西洋世界では、伝統的に存在していた。キリスト教以外の世界は「異教」である、といった言い方、「異教」「異教徒」といった軽蔑語にこの立場が端的に表現されている。したがって、このころ、世界規模の研究者が集まる会合などに出かけると、非西洋人は、西洋人研究者を無条件で尊重し、西洋人研究者より我々は劣っているという態度を示さないなら、軽蔑されるか、「西洋的な立場」「キリスト教の立場」が分からない可哀そうな人たち、といった眼差しに晒されることになっていた。私が博士号を取得したのは、九〇年代の半ば（一九九三年）である。この頃も、まだ「西洋優位」「キリスト教優位」の考え方は力があった。ところが、二十世紀末近くになってくると、様子が変わってくる。「地球的視野が必要だ」「グローバルでなければならない」「世界には西洋文明だけでなく、諸文明がある」といったことが無視できなくなってきた。アメリカ合衆国の政治学者サミュエル・P・ハンティントンが『文明の衝突』(The Clash of Civilizations and the Remaking of World Order) という本を出版して、世界規模で話題になったのは、一九九六年である。この頃になると、たとえば世界規模の新約聖書学会に参加すると、私のような東洋人は、「自分たちの知らない、自分たちには理解できない、難しい別の文明のことが分かっている人たち」といった感じで、一種の尊敬の眼差しで見られるようになっていた。西洋人は、一般的には、非西洋のことが分かっていない。少しは視野を広げようとしている人でも、イスラムのことをいくらか勉強している程度である。インドも中国も日本も、違いが分からない。フランスで、フランス人と話していて、日本のことが話題になっていたのだが、どうも様子がおかしいので確かめたら、その人は「日本は、モスクワのこちら側（ヨーロッパ側）にある」と思っていた、ということがあった。キリスト教神学や聖書学をやっている西洋人は、こうした一般の西洋人よりも、もっと西洋中心主義的である。

彼らには、二重の問題が被さっていることになる。新約聖書学には、二十世紀には見覚ましい進歩があった。福音書の関係についての「二資料説」の成立、「史的イエス」の問題の整理、「様式史」「編集史」といった方法上の画期的な発見。また、新約聖書テキストについての、さまざまな整理。新約聖書の周辺世界についての、調査・研究の進展。研究のデータを手軽に便利に使えるようにするコンピューターの導入。インターネットによる、データの共有。等々。ところが、こうした「二十世紀の進歩の成果」を、後の世代の者たちが消化しきれないのである。全世界で出版されている研究書の数は、飛躍的に増えている。すべてに目を通すことは不可能である。一部を何とか手に入れて、目を通してみると、テキスト分析の手法が未熟で、基本的な先行研究も踏まえないで、論文として発表され、外見だけは立派な書物になっている場合が多い。

これに重なるようにして、諸文明の問題が生じてきた。キリスト教や聖書が主張していると思われることは、世界においてもっとも優れていて、問題なく普遍的だと言えなくなっている。西洋文明のことしか考えないという限定した視野しかない時には、キリスト教がすべてと主張できた。しかし、地球規模で考えるならば、西洋文明以外の諸文明も存在している。それらと、キリスト教神学や聖書との関係を具体的に検討しなければならない。ところが、諸文明といっても、それらが具体的にどのようなものなのか、イメージすらないのである。言語も理解できない。漢字などは「小さなデッサン」などと言っている。この方面について、実質的に検討作業を進めることは、彼らには絶望的である。二十世紀に築かれた本格的な新約聖書学の遺産も、引継ぎきれていない。それに加えて、諸文明の問題は、無理解の闇に包まれている。こうした状況は、簡単には変化しない。

二十一世紀に入ったあたりになると、新約聖書学研究者たちの様子がさらに変わってきた。少し前までは、非西洋文明に属する人たちを、賛嘆の思いで見ていたのだが、いつまでたっても自分たちの無理解が解決しないことから、今度は、非西洋文明に属する人たちを頭から無視するようになる。真面目な議論をしようとすると、自分たちの無知がはっきりするだけである。それを避けようとしていると思われる場面が頻繁に立ち現れる。

トロクメ先生との関連では、次のエピソードが示唆的である。一九九九年のことである。トロクメ先生は、アメリカのプリンストン大学に一年間招待されて、研究活動をなさっておられた。マルコ福音書の注釈書の執筆が主な活動だった。その時に、プリンストン大学で講演をするようにと、トロクメ先生が私に声をかけてくださった。「キリスト教は、なぜアジアで広まらないのか」という題が与えられた。きわめて比較文明論的なタイトルである。新約聖書のルカ文書は、キリスト教が西洋世界（当時としては、ローマ帝国の世界）に受け入れられるようにキリスト教の体制を新しく造作している。そして、このルカ的キリスト教が、西洋世界でたいへん効率よく定着することになった。古代末期以降の近代までの巨大なキリスト教圏は、ルカ的キリスト教の延長上にある。このことは、西洋的世界でない領域では、西洋的キリスト教は適合しないことを意味する。簡単に述べるなら、以上のような議論を行った。

参加者は、神学・聖書学の専門家十名くらいの少人数である。しかし、世界にさまざまなタイプの文明があるということが、彼らにはまったく分からないという感じだった。理解しようと努力するのだが理解できない、というのでなく、さまざまな文明があるということを思ってみたこともない、あるいは、さまざまな文明があるということを思いたくない、という感じだった。彼らが西洋人でしかなく、西洋世界の限界に閉じ込められている。このことをなんとか打開しなければというのではない。西洋世界の限界に閉じ込められている、この状態でそっとしておいて欲しい、のだと思われる。

夜、神学関連の研究者が集まるパーティのようなところに、トロクメ先生夫妻と私とが招待された。アメリカ風の自由な雰囲気の立食のパーティである。外国からきたトロクメ先生夫妻と私のような人たちを歓迎する、といった意味合いもあるようだった。ところが、会場に行ってみると、アメリカ人の研究者たちは、私たちに興味をもつでもなく、また神学関係の話をするでもなく、パーティの間ずっと、株の相場の話をしていた。参加者は、全部で五十名くらいだったろうか。私たちは、飲み物を手にして、ぼんやり立っているだけだった。トロクメ先生夫妻も、このことについては、憤慨しておられた。こうした無礼を集団で行うのは、個々人の礼儀知らずの問題でなく、もっと深い問題があると思われた。それは、自分たちの文明以外の文明圏に属する者が怖いからではなだろうか。アジアどころか、フランスさえも怖いのではないだろうか。

そして、このことを更に確認するようなことがあった。プリンストン大学のその研究所に、ちょうど、モルトマン先生（Jürgen Moltmann 1926–）が来ておられた。*Theologie der Hoffnung*, 1964（『希望の神学』）で有名な、ドイツの神学者である。昼食の時だった。トロクメ先生とモルトマン先生は親しい間柄で、プリンストン大学の洒落たフランス料理レストランで、同じテーブルで食事をすることになった。私も同席させてくれた。そして、私は、トロクメ先生が指導した学生だった者で、日本人だと紹介された。すると、モルトマン先生は、自分が知っているコリアンの人の話を始めて、そしてその話をずっと続けるのである。私は、コリアンではなく、日本人だと言っても、きく耳がない。ずっと、そのコリアンのことを一方的に話すばかりで、そして食事が終わってしまった。私と話をするのを避けるため、日本の話を避けるために、アジアについて自分が知っている少ない知識にずっとしがみついていたという感じだった。「日本」と聞いて、「モスクワのこちら側（ヨーロッパ側）にある謎の国」の話をしていたフランス人に似ている。株の話をし続けるよりは、マシかもしれない。私は、悲しい気持ちになってしまった。「悲しい」とは、どうにかしてあげたいのだけど、どうすることもできない時の気持ちである。モルトマン先生は、高名な学者である。優秀な人である。しかし、世界の諸文明のことが分かっていないことが、自分で分かっている。それを見破られたくない。

二十一世紀もすでに二十年以上経っている。新約聖書学は、文字通り「閉塞」の状況である。第一に、二十世紀のさまざまな進歩の成果を十分に消化し、身につけて、新約聖書テキストに取り組むことができなくてはならない。第二に、そのように読み取られた新約聖書のメッセージが、古代における諸文明、また現代や未来における諸文明にどのような意味・意義があるかを、本格的に考察できる知見・視野、そして大きな思考能力を備えていなければならない。このようなことができるのは、西洋の伝統について深い理解をもち、しかし、西洋だけにとらわれるのでなく、非西洋の諸文明も理解できる立場にあるものでなくてはならない。そのようなことが可能なのは、今の状況では、日本にいる者だけではないだろうか。筆者は、そのような思索ができるようにとこれまで努力を続けてきた。トロクメ先生も、そのような視野につながる博士論文の作業を認めて支えてくださった。したがって、この努力をさらに続けて、意義ある成果を実現したいと願うところである。

本書の準備・出版にあたっては、筑摩書房の伊藤大五郎氏にたいへんお世話になった。訳者は、特に二〇一八年から大きく体調を崩し、入退院を繰り返す状態だったが、伊藤氏がそうした事情にも丁寧に配慮した上で仕事を進められるので、訳者も安心して作業ができき、訳書を完成させて出版するところまで辿り着くことができた。伊藤氏が編集者としてきわめて優れた手腕の持ち主であるのは言うまでもないが、神学や新約聖書学というデリケートな分野について適切でバランスのとれた判断をいつも間違いなく示し続けておられることについては、賛嘆の念を禁じ得ない。この場を借りて、改めて感謝の意を表明する。

二〇二一年六月　加藤隆

索引

エ

カ

キ

ク

ケ

コ

サ

シ

ス

セ

ヒ

フ

ヘ

ホ

マ

ミ

ム

メ

モ

ヤ

古代文献索引

旧約聖書

創世記

民数記

申命記

列王記上

詩編

イザヤ書

エゼキエル書

ダニエル書

マラキ書

新約聖書

マタイ福音書

マルコ福音書

ルカ文書

ルカ福音書

使徒行伝

ヨハネ文書

ヨハネ福音書

パウロ書簡集

ローマ書

第一コリントス書

第二コリントス書

ガラテヤ書

エフェソス書

フィリピ書

コロサイ書

第一テサロニケ書

第二テサロニケ書

牧会書簡

第一テモテ書

第二テモテ書

テトス書

フィレモン書

ヘブル書

ヤコブ書

第一ペトロ書

第二ペトロ書

第一ヨハネ書

第二ヨハネ書

第三ヨハネ書

ユダ書

エウセビオス「教会史」

同「福音の証明」

バシリデス「24の注解書」

ヒエロニムス「著名者列伝」

アレキサンドリアのクレメンス「ストティス」

ユスティヌス「第1護教論」

テルトゥリアヌス「護教論」

新約聖書外典

トマス福音書

ペトロ行伝

ユダヤ教文献

死海写本「共同体規則」（1QS）

ヨセフス「ユダヤ古代誌」

同「ユダヤ戦記」

ギリシア・ローマの文献

スエトニウス「クラウディウス」

同「ドミチアヌス」

タキトゥス「年代記」

ディオ・カシウス「ローマ史」

小プリニウス「書簡」

本書は、一九九八年八月に新教出版社より『キリスト教の揺籃期』として刊行された。文庫収録に際してタイトルを改めた。

書き換えられた聖書
バート・D・アーマン
松田和也訳

キリスト教の正典、新約聖書。聖書研究の大家がそこに含まれる数々の改竄・誤謬を指摘し、書き換えられた背景とその原初の姿に迫る。（筒井賢治）

カトリックの信仰
岩下壮一

神の知恵への人間の参与とは何か。近代日本カトリシズムの指導者・岩下壮一が公教要理を詳説し、キリスト教の精髄を明かした名著。（稲垣良典）

十牛図
上田閑照
柳田聖山

禅の古典「十牛図」を手引きに、自己と他、自然と人間、自身への関わりを通し、真の自己への道を探る。現代語訳と詳注を併録。（西村惠信）

原典訳 ウパニシャッド
岩本裕編訳

インド思想の根幹であり後の思想の源ともなったウパニシャッド。本書では主要篇を抜粋、梵我一如、輪廻・業・解脱の思想を浮き彫りにする。（立川武蔵）

世界宗教史（全8巻）
ミルチア・エリアーデ

宗教現象の史的展開を膨大な資料を博捜し著された人類の壮大な精神史。エリアーデの遺志にそって共同執筆された諸地域の宗教の巻を含む。

世界宗教史 1
ミルチア・エリアーデ
中村恭子訳

人類の原初の宗教的営みに始まり、メソポタミア、古代エジプト、インダス川流域、ヒッタイト、地中海地域、初期イスラエルの諸宗教を収める。

世界宗教史 2
ミルチア・エリアーデ
松村一男訳

20世紀最大の宗教学者のライフワーク。本巻はヴェーダの宗教、ゼウスとオリュンポスの神々、ディオニュソス信仰等を収める。（荒木美智雄）

世界宗教史 3
ミルチア・エリアーデ
島田裕巳訳

仰韶、竜山文化から孔子、老子までの古代中国の宗教と、バラモン、ヒンドゥー、仏陀とその時代、オルフェウスの神話、ヘレニズム文化などを考察。

世界宗教史 4
ミルチア・エリアーデ
柴田史子訳

ナーガールジュナまでの仏教の歴史とジャイナ教から、ヒンドゥー教の総合、ユダヤ教の試練、キリスト教の誕生などを収録。（島田裕巳）

世界宗教史5　ミルチア・エリアーデ　鶴岡賀雄訳

古代ユーラシア大陸の宗教、八―九世紀までのキリスト教、ムハンマドとイスラーム、イスラームと神秘主義、ハシディズムまでのユダヤ教など。

世界宗教史6　ミルチア・エリアーデ　鶴岡賀雄訳

中世後期から宗教改革前夜までのヨーロッパの宗教運動、宗教改革前後における宗教、魔術、ヘルメス主義の伝統、チベットの諸宗教を収録。

世界宗教史7　ミルチア・エリアーデ　奥山倫明／木塚隆志／深澤英隆訳

エリアーデ没後、同僚や弟子たちによって完成された最終巻の前半部。メソアメリカ、インドネシア、オセアニア、オーストラリアなどの宗教。

世界宗教史8　ミルチア・エリアーデ　奥山倫明／木塚隆志／深澤英隆訳

西・中央アフリカ、南・北アメリカの宗教、日本の神道と民俗宗教。啓蒙期以降ヨーロッパの宗教的創造性と世俗化などを収録。全8巻完結。

回教概論　大川周明

最高水準の知性を持つと言われたアジア主義者の力作。イスラム教の成立経緯や、経典などの要旨が的確に記された第一級の概論。（中村廣治郎）

神社の古代史　岡田精司

古代日本ではどのような神々が祀られていたのか。《祭祀の原像》を求めて、伊勢、宗像、住吉、鹿島など主要な神社の成り立ちや特徴を解説する。

中国禅宗史　小川隆

唐代から宋代において、禅の思想は大きく展開した。各種禅語録を思想史的な文脈に即して読みなおす試み。〈禅の語録〉全二〇巻の「総説」を文庫化。

原典訳 チベットの死者の書　川崎信定訳

死の瞬間から次の生までの間に魂が辿る四十九日の旅――中有（バルドゥ）のありさまを克明に描き、死者に正しい解脱の方向を示す指南の書。

インドの思想　川崎信定

多民族、多言語、多文化。これらを併存させるインドという国を作ってきた考え方とは。ヒンドゥー教や仏教等、主要な思想を案内する恰好の入門書。

空海コレクション1
空海
宮坂宥勝監修

主著『十住心論』の精髄を略述した『秘蔵宝鑰』、及び顕密を比較対照して密教の特色を明らかにした『弁顕密二教論』の二篇を収録。（立川武蔵）

空海コレクション2
空海
宮坂宥勝監修

真言密教の根本思想『即身成仏義』『声字実相義』『吽字義』及び密教独自の解釈による『般若心経秘鍵』と『請来目録』を収録。（立川武蔵）

空海コレクション3
秘密曼荼羅十住心論(上)
福田亮成校訂・訳

日本仏教史上最も雄大な思想書。無明の世界から抜け出すための光明の道を、心の十の発展段階（十住心）として展開する。上巻は第五住心までを収録。

空海コレクション4
秘密曼荼羅十住心論(下)
福田亮成校訂・訳

下巻は、大乗仏教から密教へ。第六住心の唯識、第七中観、第八天台、第九華厳を経て、第十の法身大日如来の真実をさとる真言密教の奥義までを収録。

修験道入門
五来重

国土の八割が山の日本では、仏教や民間信仰と結合して修験道が生まれた。霊山の開祖、山伏の修行等を通して、日本人の宗教の原点を追う。（鈴木正崇）

鎌倉仏教
佐藤弘夫

宗教とは何か。それは信念をいかに生きるかということだ。法然・親鸞・道元・日蓮らの足跡をたどり、鎌倉仏教を「生きた宗教」として鮮やかに捉える。

観無量寿経
佐藤春夫訳・注
石田充之解説

我が子に命狙われる「王舎城の悲劇」で有名な浄土仏教の根本経典。思い通りに生きることのできない我々を救う究極の教えを、名訳で読む。（阿満利麿）

大乗とは何か
三枝充悳

仏教が世界宗教としての地位を得たのは大乗仏教においてである。重要経典・般若経の成立など諸考察を収めた本書は、仏教への格好の入門書となろう。

道教とはなにか
坂出祥伸

「道教がわかれば、中国がわかる」と魯迅は言った。伝統宗教として現在でも民衆に根強く崇拝されている道教の全貌とその究極的真理を詳らかにする。

ちくま学芸文庫

キリスト教《きょう》の幼年期《ようねんき》

二〇二一年八月十日　第一刷発行

著者　エチエンヌ・トロクメ
訳者　加藤隆（かとう・たかし）
発行者　喜入冬子
発行所　株式会社　筑摩書房
東京都台東区蔵前二―五―三　〒一一一―八七五五
電話番号　〇三―五六八七―二六〇一（代表）
装幀者　安野光雅
印刷所　星野精版印刷株式会社
製本所　株式会社積信堂

ISBN978-4-480-51044-0 C0116